KB119264

체게바라, 인간의 존엄을 묻다

체 게바라, 인간의 존엄을 묻다
-21세기 역사 오디세이 2

초판 1쇄 인쇄 2005년 12월 5일
초판 1쇄 발행 2005년 12월 12일

지은이 오귀환
펴낸이 정태기
출판사업단장 이기섭
기획편집팀장 김수영
편집 김윤정 · 김지호
마케팅 조재성 · 김기숙
교열 천현주
디자인 DesignZoo

펴낸곳 한겨레신문사
등록 1988년 9월 2일 제1-803호
주소 서울시 마포구 공덕동 116-25 우편번호 121-750
전화 영업 관리 710-0563 기획 710-0546
팩시밀리 710-0566
홈페이지 www.hanibook.co.kr
전자우편 book@hani.co.kr

ISBN 89-8431-157-X 03900
ISBN 89-8431-155-3 03900(전2권)

2 1 세 기 역 사 오 디 세 이 ❷

오귀환 지음

한겨레신문사

일러두기

1. 한글 전용 표기를 원칙으로 하되, 독자들의 이해를 돕기 위해 필요하다고 판단된 경우 ( ) 안에 한자를 병기했다.

2. 외래어표기법에 의해 현재 쓰이지 않는 중국의 인명 · 지명 등 고유명사는 한국 한자음으로 표기했으며, 현재 지명과 동일한 것은 중국어 표기법에 따라 표기하되 필요한 경우 한자를 병기했다.

3. 온+오프 항해지도에는 더 읽을 만한 자료들을 소개했고, 사진의 경우 맨 뒤에 사진 출처를 밝혔다.

4. 거리, 길이와 같은 도량 표기는 미터법을 기준으로 표기했다.

역사의 바다에 이르는 한 줄기 물의 격정

물이 강을 이루고 끝내 바다에 이르는 과정은 이토록 험한 것일까? '21세기 역사 오디세이' 첫 번째 책『사마천, 애덤 스미스의 뺨을 치다』에 이어 거의 6개월 만에 두 번째 책을『체 게바라, 인간의 존엄을 묻다』라는 이름으로 내게 됐다. 첫 번째 책을 낼 무렵 개인사적 경험의 영향인지 인간의 고난론에 깊이 기울어져 있던 듯하다. 그런 탓일까? 책머리부터 '고난 없이 인간은 성공하지 못한다'는 주제를 강조하면서 '중국과의 역사전쟁', '바다의 지배자', '인류 최고의 경영자', '부자의 철학', '화폐여성인물의 후보' 등의 이야기를 풀어나갔다.

두 번째 책은 첫 번째와 같은 연장선에 있지만, 조금 변화를 주었다고 할 수 있다. 무엇보다 바다에 이르는 물의 격정을 닮았다고나 할까. 인간의 의지와 욕망 그리고 분투에 좀더 초점을 맞추었다. 그가 어느 시대 어떤 분야에 궤적을 남겼건 인간의 그 무엇을 역동적으로 추구한 사람들을 더욱더 밀착해서 다뤄보려 했다고 할까? 여전히 모자란 글이지만, 어쨌든 결과적으로 그런 식으로 흘러갔다. 따라서 시대를 넘어 지금껏 우리들의 마음을 가장 깊이 울리는 이들이 순서상 이 격정의 최전선에 배치되었다.

중국 한무제로부터 남성을 거세당하는 끔찍한 고난을 겪으면서도 참고 살아남아 진시황이 일으킨 분서갱유의 참극을 극복하는, 역저 『사기』를 저술함으로써 '두 황제를 이긴' 사마천을 비롯해, 노예 해방령의 주인공이자 미국의 통합을 관철시킨 에이브러햄 링컨, 보지도 듣지도 말하지도 못하는 삼중 장애를 딛고 사회적 편견이라는 더 큰 장애까지 극복함으로써 세상을 감동시킨 헬렌 켈러, 가장 낮은 이들을 혼신을 다해 섬김으로써 그리스도를 섬긴 마더 테레사, 인간의 영혼을 움직여 세계 최강의 제국주의 무력을 굴복시킨 마하트마 간디……. 얼기설기 모자란 필치로나마 이들의 감동을 '인간의 존엄' 이라는 큰 주제 아래 묶어 책의 앞부분에 배치해보았다.

글 쓰는 자의 무능 때문에 놓쳐버릴 수 있는 이 분들의 인간됨과 사상을 조금이라도 생생하게 전하기 위해 생전에 남긴 글이나 연설에서 좋은 것을 찾아내 그대로 실어보기도 했다.

"세상에서 가장 좋고 아름다운 것은 보이지도 만져지지도 않는다. 다만 가슴으로 느낄 뿐이다."(헬렌 켈러)

"나는 폭력을 반대한다. 폭력이 선한 결과를 가져온 것처럼 보일 때라도 그 선은 일시적인 것이고, 그 폭력이 행한 악은 영원하기 때문이다."(마하트마 간디)

인간의 존엄은 그러나 선의로만 실현되지는 않는다. 아니, 실현되지 않았다. 그래서일까? 참고 참다 마침내 혁명의 횃불을 치켜들기도 하고, 장렬하게 쓰러지기도 했다. 2000여 년 전 인간을 아무 죄의식 없이 약탈하고 죽음의 검투 경기로 내몰아 살육하던 풍요로운 로마인들을 겨냥해 '노예해방전쟁'을 일으킨 스파르타쿠스를 시작으로, 150여 년 전 '함께 기도하고 함께 나눠 먹자'는 태평천국의 꿈 하나로 중국 대륙을 14년 동안 뒤흔든 홍수전, 역사상 최강의 사회주의 혁명 이론을 완성한 칼 마르크스, 라틴 아메리카 동시혁명을 꿈꾸며 볼리비아 산속에서 싸우다가 죽어간 가장 인간적인 게릴라 체 게바라……. 이들을 '혁명가'라는 이름으로 한데 모았다.

혁명가들은 꿈을 남기는 데는 성공했지만, 현실에서는 실패했다. 바로 그 지점에서 뭔가 다른 방식으로 접근할 필요성이 제기되는 것이 아닐까? 예수 그리스도와 손자, 제갈량을 '경영자'라는 관점에서 한군데 모은 것은 지나친 파격일지도 모르겠다. 어쨌든 예수의 경우 그 지고한 종교적 가르침과 별도로 그것을 세상에 널리, 오래 펼친 방법론이 주는 놀라움에 주목했다고 보아주기 바랄 뿐이다. 예수를 둘러싼 주제들이 너무나 복잡하고 넓고 깊기에 한 가지에 초점을 맞춰 전체를 설명해보려는 작은 몸부림이라고나 할까? 손자를 경영자의 관점에서 재조명한 것은 감정 아닌 이성의 승부론을 평가하고 싶어진 탓이리라. 손자를 통해 많은 것을 배울 수 있었다. 전쟁은 참으로 무서운 것이며, 격정에 따라 말에 올라 노도처럼 짓이기는 일당백의 호쾌함이 결코 아니라는 것을……. 그래서 손자는 정확하게 '백전백승'이 아니라 '백

전불태'라고 했다. '백 번 싸워도 위태롭지 않다.'

인간의 지혜는 새롭게 조명할 만한 충분한 가치가 있었다. 역사상 민중들은 너무나 많이 패배해왔기에 자신들의 강점인 혁명적 열정에 승리의 악센트를 찍어주는 그 무엇을 원했을지도 모른다. 바로 제갈량이라는 이름에 동양권 민중이 지난 1800여 년 동안 그토록 끊임없는 애정을 기울인 배경에는 이런 비원이 작동해온 것이 아닐까? 비록 혁명가도 아니고 혁명가를 섬기지도 않았지만, 후세 사람들은 '천하삼분지계'와 같은 제갈량의 탁월한 전략적 발상에 감탄하며 그가 자기 편에 서주기를 끊임없이 꿈꿔온 것이 아닐까?

세상이 어떻게 돌아가건 그래도 여전히 부를 향한 인간의 욕망은 멈추지 않는다. 첫 번째 책이 과거형 부자에 초점을 맞춘 반면, 이번 두 번째 책에서는 21세기까지 이어지는 현대형 부자 세 명을 다뤄보았다. 컴퓨터 운영체제를 선점해 세계 최대의 부자가 된 첨단형 부자 빌 게이츠를 비롯해, 화학산업으로 세계적 부호 가문을 일군 200년 전통의 듀폰 가문, 그리고 초등학교밖에 안 나온 빈손에서 당대에 세계 영향력 있는 10대 재벌에까지 오른 화교 부호 리자청……. 그들은 요즘 시대의 조류에 맞춰 공통적으로 기부경영에 세심하게 신경 쓰고 있기도 하다.

역사의 주인공은 인간이지만, 인간 아닌 것이 역사를 만드는 것 역시 진실이다. 세계사에 엄청난 영향을 미친 실크로드를 비롯해 로마 가도, 몽골의 길, 바다의 실크로드가 각각 어떤 과정을 거쳐 역사의 주역으로 당당하게 자리매김할 수 있었는지 분석해보았다. 이와 함께 세계 주요 수도들의 역사와 운명을 다각도로 조명하는 시도도 곁들였다. 그리하여 이런 생각에 이르게 된다.

'길은 세월의 세례 속에서 인류의 영욕과 화학작용을 일으켜 생물로 진화한다. ……수도는 거기 살고 있거나 살던 사람들 그리고 앞으로 살아갈 세대 들의 욕망과 탄식의 총합보다 훨씬 더 크고 격정적일 수밖에 없다.'

마지막으로 오늘날 문명 충돌적 국제 정세를 반영해 세계사적 태풍의 중심부에 자리 잡고 있는 이슬람의 문제를 각각 '테러리즘'과 '종교전쟁'의 관점에서 다루는 항목도 덧붙여보았다.

……솔직히 말해 첫 번째 책을 낼 때보다 더더욱 부끄러운 마음뿐이다. 어느 정도 충분한 시간적 여유가 있었는데도 이 정도 수준에 그치고 만 것은 본질적인 능력과 지식의 한계 탓이라고 자괴하며 펜을 놓는다. 책이 나오기까지 애써주신 한겨레신문사 출판사업단 여러분들께 거듭 깊이 감사드린다.

2005년 12월 오귀환

차례

인류 최고의 경영자들

부자들의 철학

역사를 만드는 길

수도의 탄생

이슬람의 영욕

인간의 존엄을 묻다

두 황제를 이긴 인간 승리 **진시황과 한무제에 당당하게 맞선 역사가 사마천, 분서갱유의 참극을 수습하다**

무력으로 신화를 완성하다 **남북전쟁을 통해 제국을 통합한 링컨, 21세기에도 미국은 그 통합을 유지할 수 있을까**

볼 수 없는 것들에 대한 사랑 **삼중 장애와 세상의 편견에 맞서 싸운 헬렌 켈러, 인간의 존엄성을 가장 인간적으로 증명해내다**

가난한 사람들의 어머니, 사랑을 전염시키다 **'20세기 성녀' 마더 테레사, 가장 가난한 이들을 섬김으로써 하느님을 섬기다**

간디는 영국과도 안 바꾼다 **비폭력을 무기로 폭력 · 식민주의 · 인종주의와 투쟁하여 인도의 독립을 쟁취한 '위대한 영혼'**

두 황제를 이긴 인간 승리

진시황과 한무제에 당당하게 맞선 역사가 사마천,
분서갱유의 참극을 수습하다

한 황제가 있었다. 그는 천하를 통일한 뒤 과거에 적이던 나라들의 무기를 몰수하고 화폐를 통일하고 문자를 통일했다. 도량형을 통일하고 수레바퀴를 통일했다. 그리고 북방 이민족과 접한 경계선에 끝도 없이 이어지는 장성을 쌓고 자신만의 제국을 선언했다……. 무엇보다 그는 자신의 통치 철학에 해를 끼칠 수 있다는 이유로 다른 여섯 나라의 역사서를 모조리 불태우도록 했다. 반대되는 의견을 말하는 유학자 수백 명도 산 채로 파묻어 죽였다. 분서갱유(焚書坑儒), 책을 불태우고 유생을 산 채로 매장했다는 비극……. 천하는 이 엄청난 문화 말살 앞에서 온몸을 떨었다. 천하는 수백 년 만에 찾아온 통일 시대의 평화를 제대로 누려보기도 전에 새로운 야만과 암흑 속으로 다시 빨려들어 갔다.

궁형을 선택하고 살아남아 붓을 들다

그로부터 100여 년 뒤 또 한 황제가 나타나 중앙집권체제를 강화하고 사방의 이민족을 잇따라 공격하며 영토를 넓혀나갔다. 황제는 자신이 사랑하는 여인의 가족을 출세시키기 위해 변칙적인 인사를 거듭한다. 이런 소용돌이 속에서도 흉노와 계속해서 전쟁을 벌이고……. 5천 명을 이끄는 장군 하나가 중앙의 지원도 없이 10만 흉노군에 포위된 채 분전하다가 화살마저 모두 떨어져 어쩔 수 없이 항복하고 말았다. 이 장군의 정황을 옹호하던 한 역사가에게 노발대발한 황제는 최고의 극악한 처벌을 명령한다. ……이 역사가는 죽음 대신 끔찍한 불명예를 뒤집어쓰는 궁형(남성의 성기를 제거하는 형벌)을 선택하고 마침내 살아남는다. 그리고 다시 붓을 든다.

진시황과 한무제. 중국 역사상 가장 큰 성과를 거둔 황제로 꼽히는 두 사람. 이 막강한 권력자에 맞선다는 것은 상상하기조차 어렵다. 그러나 여기 그러했다고 할 수 있는 인간이 있다. 사마천, 중국 최고의

중국 최고의 역사가로 꼽히는 사마천. 그는 환관의 몸으로 자신의 불행을 승화해 위대한 작품 『사기』를 남겼다.

역사가로 꼽히는 그가 그런 길을 갔다. 한무제가 자신에게 가한 가장 처참한 형벌을 참고 이겨낸 뒤 또 다른 절대황제 진시황이 저지른 분서갱유의 참극을 수습하는 데 성공한 것이다. 따라서 그가 남긴 역사서 『사기』는 '한 인간이 두 황제를 이긴 인간 승리'라고 할 수 있다.

사마천은 기원전 145년 한나라 전성기 때 룽먼(龍門)에서 태어났다. 아버지 사마담은 태사령으로 역사와 천문을 맡고 있었다. 사마천은 스무 살 때부터 경험을 쌓기 위해 중국 전역을 여행했다. 주요 유적지를 둘러보고 책자와 전설, 경험담 등 사료를 폭넓게 수집하는 소중한 기회를 가졌다. 그는 남쪽으로 내려가 양쯔 강(揚子江)과 후이허(淮河 · 회하) 강을 여행하고 후이지 산(會稽山·회계산)에 올라 우 임금의 동굴 유적을 찾아보았으며, 저장 성(浙江省)과 주이 산(九疑山) 등을 둘러보았다. 그 뒤 위안수이(沅水) 강과 샹수이(湘水) 강 등을 따라 내려갔다가 북쪽으로 원수이(汶水) 강과 쓰수이(泗水) 강을 건넜다. 제나라와 노나라의 도시에서 학업도 닦고, 공자의 유풍도 관찰했다. 그 뒤 파(鄱), 설(薛), 팽성(彭城)에서 곤란을 겪었으며, 양나라와 초나라를 거쳐 고향으로 돌아왔다. 이 현장 취재는 나중에 그의 글 속에 피가 되고 살이 되어 녹아들었다.

분서갱유를 묘사한 후세의 그림. 여섯 나라의 역사서를 불태웠고, 반대 의견을 말하는 유학자 수백 명도 산 채로 매장해 죽였다.

그가 서른다섯 살이던 기원전 110년에 한무제는 타이산(泰山) 산에서 한나라 왕실의 봉선례를 시행했다. 황제가 천신과 지신에게 제사를 올리는 중대한 제의행사였다. 그런데 아버지 사마담은 태사령이면서도 여기에 참가를 허가받지 못한다. 사마담은 분노와 실의로 중병을 얻어 죽게 된다. 죽어가며 그는 아들 사마천에게 처절한 유언을 남긴다.

"천하의 역사를 기록하라."

3년 뒤 사마천은 부친의 뒤를 이어 태사령이 된다. 그는 태사령으로서 황실과 조정의 석실과 금궤에 보관된 책들을 두루 섭렵하는 한편 수많은 사료들을 수집하고 정리한다. 그러다가 유명한 '이릉 사건'을 만난다. 흉노에 항복한 장군 이릉을 변호하다가 사형을 선고받는 것이다. 결국 그는 역사를 기록하기 위해 죽음 대신 궁형을 선택하고 환관이 된다. 운명의 장난이랄까? 그는 환관인 태사령으로서 날마다 황제를 보고 보좌해야 했다. 자신에게 투옥과 고문과 사형을 명령하고 그것도 모자라 궁형을 내린 비극의 근원자를 그렇게 매일 마주하며 굴종하면서 살아야 했다. 그러나 그는 모든 마음을 다잡고 할 일을 할 뿐이었다.

"저는 여기저기 흩어져 있는 역사 사실들을 주워 모아서 기록하고 정리하고자 합니다. ……위로는 황제 헌원에서 아래로는 바로 현재에 이르기까지 인간세계를 연구할 것입니다. ……만약 이 글이 세상에 나와 나의 뜻을 아는 사람에게 전해지고 널리 퍼진다면, 지금까지 마음에 쌓여 있던 굴욕스러움이 조금은 보상되리라고 생각합니다."

그 뒤 중서령에 오른 사마천은 역사서를 집필하는 데 혼신의 정열을 기울여 마침내 12본기, 10표, 8서, 30세가, 70열전으로 모두 130편, 52만6500자로 이뤄진 『사기』를 완성한다.

사마천의 업적은 여러 가지 각도에서 볼 수 있다. 어떤 점에서 『사기』의 집필자는 한 사람이 아닌 수십 명의 전문가나 지식인의 얼굴을 가지고 있다고 해도 지나치지 않을 정도다. 일반인들이 가장 많이 알고 있는 '열전'을 떠올리면 그는 전기작가의 이미지로 다가온다. 그러나 「평준서」(平準書)나 「하거서」(河渠書) 같은 서를 보면 차원이 전혀 다른 전문가를 떠올려야 한다. 도량형의 전문가나 치수행정 전문가가 돼버리는 식이다. 어디 그뿐인가? 열전 가운데서도 유명한 「흉노열전」이나 「대완열전」 같은 것을 보면 저자는 어느새 탁월한 지리학자이자, 여행가 아니면 놀라운 국제 문제 전문가로 변신해버린다. 그 혼란이랄까 불필요한 환상을 제어하기 위해 다음과 같은 점을 주목할 필요가 있다.

① 사마천, 그는 기본적으로 역사가이다.

② 그의 『사기』는 진나라 시황제의 분서갱유(기원전 313년) 이후 처음으로 기록된 본격적인 역사서라는 점에서 분서갱유와 밀접한 관련을 지닐 수밖에 없다.

③ 바로 이런 점 때문에 분서갱유의 피해가 어느 정도였는지, 사마천이 이 피해를 어떻게 수습했는지 이해하는 것이 무엇보다 중요하다.

시황제의 분서는 고대의 문헌에 엄청난 타격을 주었다. 그렇다고 문헌 전부가 한꺼번에 소멸된 것은 아니었다. 사마천은 일부 남아 있는 고문헌을 확보해 당시에 이미 만들어지던 위작(僞作)을 배척하고, 고문헌을 보존하기 위해 노력했다. 분서의 피해를 가장 크게 입은 것은 『서경』을 비롯해 각 제후의 연대기였다고 한다. 진의 시황제가 경쟁국인 조 · 위 · 한 · 초 · 제 · 연의 역사서를 모조리 불태우라고 '명령'했기 때문이다.

"고대의 영웅들을 부활시켜라"

사마천은 분서령 이후 아직 여러 군데에 여러 형태로 상당히 잔존해 있던 자료들을 모으고 모아 『사기』에 담았다. 프랑스의 사마천 연구자 에두아르 샤반(Édouard Chavannes)은 사마천이 종종 지방의 역사서를 그대로 옮긴 증거가 있다고 주장하기도 했다. 예컨대 사마천이 위나라(권 44)와 연나라(권 34)에 대한 사건을 서술하면서 '우리 군대', '우리 성', '우리 도읍' 등으로 썼다는 것이다. 이런 사례는 역으로 사마천이 사라지는 위기에 놓인 사료들을 살려내려 얼마나 노력했는지 증명하기도 한다.

사마천은 열전 등을 쓰기 위해 수많은 책을 모으고 읽어야 했다. 이런 과정을 겪으면서 망실될 위기에 놓인 역사들이 『사기』에 수록되거나 녹아들어 살아남는다. 나아가 사마천은 『사기』를 완성하기 위해 사료는 물론 저자의 문장 스타일과 생애, 나아가 저작 자체에 대해서도 자료를 모으고 연구했다. 그리하여 저작에 나오는 주요한 문장을 발췌하여 싣곤 했다. 바로 이런 덕으로 고대의 진귀한 문장이 후세까지 살아남을 수 있었다.

예컨대 사마천은 천재적인 학자 가의가 쓴 「과진론」(過秦論, 진나라의 실책에 관한 연구)과 시 2수도 발굴해 보존하고 있다. 나아가 사마상여의 색다른 작품인 부(賦, 중국 시문의 한 형식), 굴원이 미뤄수이(汨羅水·멱라수) 강에 몸을 던져 죽기 전에 지은 부, 한비자의 「세난」(說難, 유세하는 것의 어려움을 주제로 쓴 글), 명의 편작의 「의론」(醫論, 의학에 관한 글) 등등 수많은 작품들이 이렇게 해서 후세에 전해질 수 있었다.

사마천은 같은 시대의 자료를 수집하고 보존하는 데도 큰 역할을 했다. 진나라 시황제가 전국 각지에 남긴 5개의 각석(刻石)을 비롯해 한나라의 황제들이 그 황태자들에게 광대한 영토를 주며 내린 수령문, 항우와 유방의 시 같은 것이 그런 예이다.

내 힘은 산을 뽑을 수 있고 기는 세상을 뒤덮을 수 있건만,
때가 불리하여 추(騶, 항우의 오추마)도 나아가지 않네.
추가 나아가지 않으니 어쩔 수 없지만,
우(虞, 항우의 총희 우희)여! 우여! 너를 어찌하리.

— 항우의 마지막 시

수많은 공적 보고서, 명령문서, 변론, 담화 등도 모두 사마천의 손을 거쳐 후세에 전해질 수 있었다. 그 결과 우리는 마치 눈앞에서 오자서와 손빈이 울분을 딛고 복수에 성공하며 노자와 공자가 천지와 인간에 대해 대화하듯, 그 순간들을 생생하게 경험하는 감동을 느낀다. 영원히 소멸될 수도 있던 고대의 영웅들이 그렇게 해서 부활한 것이다.

사마천이 한무제에 대해서 원한을 품었을까? 당연히 비분강개의 마음을 가졌을 것은 확실하다. '임안에게 보내는 편지' 같은 내용을 자세히 보면 그런 맥락이 읽힌다. 그러나 그는 사실상 그 단계를 훌쩍 뛰어넘고 있다는 것도 보여준다. 『사기』의 서 가운데 하나인 「하거서」를 보자.

천자가 황허 강의 터진 곳에 친히 왕림하여 물을 막는 공사가 잘 이뤄지지 않고 있음을 보고 비통한 마음에 다음과 같은 시가를 지었다.

호자(瓠子)에서 황허 강 터지니
어찌할꼬, 이 일을?
호호탕탕 물바다여,
대부분 다 하수로 변했구나!

죽지 않고 영원히 살 수 없다는 사실 앞에서 고통스러워한 진시황(왼쪽)과 한무제(오른쪽). 사마천은 이 두 사람을 그저그런 '본기'로 기록한다.

온통 하수로 변했으니,

이 지방이 편안할 수 없구나.

공사는 끝날 날이 없고…….

나는 천자를 따라 호자로 가서 나무를 나르며 선방을 막고, 천자의 '호자시'(瓠子詩)에 감동해 이에 '하거서'를 지었다.

이것은 원한을 품은 자의 마음이, 글이 아니다. 그런 마음이라면 어찌 감동하고 어찌 「하거서」 같은 글을 지을 수 있겠는가? 이미 그는 인격적으로도 거의 성인의 경지에 이르고 있었다.

진시황과 한무제, 두 절대자는 결국 죽지 않고 영원히 살 수는 없다는 사실 앞에서 고통을 받았다. 법가인 진시황이나 유학을 발흥시킨 한무제나 모두 말년에는 불로장생의 욕망 때문에 똑같이 불사(不死)사상과 술사 · 방사에 집착한다. 묘한 일이다. 두 황제의 이런 귀결은 우연일 수도 있지만 어떤 섬뜩함과 슬픔을 느끼게 한다. 권력자로 천하를 호령했지만, 어쩔 수 없이 나약한 인간인 것이다.

두 황제의 말로는 비참하달까, 가련하기조차 했다. 진시황은 자신의 죽음마저 비밀로 덮어버린 채 무능하고 사악한 둘째 아들을 옹립하려는 환관 조고와 승상 이사의 음모에 휘말렸다. 덕이 있어 괜찮은 황제의 그릇이던 장남 부소는 그런 음모에 따라 살해되어 제거되고, 진 제국은 통일 2대만에 멸망해버리고 만다. 한무제도 비참한 결말을 맞이한다. 총애하는 여인 위자부가 낳은 황태자가 강팍한 제도와 간신의 음모에 휘말려 어쩔 수 없이 반란을 일으킨다. 무제는 아들의 반란을 진압하라는 엄명을 내리고 결국 그 아들을 자살로 몰고 간다. 그리고 이미 노망기가 들어가던 황제는 이 모든 참극이 한 간신의 음모와 무고에서 비롯됐다는 것을 알고 두 손을 부르르 떨게 된다. 어느 아비가, 어느 황제가 그보다 더 비참할 수 있을까?

이런 황제들에게 사마천 자신은 돌이킬 수 없는 불행을 겪었다. 그리고 그 고난 속에서 자신의 불행을 승화해 위대한 작품을 남긴다. 역사를 쥐고 우뚝 선 그의 앞에 진시황은 '본기'의 하나일 뿐이다. 한무제도 그저 그런 '본기'의 하나로 자림매김한다. 역사가 앞에선 절대 권력자도 그저 작은 먼지 같은, 지나가는 자연현상 같은 것일까?

기록자는, 기록은 그렇게 무서운 것이다.

치욕 속에서 피어난 처절한 문학성

사마천은 왜 죽음보다 더 한 치욕의 궁형을 당하면서도 살아남는 길을 선택했을까? 왜 끝내 『사기』를 써야만 했을까?

그는 자신의 심정을 편지 하나에 담아 후대에 남겼다. 사형수로서 죽음을 기다리고 있던 익주 자사 출신의 임안이라는 사람에게 편지를 보낸 것이다. 아마도 임안이 사형수이기에 이런 편지를 보냈을 것이다. 자신도 한때 사형을 선고받아 그 고통이 어떤지 잘 알기에 붓을 들었는지도 모른다. 편지는 그 뛰어난 문학성이 유감없이 발휘되어 동양 최고의 명문장으로 꼽히기에 손색이 없다.

"죽음은 단 한 번이지만, 다만 그 죽음이 어느 때는 태산보다도 더 무겁고, 어느 때는 새털보다도 더 가볍습니다. 그것은 어떻게 죽느냐에 따라 달라집니다. ……먼 옛날 주나라 서백(문왕)은 제후의 신분이면서도 유리에 갇힌 몸이 되었으며, 이사는 진나라의 재상까지 지냈으면서도 다섯 가지 형벌을 다 받고 죽었고, 팽월과 장오는 한때 왕의 칭호까지 받았으나 갖은 문초를 받아야 했고, 강후의 지위까지 오른 주발은 한나라 가문과 원수지간인 여씨 일족을 주살해 권세가 비할 데 없는 몸이면서도 취조실에 들어갔습니다. 협객으로 유명한 계포는 노예로 팔려가기까지 했습니다…….

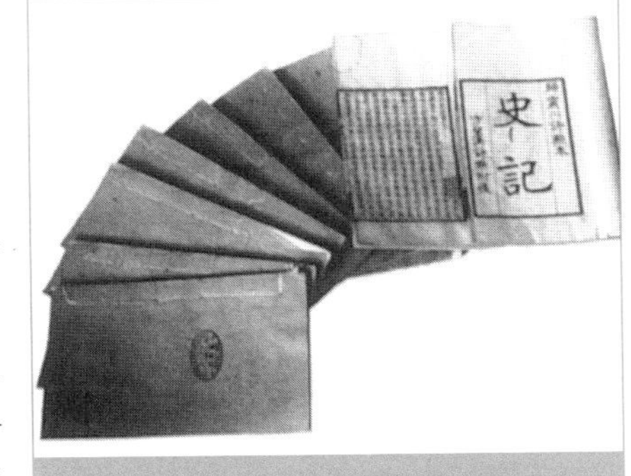

후세에 출간된 『사기』.

예로부터 어려움을 극복해 고난 속에서도 남달리 뛰어난 일들을 이뤄낸 인물들은 몇 세기가 지난 지금까지도 그 이름이 칭송되고 있습니다. 주나라의 문왕은 감옥에 갇혀서 『주역』을 연구해 글로 남겼으며, 공자는 곤액을 당하고 나서 『춘추』를 썼습니다. 좌구명은 두 눈이 먼 뒤에 『국어』를 지어냈고, 손빈은 두 다리를 잘라내는 형벌을 받고서 그 유명한 『병법』을 완성했습니다. 여불위는 촉나라에서 유배생활을 했기 때문에 『여씨춘추』가 지금까지 전해지고 있으며, 한비자는 진나라에 갇혔기에 「세난」, 「고분」을 썼습니다. 『시경』에 실린 시 300편도 대부분은 성현께서 분발해서 지으신 것입니다.

이렇게 모든 훌륭한 일들은 생각이 얽혀서 잘 풀리지 않고 마음이 통할 곳을 잃었을 때 이루어집니다. 즉 궁지에 몰려 있을 때라야 지나간 일을 돌이켜보면서 미래를 바라볼 수 있는 지혜를 얻기 때문입니다. 좌구명이 시력을 잃고 손자가 다리를 절단당했을 때 세상 사람들은 그들이 다시 일어서게 되리라고는 상상조차 할 수 없었을 것입니다. 그들은 그러한 참혹한 고통을 당했기 때문에 물러나서 글을 쓰고, 방책을 저술했으며, 울분을 토로했고, 문장을 남겨서 자신의 진정을 표현했습니다."

인류 문명의 적, 수많은 분서 사건들

'분서' 사건은 인류 문명에 엄청난 피해를 끼쳤다. 수천 년 또는 수백 년에 걸쳐 집적된 인류의 지식과 문명의 결정체를 한꺼번에 영원히 소멸시켜버린다는 점에서 이런 분서 사건은 무섭고도 무서운 일이다.

서양에서도 분서 사건은 역사를 거치며 꼬리에 꼬리를 물고 벌어졌다. 대표적인 것 가운데 하나는 알렉산드리아 도서관을 무대로 벌어진 일련의 방화와 약탈 사건이라고 할 수 있다. 알렉산드리아 도서관은 기원전 4세기에 알렉산더 대왕이 이집트를 점령한 뒤 이집트에 새 왕조를 연 프톨레마이오스 1세가 당시 동서양 여러 문명의 책자를 수집하고 연구하는 일을 벌인 데서 비롯됐다. 프톨레마이오스 왕조의 마지막 파라오인 클레오파트라 때 알렉산드리아 도서관은 유럽과 아시아, 아프리카 등 서반구 문명권의 주요 저서 70만 권을 소장하고 있었다고 전해진다. 이 규모는 그 1500년 뒤 타자기가 발명되기 직전에 유럽 전체가 보유하던 도서의 10배에 이르는 것이다. 알렉산드리아 도서관은 기원전 2세기 프톨레마이오스 7세 때 한 차례, 로마가 이집트를 점령한 초기에 한 차례, 4세기 말 로마 황제 테오도시우스 1세 때 또 한 차례 방화의 피해를 입었다. 두 번째와 세 번째 방화 사건 때는 각각 4만 권, 20만 권이 불에 탄 것으로 전해진다. 도서관의 책들은 640년에 아랍인이 알렉산드리아를 점령하면서 바그다드로 옮겨졌다.

페르가몬의 도서관. 알렉산드리아 도서관이 화재를 입은 뒤 장서를 크게 늘려 유명해졌으나, 결국 안토니우스의 주도로 장서들을 알렉산드리아 도서관에 빼앗긴다.

또 다른 대표적인 분서 사건은 몽골 제국 초기의 서방원정 때 집중적으로 벌어졌다. 13세기 초에 칭기즈 칸과 그 아들들이 호라즘 제국을 정벌할 때 몽골군은 점령한 대도시의 도서들을 무수히 불태웠다. 점령지에서 수많은 사람들이 학살되는 것과 함께 도서관과 책 들도 엄청난 피해를 입은 것이다. 이슬람 정통신앙과 학문의 중심지이던 사마르칸트, 니샤푸르, 부하라, 메르프, 테르메스 등 대도시의 도서관과 책 들이 불길에 휩싸였다. 칭기즈 칸이 죽은 뒤인 1250년대에도 몽골 대칸 몽케의 동생인 훌라구에게 공격을 받아 함락된 이란 지역 알라무트의 도서관이 파괴됐고, 이어서 바그다드까지 무자비하게 약탈당했다.

우리나라도 삼국시대 이후에 수많은 외침과 전란으로 숱한 서고와 장서가 불타고 파괴됐다. 그 결과 삼국시대 이전에 주요 역사서가 존재했다는 기록만 남은 채 그 역사서를 찾을 수 없는 뼈아픈 과거를 안고 있다.

무력으로 신화를 완성하다

남북전쟁을 통해 제국을 통합한 링컨,
21세기에도 미국은 그 통합을 유지할 수 있을까

에이브러햄 링컨.

역사상 모든 위대한 영웅과 정치가 가운데 링컨만이 오로지 진정한 거인이다. 알렉산더, 프리드리히 대왕, 나폴레옹, 글래드스턴과 심지어 워싱턴조차도 인격의 크기, 감정의 깊이, 그리고 도덕적 박력에서는 링컨에게 훨씬 뒤떨어진다. ……그는 그리스도의 축소된 모습이며 인간성을 풍부히 지닌 성자였으니, 그의 이름은 오고 오는 시대의 전설 속에서 앞으로도 수천 년 동안 살아남을 것이다.

— 러시아 문호 레프 톨스토이

링컨에 대해 우리가 알고 있는 것들

2005년 8월에 태풍 카트리나가 미국 남부 루이지애나 뉴올리언스를 강타하자 에이브러햄 링컨이 140년 만에 다시 부활하기 시작했다. 과연 미국은 앞으로 다시 국가가 분열되는 위기를 맞을 것인가? 만일 그렇다면 처음으로 국가가 분열할 뻔한 남북전쟁은 어떻게 바라보아야 하는가? 그 분열을 막은 링컨은 오늘날의 미국인에게 어떤 의미를 지니는가? 마치 역사의 봉인이 뜯긴 것처럼 링컨이 다시 이런 의문의 중심부에 나타났다.

시민 1만여 명을 희생시키고 100만 명 이상의 이재민을 낸 카트리나는 미국의 실체를 온 세상에 적나라하게 드러냈다. 미국? 그건 상식대로 서로 수용하고 양해할 만한 하나의 문명이 아니었다. 그저 맥도날드와 코카콜라, 월마트의 상표만 전국적으로 동일했을 뿐이다. 부자와 가난한 자, 백인과 유색인종, 유럽계와 아프리카계……, 그러니까 전혀 다른 계급, 다른 민족, 다른 문명인 들이 위장된 평화 속에서 공존하고 있는 것처럼 가장했을 뿐이다. 카트리나가 온 나라를 할퀴고 가기 전까지는 모두들 그런 가장무도회를 서로 양해했지만 이제 앞으로는 그러기 힘들게 됐다. 가난하기에 저지대에 살 수밖에 없고, 더 본질적으로는 피부가 검기에 가난할 수밖에 없는 흑인들의 한 맺힌 절규가 이미 널리 울려 퍼지고 있다.

다시 링컨으로 돌아가 보자. 야후 사이트(www.yahoo.com)에서 'lincoln'을 치면 관련 사이트가 무려 '약 1910만 개'나 나온다. 놀라운 숫자다. 아마존 사이트(www.amazon.com)에서 치면, 역시 '4만4703권'이라는 숫자를 만난다. 이 엄청난 숫자는 무엇을 말하는 것일까? 그만큼 미국, 아니 세계에 에이브러햄 링컨의 이름이 유명하기 짝이 없다는 것? 그만큼 중요하다는 것? 둘 다 맞다.

우리나라의 경우도 어느 정도 이런 흐름을 반영하고 있다고 할 수 있다. 대부분의 사람이 링컨이라는 이름만큼은 한번쯤 들어보았다. 중학교만 졸업해도 그가 미국에서 흑인노예를 해방시켰다는 사실 정도는 안다. 만일 고등학교를 나온 사람이라면? 저 유명한 '인민의, 인민에 의한, 인민을 위한'(of the people, by the people, for the people)이라는 연설문 구절 정도는 다 안다. 링컨에 대한 우리 국민의 인식은 다음 세 가지로 정리할 수 있다.

① '인민의, 인민에 의한, 인민을 위한'이라는 말을 한 미국 대통령
② 노예를 해방시킨 미국 대통령
③ 남북전쟁에서 북부를 승리로 이끈 미국 대통령

어쨌든 우리나라 사람들이 인식하는 인물의 중요도도 이 순서와 크게 다르지 않다. 그런데 실제로는 그 거꾸로다. 21세기의 기준으로 볼 때, 나아가 비판적 관점을 적용한다고 할 때, 링컨에 대한 의미 있는 평가는 이 순서와 반대로 중요도를 나타낸다고 할 수 있다. ③번의 '남북전쟁에서 북부를 승리로 이끈 미국 대통령'이라는 사실이 가장 중

요하다는 것이다. 이 진술을 변형해서 더욱 심화시키면 이렇게 된다.

'전쟁을 통해 미국이라는 제국의 통합을 관철한 대통령.'

바로 이 관점이 맨 앞으로 나와야 한다는 뜻이다. 다시 이것을 심화하고 발전시키면 이런 가설이 성립한다.

'과연 미국이라는 제국은 21세기에도 여전히 통합을 유지할 수 있을 것인가?'

카트리나가 오기 전부터 제기될 수 있던 이 의문은 이제 새로운 차원에서 새로운 폭발력을 충전받는다. 먼저 이 의문을 풀기 위해선 1860년대에 남북전쟁이라는 극단적인 수단까지 동원해 제국을 통합시킨 링컨과 당시의 미국을 정확히 연구해야 한다는 논리로 이어진다. 그리고 거기서부터 오늘날 미국 남부, '디프사우스'(deep south)에 대한 이해와 해결방법을 찾는 고난의 행군도 함께 시작될 수 있다.

'군사상의 필요'에 따른 노예해방령

에이브러햄 링컨은 1809년에 미국 켄터키 주 놀린 크리크의 산골마을 통나무집에서 태어났다. 어렸을 때부터 농부인 아버지를 도와 일하느라 평생 동안 정식 학교교육을 1년밖에 받지 못했다. 그러나 주의회 하원의원을 거쳐 변호사 시험에 합격해 변호사가 된다. 링컨은 일리노이에서 변호사 활동을 하면서 몇 차례 실패한 끝에 연방 하원의원으로 당선된다. 그 뒤 다시 하원, 상원, 부통령 선거 등에서 실패한다. 그러나 당시 전국적으로 불길처럼 번지던, 노예제를 둘러싼 정치적 논쟁에서 중심인물로 부상한다. 결국 링컨은 1860년 11월에 공화당 후보로 대통령 선거에서 승리해 이듬해인 1861년 3월에 미국 제16대 대통령으로 취임한다.

그러나 링컨은 취임을 전후해 남부 7개주, 곧 사우스캐롤라이나, 앨라배마, 루이지애나, 미시시피, 플로리다, 조지아, 텍사스가 노예제를 찬성한다는 이유로 연방에서 탈퇴하는 사태에 직면한다. 이른바 '남부연합'(Confederate States of America)이 결성돼 국가가 총체적으로 분열되는 사태가 벌어진 것이다.(나중에 이 남부연합에 아칸소, 버지니아, 노스캐롤라이나, 테네시 4개주가 가담해 11개주가 된다.) 당시 북부에서는 공업이 발전해 노예제에 대한 필요가 점차 격감하고 있었다. 그에 반해 남부에서는 면화를 중심으로 농업이 발전하고 있었다. 그에 따라 토지에 매인 노예와 그들의 노동에 갈수록 더 많이 의존하는 상황이었다. 남북의 대립은 마침내 1861년 4월에 남부연합군이 사우스캐롤라이나 찰스턴항의 섬터 요새에 주둔한 북군을 선제공격하면서 전쟁으로 발전한다. 남북전쟁이 일어난 것이다. 북부는 초기에 인구나 산업생산, 무기생산 등 기본적인 자원 면에서 남부보다 압도적으로 유리했다. 그래서 3개월이면 전쟁에서 이길 수 있다고 큰소리쳤다. 그러나 예상과 달리 크게 고전한다. 결국 4년 동안의 장기간에 걸친 격전 끝에 전쟁을 승리로 이끈다.

남북전쟁은 북군 사망자 36만 명, 부상자 200만 명, 그리고 남군 사망자 25만 명, 부상자 70만 명이라는 엄청난 인명의 희생을 가져왔다. 국토도 황폐해졌다. 당시 북부의 인구가 2300만 명, 남부의 인구가 900만 명 정도(그 가운데 400만 명은 흑인노예)였다고 추산된다. 당연히 전투기 같은 것도 없었고, 무기 수준이 20세기나 21세기에 비해 대단히 낙후해 있었다. 그런데도 그렇게 많은 인명 피해가 났다.

이런 엄청난 피해까지 감내하면서 링컨은, 무력을 통한 제국의 통합이라는 첫 신화를 완성한 것이다. 바로 이런 남북전쟁의 성격이야말로

빅스버그 전투 장면도(왼쪽). 그랜트 장군이 이끈 이 전투의 승리로 북부군(깃발을 든 부대)이 승기를 잡는다. 흑인 병사의 사진(오른쪽). 노예에서 해방된 흑인은 북부군에 입대해 남북전쟁에서 북부가 승리하는 데 크게 이바지했다.

앞으로 미국의 통합 문제를 지배층이 어떻게 해결해나갈 것인지를 적확하게 보여준다. 나라의 통합을 유지하기 위해 자기 나라의 한쪽을 무자비하게 쑥대밭으로 만들 결의와 용의로 뭉친 나라, 그것이 미국의 적나라한 모습이다.

링컨이 이뤄낸 다음 신화인 노예해방에 대해 살펴보자. 냉정하게 말해 링컨은 원래 노예제 폐지론자가 아니었다. 오히려 그를 지지한 사람들이 폐지론자라고 하는 편이 더 정확하다. 그는 이렇게 말하기도 했다.

"이 투쟁에서 내 최고 목표는 연방(미국)을 구하는 것이지, 노예제도를 존속시키거나 파괴하려는 것은 아닙니다. 만약 노예를 해방시키지 않고 연방을 구할 수 있다면 그렇게 하겠습니다. 그리고 모든 노예를 해방시킴으로써 연방을 구할 수 있다면 그렇게 하겠습니다. 그리고 일부를 해방시키고, 일부의 노예들을 남겨둠으로써 연방을 구할 수 있다면 그렇게 하겠습니다.”

그러면서 링컨은 점차 노예해방을 요구하는 주변 상황에 이끌려간다. 물론 링컨이 노예해방을 결행하지 못한 데는 내부적으로 몇 가지 이유가 있었다. 첫째는 헌법상의 문제다. 하루아침에 대통령령 같은 것으로 노예제를 폐지할 경우 헌법을 수호하겠다고 한 대통령 취임선서를 어기게 된다. 둘째로 노예해방을 강행할 경우 노예제를 인정하면서도 북부에 가담한 델라웨어, 미주리, 켄터키, 메릴랜드 4개주가 북부에서 이탈할 가능성이 있었다. 링컨 스스로도 당시 상황에 대해 ‘군사상의 필요에 따라’ 노예해방령을 선포했다는 사실을 인정한 바 있다.

그럼 왜 노예해방을 결행한 것일까?

당시 남부연합은 인구의 거의 절반에 육박하는 흑인노예(900만 명 가운데 400만 명)들을 군수공장이나 요새, 진지를 구축하는 일이나 식량을 생산하는 일 등에 군 노무자로 동원해 전쟁을 치르고 있었다. 따라서 링컨은 노예제의 토대를 흔들면 남부연합에 큰 타격을 줄 수 있음을 간파했다. 실제로 처음 선포된 노예해방령은 이런 군사상의 필요에 초점을 맞췄다. 바로 남부연합에 소속된 지역에서만 노예를 해방하는 안으로 진행한 것이다. 이런 한계가 있지만 그렇다고 링컨이 노예해방령을 선포하고 그 결과 인류사에서 인권과 민주주의를 신장하는 데 결정적으로 이바지했다는 사실을 결코 낮게 평가할 수는 없다.

21세기 미국의 통합을 위협하는 단서들

여기서 ‘제국의 통합’이라는 관점에서 21세기 미국의 실상을 다시 한번 짚어볼 필요가 있다. 미국은 현재 통합을 위협하는 몇 가지 단서들이 나타나고 있기 때문이다.

첫째는 9 · 11 테러와 그 이후 부시 정권이 지속적으로 조장한 종교-문명 충돌적 분위기가 미국이 표방해온 다민족 국가의 통합원리에 새로운 변수로 부상하고 있다는 점이다. 이슬람권을 겨냥해 일방적으로 몰아친 공격적 국제 정책으로 미국이라는 '인종용광로'(melting pot)가 갖는 효율성에 문제가 생기기 시작한 것이다. 용광로 내벽이 훼손될 가능성이 점차 높아지고 있다.

둘째는 균형이 맞지 않는 인구 구성의 문제이다. 현재 미국에는 그동안 다수를 차지하던 유럽계 백인의 비중이 지속적으로 줄어들고 히스패닉계와 흑인계의 비율이 점점 높아지고 있다. 지난 1930~1960년대까지 유럽의 백인들은 미국 이민자의 38퍼센트를 차지해 1위 그룹을 달렸다. 1980년대에 이르면 아시아계(48퍼센트), 라틴아메리카계(35퍼센트)에 이어 12퍼센트를 차지해 3위 그룹으로 주저앉았다. 특히 라틴아메리카에서 미국으로 계속해서 건너오고 있는 히스패닉계는 가톨릭 교리 등의 영향으로 낙태와 피임을 꺼리기 때문에 상대적으로 자녀를 많이 낳는다. 흑인 역시 백인에 비해 이런 경향이 상대적으로 강하다. 이런 상황을 반영해 부시 대통령은 전국 라디오 연설에 영어와 함께 스페인어 연설도 추가하기 시작했다. 요즘 미국 대통령 선거를 보면 유권자 1~2퍼센트만 마음을 바꿔도 정권이 오락가락하는 판이 아닌가?

셋째는 카트리나 사태에서 그 중대한 실마리를 보았듯이 미국의 2대 인종인 흑인들이 계급적 · 인종적으로 자각하여 다시 사회적 힘을 지니기 시작할 것이라는 점을 주목할 필요가 있다. 다른 인종보다 흑인의 빈곤 문제가 더 심각한 것으로 드러나면서 미국의 통합 능력에 근원적으로 치명적인 결함이 있다는 위기론이 증폭되고 있다.

이와 함께 미국이 지역적으로 산업의 편차가 심하다는 기본 특성도 무시할 수 없는 변수로 떠오르고 있다. 이런 편차는 사실상 남북전쟁 당시 연방을 분열시킨 결정적 동인이었다. 그런데 이 변수가 미래에도 심각한 분열 요인으로 다시 작용할 수 있다니? 참으로 공포스러운 이야기가 아닐 수 없다.

링컨은 전쟁을 승리로 이끈 지 정확히 6일 만인 1865년 4월 14일에 남부를 지지하는 한 배우의 총격을 받고 암살됐다. 최초로 암살된 미국 대통령이 된 것이다. 제국을 휩쓴 갈등과 대립이 종식됐어도 그 여진은 여전히 무섭다는 사실을 세상에 각인시킨 셈이다. 특히 링컨을 시발로 마틴 루터 킹 목사 등 흑인이나 흑인운동 등에 상대적으로 우호적인 사람들에게 테러를 하는 사건이 기승을 부렸다.

이와 별도로 링컨의 남북전쟁 이후 전쟁영웅이 미국 대통령으로 등

링컨의 암살 장면 상상도. 남부를 지지하는 배우 존 부스가 극장에서 권총으로 링컨을 쏘고 있다.

장하는 사례도 두드러진다. 남북전쟁 당시 북군 총사령관을 맡은 율리시스 그랜트는 미국 제18대 대통령에 올랐고, 제2차 세계대전 노르망디 상륙작전의 영웅 아이젠하워는 제34대 대통령에 올랐다. 대형 전쟁 이후에 미국 군부의 영향력이 놀랄 만큼 확대될 수 있음을 강력하게 예고하는 것이 아닐까?

링컨 대 노무현

한국에서 대표적인 링컨 마니아로 노무현 대통령을 꼽을 수 있다. 실제로 링컨을 주제로 『노무현이 만난 링컨』(학고재, 2001)이라는 책을 쓰기까지 했다. 나아가 그 자신이 정치가로서 링컨을 '매우 심각하게 의식하며' 정치를 해나가는 것으로 보이기 때문이다.

우선 링컨과 노 대통령은 서로 닮은 점이 적지 않다. 첫째, 잠재역량 이동(Potential Shift, 'Power Shift'보다는 이 표현이 더 적확할 듯하다)의 시기에 각각 시대의 흐름을 정확하게 읽고 대응해 집권했다는 점을 들 수 있다. 노 대통령의 경우 한국에서 산업화 세대 이후 밀어닥친 정보통신 세대의 정치 · 문화적 욕구에 유효적절하게 대응해 부상한 측면이 강하다. 링컨 역시 미국에서 서부 지역이 팽창함에 따라 독립전쟁 이후 거의 1세기 동안 유지돼온 동부와 남부 중심의 정치 · 경제가 급격하게 서부로 중심을 옮겨가던 시기에 맞춰 부상한 정치가라는 성격을 띤다.

둘째, 두 사람 모두 전통적 의미에서 엘리트주의와 전혀 뿌리를 달리하는 탈엘리트주의 · 서민주의 정치를 토대로 하고 있다. 두 사람 다 명문대학과는 거리가 멀다. 링컨의 경우는 아예 '학교에 다닌 기간이 일생을 통틀어 1년'이었을 정도다.

셋째, 개인사적으로 두 사람 모두 실패의 경험이 매우 많으며, 각각 그 정치적 위기를 극적으로 역전시키는 승부사적 기질이 강하다. 링컨은 주의원 선거 한 차례, 연방 하원의원 두 차례(한 번은 공천에서 실패), 상원의원 두 차례, 부통령 선거에 한 차례 실패했다. 그는 이 모든 난관을 이기고 마침내 대통령에 당선돼 세계사에 이름을 남긴다. 노 대통령도 국회의원, 부산시장 선거 등에서 패배한 경험이 있으며, 대통령 집권 중에는 국회의 탄핵까지 받았다가 극복한다.

넷째, 두 사람 모두 내용상의 소수정권으로 안팎으로 비판자가 지나치게 많다는 점도 비슷하다. 언론의 견제와 비난 역시 두 사람을 지속적으로 괴롭히는 사안이라고 할 수 있다. 이와 함께 두 사람 다 변호사 출신으로 연설을 대단히 잘하는 편이며, 50대라는 비교적 젊은 나이에 집권한 점도 비슷하다.

그러나 두 사람이 사는 나라나 시대가 같지 않기에 당연히 다른 점도 많다.

첫째, 각각 맞닥뜨린 시대사적 과제의 무게가 아직까지는 서로 큰 차이가 있다. 링컨의 경우 기본적으로 '미국이라는 제국의 통합'이라는 거대한 의제에 맞서 끝내 이것을 해결한 지도자라는 성격을 띤다. 한국에서 이런 정도의 무게를 가질 수 있는 사건은 과거의 한국전쟁이나 앞으로의 민족통일이라 할 수 있지만, 민족의 통일까지는 아직 멀기만 한 상태다.

둘째, 링컨이 건전한 의미의 여야 협력을 실현하는 데 성공한 반면, 노 대통령은 아직 그 계기를 잡지 못했다는 점을 빼놓을 수 없다. 링컨의 경우 다행스럽게도 괜찮은 야당 파트너를 만났다. 특히 노예제 문제를 놓고 대통령 선거에서도 겨룬 평생의 정치적 맞수 스티븐 더글러스는 남북전쟁이 발발하자 초당적 협력에 나서 적극적으로 링컨을 지원한다.(더글러스는 대중연설 등을 통해 민주당원들이 연방정부를 지지하도록 설득하는 한편, 북부 주민들이 연방군에 참여하도록 모병을 독려하는 활동을 활발하게 벌이다가 병으로 쓰러져 세상을 떠나기까지 한다.)

셋째, 통치방식에서 링컨은 외부에서 비롯된 난제를 결정적인 국면에 개입해 해결하는 '수동적 대기만성형'의 성격이 강한 반면, 노 대통령은 적극적 성향이 매우 강하다.

넷째, 사람을 쓰는 데서 링컨은 오랜 시간에 걸쳐 반대자까지 아우르며 설복시키는 등 포용형이자 설득형에 가까운데, 노 대통령은 사람에 대해 좋고 싫음의 선을 분명하게 유지하는 모습을 보여준다.

어쨌든 현실성이 있느냐 없느냐와 상관없이 링컨에 대한 연구는 노 대통령의 정치 철학과 문화를 이해하는 데 큰 도움을 준다.

볼 수 없는 것들에 대한 사랑

삼중 장애와 세상의 편견에 맞서 싸운 헬렌 켈러, 인간의 존엄성을 가장 인간적으로 증명해내다

태어난 지 19개월 된 한 아기가 심하게 앓더니, 결국 보지도 듣지도 말하지도 못하게 된다. 잠에서 깨어나 보니까 모든 게 깜깜하고, 조용하고……, 그래서 밤이 됐다고 생각한다. 그러면서 생각한다. '왜 낮이 이렇게 더디게 오는 거지?' 그러다가 시간이 지나면서 원래 낮이 있었다는 것조차 잊어버리고 만다. ……아프기 직전까지 막 말을 배우고 세상의 아름다움을 느껴가던 아기에게 갑자기 세상이 문을 닫아버린 것이다.

'터미네이터'와 헬렌 켈러

영화 〈터미네이터〉 시리즈를 즐겨보다가 언제부터인가 왠지 주눅이 드는 느낌이 들기 시작했다. 잇따라 등장하는 로봇들이 그 월등한 능력으로 인간의 한계를 압도해버리곤 하기 때문이다. 아널드 슈워제네거가 연기한 가공할 완력과 초능력을 자랑하는 첫 번째 터미네이터로부터, 형상기억합금으로 재탄생한 더 빠르고 강력한 두 번째 터미네이터, 그리고 어떤 기계라도 능숙하게 다루고 지배하는 여성형 로봇인 세 번째 터미네이터……. 기능이 날로 향상되는 이 인조인간 앞에서 우리 인간은 갈수록 초라해지고 왜소해지기만 한다. 거기다 로봇이 인간에게만 허락된 지적 능력을 갖추고 한 걸음 더 나아가 감정까지 갖춰간다면? 아아, 인간은 도대체 무엇이란 말인가?

영화가 아니라 현실에서도 인간은 다방면에서 그 존엄성을 심각하게 도전받고 있다. 광기의 20세기에 두 차례의 세계대전과 크고 작은

88년 동안 헬렌 켈러는 자신에게 닥친 삼중의 장애와 모든 편견에 맞서 싸웠다. 사회 활동을 하는 헬렌 켈러의 모습.

전쟁과 학살, 고문과 추방의 소용돌이 속에서 살아남은 인류의 고난은 아직도 끝나지 않았다. 21세기, 이제 줄기세포의 배아복제라는 첨단 과학기술에 따라 인간의 장기를 대량으로 만들어낼 수 있을 뿐만 아니라, 정작 그 인간 자신조차 복제할 수 있는 시대가 밀어닥치고 있다.

인간복제가 가능한 시대에 인간은 어떻게 되는 것일까?

무엇보다 인간은 필요하면 기계의 부속품처럼 신체의 일부나 거의 전부를 갈아 끼우는 게 가능한 존재로 재규정된다. 손가락 하나, 발가락 하나, 귀 하나, 눈 하나의 소중함은 간단히 사라진다. 외형적으로 인간은 복제기술을 이용해 자신의 부속품을 갈아 끼움으로써 마치 신체 이상의 한계라든가 수명 제한의 한계를 간단히 극복하는 것처럼 비쳐질지도 모른다. 그러나 그건…… 착시현상이 아닐까? 실제로 이런 식으로 인간이 재규정되면서 인간의 존엄성이 전면적으로 부정되는 것은 아닐까?

헬렌 켈러, 태어나서 19개월 만에 뇌척수막염(또는 성홍열, 수막염)으로 보는 것, 듣는 것, 말하는 것을 한꺼번에 모두 상실하는 삼중 장애의 고난에 빠진 인물, 이렇게 세상이 가여운 어린 자신을 갑자기 내팽개쳐 버리는 절대 절망 속에서 처절한 노력으로 아주 힘들고도 느리게 그러나 마침내 성공적으로 그 닫혀버린 문을 스스로 열어젖힌 인물, 그렇게 함으로써 그 어떤 비장애인도 해내지 못한 사회활동으로 인간의 존엄을 증명해낸 인물……. 개인적으로 역사 인물에 대해 나름대로 읽고 생각하면서 인간의 존엄성을 가장 인간적으로 증명해낸 인물이 바로 그가 아닐까 생각하게 됐다. 특히 그는 그런 삼중 장애를 딛고 일어선 뒤 쓰고 말하고 일함으로써 쉼 없이 다른 사람들이 더 나은 삶을 살 수 있도록 헌신했다. 이런 모든 점을 종합할 때 그는 그 독특한 정치적 성향과 상관없이 대단히 존경스러운 사람이라는 생각이 든다.

헬렌 켈러의 활동은 대략 다음과 같이 정리할 수 있다.

① 육체적 투쟁: 자신에게 닥친 삼중 장애를 극복함.

② 사회적 투쟁 하나: 장애인에 대한 당시의 편견과 오해에 맞섬.

③ 사회적 투쟁 둘: 여성에 대한 사회적 편견과도 맞섬.

④ 사회적 투쟁 셋: 사회적 약자의 문제를 근본적으로 해결하기 위해 정치 활동을 모색하고 참여함.

그는 어떻게 세상과 소통했는가

1880년부터 1968년까지 헬렌 켈러가 여든여덟 해 생애를 다 바친 이 네 가지 투쟁은 그리 만만한 게 아니었다. 온전한 능력과 학식 그리고 열정과 건강을 갖춘 사람도 이 가운데 한 가지라도 제대로 하기 힘들다. 게다가 삼중 장애인 헬렌이 맞닥뜨린 세상은 오늘날과 달리 문명보다 오히려 야만 쪽에 더 가깝다고 해야 할 정도로 끔찍하기 짝이 없었다. 당시 시각 장애인이나 청각 장애인에 대해 세상에 퍼져 있던 편견은 우리를 깜짝 놀라게 하기에 충분하다. 한번 그 무지의 늪으로 들어가 보자.

20세기 이전, 시각과 청각이 손상돼 언어 장애까지 갖게 된 사람은 사는 것조차 아주 힘들었다. 실제로 살아남은 사람을 찾아내기가 쉽지 않을 정도다. 대다수가 유아기 때 혈육에게 살해됐기 때문이다. 남도 아닌 바로 자신의 혈육 말이다. 놀랍지만, 지금도 지구 곳곳에서는 그런 일이 자고 일어나면 벌어지는 판이다. 긴 인류 역사를 뒤돌아보면 더욱 끔찍하기만 하다. 오랜 세월, 눈이 먼데다 귀까지 들리지 않는 이중 장애인은 사람 아닌 괴물로 여겨졌다. 그래서 장성하기까지 살아남지 못하고 죽임을 당하곤 했다. 그렇게 죽어간 이가 한둘이 아니라는 이야기다.

고대에서 그나마 합리성과 과학이 대접을 받았다는 그리스에서도 눈이 먼 아이들은 죽은 목숨이었다. 산꼭대기로 끌고 가서 굶겨 죽이거나 산짐승들에게 잡아먹히게 내버려두었다. 다른 고대 사회에서도 눈 먼 아이들을 노예나 창녀로 파는 일이 흔했다. 동양에서는 으레 창녀 신세로 내몰렸고, 유럽에서도 거의 마찬가지였다. 부모에게 버림받거나 아니면 구걸하며 연명해야 했다. 시각 장애 하나만으로도 이런 악행의 피해를 받을 지경이었으니, 거기다 귀까지 들리지 않는 이중 장애인들은 어땠을까? 충분히 상상할 수 있지 않을까? 거기다 다시 말마저 하지 못하는 삼중 장애인들은 어떠했을까?

콩 심은 데 팥 나던가? 이 암흑의 시대에 인간은 이런 표현을 마구 써댔다.

'원죄의 대가', '어둠의 상징'……. 유대인은 『탈무드』에서 '살아 있는 시체'라는 표현까지 썼다. 거기서 더 나아가 '산 채로 묻힌 시체'를 본 것처럼 호들갑을 떠는 일조차 흔했다. 미국에서도 그런 장애가 마치 성병과 관련이 있다는 식의 무지와 오해가 판을 쳤다. 그 때문에 헬렌 켈러가 기고하는 것을 기피하는 여성잡지도 있었다. 불과 백몇십 년 전 이야기다.

앤 설리번 선생님의 인내와 노력

헬렌은 그런 장애를 극복해냈다. 전혀 보지도 듣지도 말하지도 못하는 헬렌이 다시 세상과 소통하기 위해 선생님인 앤 설리번과 함께 기울인 노력은 우리의 상상을 뛰어넘는다. 게다가 그는 태어난 지 19개

어린 시절의 헬렌 켈러(왼쪽). 엘피 음반의 노랫소리를 손가락의 촉각으로 느끼는 모습(오른쪽).

월 만에 삼중 장애에 빠졌지 않은가? 각 단계마다 조금씩 전진하는 과정은 하나하나 피와 눈물과 땀으로 범벅돼 있다.

① 촉각만으로 만나는 세상: 오로지 촉각만으로 모든 것을 느낀다. 촉각이 곧 눈이요, 귀요, 입인 것이다.

② 글자를 배우는 단계: 글자를 손바닥에 써준다. '인형', '과자', '엄마'……. 처음에는 이해하지 못하다가 나중에 깨닫고 스스로 글자를 흉내 내서 쓸 수 있게 된다.

③ 머리 쓰는 법 가르치기: 나무구슬이 들어 있는 상자와 유리구슬이 들어 있는 상자를 가져다가 실에 나무 구슬 두 개를 꿰고 다음에 유리구슬 한 개를 꿰어서 헬렌의 손에 쥐어준다. 헬렌은 처음엔 나무구슬만 꿴다. 그걸 다 빼내고 다시 제대로 꿴 다음 만져보게 하고 다시 하게 한다. 그러자 헬렌이 정확하게 따라한다. 그러나 매듭을 묶지 않아 다 빠져나가 버린다. 그 다음에는 스스로 매듭을 묶는다.

④ 포크 사용법 가르치기: 손으로만 먹고 포크를 쥐어주면 내던지던 것을 계속 다시 쥐어주는 식으로 가르쳐서 성공한다. 음식을 포크로 먹게 된 것이다!

⑤ 사물과 단어의 연관성 깨닫기: 펌프에서 물이 나오는 것을 느끼게 하고, 그것이 우유와 다른 물이라는 것을 알게 한다. 이 장면이 영화 〈기적은 사랑과 함께〉에 감동적으로 그려지고 있다. 이때부터 단어를 본격적으로 배워나간다.

⑥ 점자 공부: 손으로 써서 알게 된 알파벳과 단어를 점자로 바꿔 인식하게 한다. 그 결과 문장을 올바르게 쓰고, 자기가 쓴 글을 고칠 수 있게 된다.

⑦ 수화 알파벳 익히기: 손으로 알파벳을 표현하는 수화 알파벳을 익히게 한다. 헬렌이 스스로 알파벳을 수화로 표현할 수 있도록 교육하는 한편, 헬렌이 다른 사람의 손을 만져서 그 알파벳을 알아내도록 가르친다. 그렇게 함으로써 수화 알파벳으로 서로 대화할 수 있게 된다. 여전히 촉각만으로 이해하고 소통하는 단계다.

⑧ 발음 교육: 이것이 가장 어렵고도 가장 극적인 대목이다. 손으로 상대방의 얼굴을 만져서 입술의 모양과 움직임, 혀의 위치, 목젖의 상태와 움직임 등을 느끼도록 한다. 그 뒤 그걸 그대로 흉내 내서 소리를 내도록 유도한다. 보거나 듣지 못하고 오직 촉각만으로 발성기관의 모든 것을 느껴서 그것을 흉내 내게 하는 방식으로, 소리를 재현하는 처절한 과정이다! 그러나 이렇게 재현한 소리는 보통 사람이 알아듣기 어려웠다. 따라서 완벽히 재현하려면 굉장히 힘들고 고통스러운 과정이 따라야 했다. 어떤 때는 한 단어를 발음하는 것을 배우는 데 하루가 걸리기도 하고, 절망해서 울음을 터뜨리기도 한다. 갈수록 발음이 조금

씩 아주 조금씩 나아진다.

⑨ 점자로 독서하기: 지식의 극대화 · 다변화가 본격적으로 이뤄진다. 헬렌의 지식이 드디어 폭발하기 시작한다.

사회주의에 경도……, 나치즘 반대 활동 벌여

헬렌 켈러는 1880년에 미국 남부 앨라배마 주에서 출생했다. 아버지는 남부군 퇴역 대위이자 면화농장주로서 주간지를 발행하는 지방 언론인이기도 했다. 헬렌은 생후 19개월 만에 병을 앓고 살아났으나 삼중 장애에 빠진다. 그 뒤 거의 의사소통이 차단된 상태에서 난폭하고 제멋대로 생활한다. 접시를 깨고, 등잔을 부수고, 다른 사람이 먹고 있는 접시에 담긴 음식을 손으로 휘젓고, 할머니를 꼬집어 내쫓고, 광문의 열쇠를 잠가버리고…….

그러다가 전화기의 발명자이자 장애인 교육의 선구자이기도 한 알렉산더 그레이엄 벨의 권유로 장애인 특수교사를 가정교사로 두게 된다. 당시 헬렌 켈러는 자신의 표현에 따르면 "나침반과 수심측정기도 없고, 항구가 어디 있는지 짐작할 수도 없는 배"와 같았다. 그런 그가 특수교사인 앤 설리번의 인내와 노력, 전문성 있는 교육으로 세상과 다시 소통하기 시작한다. 이 감동적인 과정은 그 동안 여러 차례 영화로 그려졌다. 특히 '물'의 실체와 단어를 하나로 이해하는 눈물겨운 장면은 영화의 하이라이트로 세계인의 가슴을 울렸다. 이렇게 해서 영혼의 눈을 다시 뜬 헬렌은 열심히 노력해 케임브리지 여학교를 거쳐 하버드대학의 여자부 래드클리프대학을 졸업한다. 당시 헬렌이 얼마나 엄청난 노력을 기울이고 얼마나 많은 양의 책을 읽었는지는 잘 알려져 있다. 그는 책을 좋아해 점자로 된 책의 한 페이지에 아는 단어가 겨우

자신의 생애를 그린 영화 〈운명을 이긴 사람〉에 직접 출연한 헬렌 켈러(가운데 위로 손을 든 사람).

두 개밖에 안 될지라도 읽고 또 읽었다. 그런 식으로 찰스 램의 『셰익스피어 이야기』를 비롯해 버니언의 『천로역정』, 라퐁텐의 『우화집』, 『로빈슨 크루소』, 『그리스 신화』, 『일리아드』, 셰익스피어의 희비극, 프리먼의 『유럽사』, 에머슨의 『중세사』, 스윈튼의 『세계사』 등을 읽어나갔다. 그 뒤 자신처럼 괴로움을 겪는 사람들을 지원하는 활동에 나서 온 생애를 바친다.

당시 헬렌은 편견과 오해에 사로잡힌 세상 사람들을 향해 장애인을 교육하는 시설과 방법을 개선하는 데 지원해줄 것을 호소한다. 이를 위해 미국을 비롯해 전 세계 국가를 순회하며 강연하고 다양한 집필 활동도 벌였다. 그리하여 유럽과 동아시아 등 세계 39개국을 방문했고, 이런 순회 활동은 제2차 세계대전 때도 계속됐다. 특히 전쟁으로 시각을 잃는 등 장애인이 크게 늘어나자 이들을 위문하고 지원하는 활동이 많아졌다. 그런 활동의 연장선에서 '헬렌 켈러 국제상'도 생겨났다. 건강이 나빠진 뒤 말년에는 명상과 기도 생활을 하다가 1968년에 숨진다. 정치적으로 헬렌 켈러는 사회주의에 깊이 경도됐으며, 전쟁과 나치즘을 반대하는 활동을 벌이기도 했다.

어떤 의미에서 우주는 보는 것 이상으로 보이지 않는 것이 클지도 모른다. 우리 지구가 속해 있는 태양계에서 우리가 이제까지 알지 못하던 행성을 최근에 새로이 발견했다는 뉴스까지 나오지 않았는가? 게다가 지구는 그 우주 안에서 얼마나 작고도 작은가? 어쨌든 헬렌이 그 암흑과도 같은 삼중 장애를 뚫고 나온 뒤 장애인과 여성 그리고 사회적 약자를 지원하는 사회적 투쟁을 벌여나가는 과정은 필연성마저 느끼게 해준다.

사람은 보이지 않을 때 더 내면으로부터, 더 우주적인 진리를 포착해내는 능력이 키워지는 것인지도 모른다.

"좋은 것은 가슴으로 느껴질 뿐"

"인생에 과감한 도전이 없다면 그 인생은 아무것도 아니다. 인생에서 안전에 집착하는 것은 미신에 집착하는 것과 다름없다. 안전이라는 것은 자연상태에선 존재하지 않는다."

"행복의 문 하나가 닫히면 대신 다른 쪽 문 하나가 열린다. 그러나 우리는 그 닫힌 문만 바라보고 우리를 위해 다른 쪽에 새롭게 열린 문은 보지 못할 때가 많다."

"세상에서 가장 좋고 아름다운 것은 보이지도 만져지지도 않는다. 다만 가슴으로 느껴질 뿐이다."

"친구와 어둠 속을 함께 가는 것이 혼자 밝음 속을 가는 것보다 낫다."

"나는 위대하고 고상한 일을 완수하기를 열망한다. 그러나 나의 가장 큰 의무는 작은 일을 바로 그렇게 위대하고 고상한 일인 것처럼 완수해내는 것이다."

"우리가 한번이라도 즐거움을 느껴본 것이라면 결코 잃어버리지 않게 된다. 우리가 깊이 사랑한 모든 것은 우리의 일부분이 되기 때문이다."

"할 수 있는 한 최선을 다하라. 우리 삶에 어떤 기적이 일어나는지, 다른 사람의 삶에도 어떤 기적이 일어나는지 상상조차 하기 어려울 것이다."

헬렌 켈러와 앤 설리번의 기념우표. 그들은 인류의 가슴에 큰 울림을 남겼다.

USA 15c HELEN KELLER ANNE SULLIVAN

"세상에 나름대로 경탄스럽지 않은 것은 없다. 심지어 어둠과 침묵조차도 그렇다. 그 어떤 상황에 놓일지라도 나름대로 만족할 수 있다는 것을 나는 배웠다."

"기운을 내시게나. 오늘의 실패를 생각하지 말고 내일 찾아올 성공을 생각하시게. 어려운 계획을 세웠군. 하지만 참고 견디면 성공할 거라네. 난관을 극복하노라면 기쁨이 찾아오나니."

"지식은 사랑이며 빛이며 비전이다."

"비관주의자치고 행성의 비밀을 알아낸 사람이 있는가? 인간정신을 넓혀줄 신대륙 항로를 개척한 사람이 있는가?"

"볼 수 있으면서도 비전이 없다면? 끔찍한 일이다."

"과학은 거의 모든 병을 치료할 수 있는 길을 찾아낼지도 모른다. 그러나 그 가운데 가장 나쁜 것, 곧 인간에 대한 무관심을 치료하는 방법은 찾아낼 수 없다."

"보이는 것은 일시적이고 보이지 않는 것은 영원하다는 말은 내게 깊은 위안을 느끼게 해준다."

"세상에 즐거움만 있다면 우리는 무엇이 용기인지 무엇이 인내인지 알 수 없을 것이다."

— 헬렌 켈러의 어록 가운데서

가난한 사람들의 어머니, 사랑을 전염시키다

'20세기 성녀' 마더 테레사, 가장 가난한 이들을 섬김으로써 하느님을 섬기다

에피소드 하나.

어느 날 그가 콜카타의 거리를 걷고 있을 때 한 젊은이가 다가왔다. 젊은이는 몸을 굽혀 그의 발에 입을 맞추기 시작했다. 그리고 말했다. "오늘이 제 결혼식 날입니다. 지난날 걸식을 하다가 굶어 죽게 됐을 때 저를 데려다가 간호해주고 치료해주셨어요. 그래서 몸도 낫고 새 생명을 얻었어요. 그 뒤 구두닦이가 되어 스스로 살아갈 수 있게 됐고, 마침내 오늘 결혼까지 하고 행복하게 살 수 있게 됐습니다."

에피소드 둘.

나병과 피부병의 권위자인 센 박사가 큰 병원에서 정년퇴임한 뒤 그를 찾아왔다. 자신의 모든 경험과 능력을 살려 당신을 돕고 싶다고. 보수 같은 것은 전혀 필요 없다고. 센 박사는 마침내 그와 함께 콜카타에서 가장 가난한데다 가장 외로운 나병환자들을 치료하고 돌보는 일에 합류했다. 편안히 여생을 즐기며 살아도 될 의사가 빈민굴에서 남은 능력과 열정을 불태우기 시작한다.

에피소드 셋.

스위스의 보르슈트라르트 부부는 그가 하는 일을 알고 나서 가난한 인도의 어린이들, 그 중에서도 가장 어려운 아이들을 입양하기 시작했

ⓒ Rex Features

세상에 사랑을 전염시킨 마더 테레사. 그의 활동은 죽음 이후에도 계속되고 있다.

다. 부부 사이에는 이미 세 자녀가 있었지만, 계속 아이들을 품어나갔다. 처음에는 사비타라는 심리 장애가 있는 여자 아이를, 그 다음에는 네팔에서 태어나 콜카타에서 방황하던 마야라는 일곱 살짜리 여자 아이를 입양했다. 그 뒤 다시 앞을 거의 보지 못하는 아이를, 그 다음에는 친어머니가 임신 중에 수면제를 복용하여 기형아로 태어난 아이를 입양했다. 부부는 마지막으로 인도의 산 속에서 사고를 당해 손과 발을 모두 잘라낼 수 밖에 없었던 쿠마리라는 소녀를 입양한다.

에피소드 넷.

종교적인 오해로 적의를 품은 힌두교 학생들이 떼를 지어 그가 봉사활동하는 장소로 몰려왔다. 금방이라도 폭력 사태나 파괴 행위가 벌어질 듯한 상황이었다. 학생들의 지도자 격인 한 학생이 그와 동료 수녀들이 생활하는 공간으로 들어와 둘러보았다. 한참 뒤 밖으로 나간 그 학생은 동료들에게 말하기 시작했다. “이 사람들을 여기서 쫓아낼 수 없다. 다만 하나의 조건, 만일 여러분의 어머니나 누이들을 이곳으로 데려와 매일 이 사람들이 하는 것과 똑같이 일하게 한다면 그들을 쫓아내도 좋다.” 학생들은 말없이 돌아서서 흩어졌다. 그리고 두 번 다시 오지 않았다. 수녀들은 거기서 영양실조와 질병으로 몸에 구더기가 들끓고 악취가 진동하는 걸인과 죽어가는 사람 들을 일일이 씻기고 약을 바르고 먹여주며 수발들고 있었다.

에피소드 다섯.

그는 해마다 나환자들에게 성탄 파티를 열어주었다. 1973년 성탄절에 그는 나환자들에게 이렇게 말한다. “여러분들은 하느님에게서 선물을 받았습니다. 하느님은 여러분에게 특별한 사랑을 베푸십니다. 하느님은 여러분을 있는 그대로 받아들이십니다. 여러분이 가지고 있는 것은 죄가 아닙니다.” 그러자 얼굴이 일그러진 한 노인이 그에게 가까이 다가오려 애를 쓰며 이렇게 말한다. “다시 말해주세요. 저는 그 말씀이 듣기 좋습니다. 저는 우리를 사랑하는 사람이 아무도 없다는 소리만을 들어왔습니다. 하느님이 우리를 사랑하신다는 것을 알게 되다니, 이 얼마나 멋진 일인가요. 그러니 다시 한번 말해주세요."

이 에피소드들에서 '그'로 나오는 주인공은 '가난한 사람들의 어머니', '살아 있는 성인', '20세기의 성녀'로 불리는 마더 테레사다. 그의 삶에 대해 읽다 보면 문득 자신에게 이렇게 묻게 된다. '내가 마지막으로 착한 일을 한 게 언제쯤이지? 그리고 그게 무슨 일이었지?'

'버림받은 사람들'의 이름으로

마더 테레사는 1910년에 마케도니아의 수도 스코페에서 건축가의 아홉 남매 가운데 막내로 태어났다. 부모는 애초 수도사와 수녀가 되려다 되지 못해 안타까워했을 만큼 독실한 가톨릭 신자였다. 그리하여 부부는 신부가 될 아들을 얻기 위해 노력했으나 첫 아들이 다섯 달 만에, 둘째 아들이 아홉 달 만에 세상을 떠난다. 이렇게 모두 아홉 자녀 가운데 네 자녀가 일찍 죽었다. 살아남은 딸들은 나중에 모두 수녀가 됐다.

'천주를 몹시 사랑하던' 테레사는 열여덟 살 때 아일랜드의 로레토 수녀원으로 들어간다. 그리고 이듬해 인도로 떠난다. 교단이 운영하는 콜카타의 성 마리아 여고에서 17년 동안 지리 교사와 교장으로 일한다. 그러다 1946년에 기차를 타고 콜카타에서 다르질링으로 가다가 '신의 계시'를 연상시키는 강렬한 명령형 메시지를 듣는다. '수도원을 떠나 가난한 사람들 가운데 살면서 그들을 도와야 한다.' 자신이 '영감의 날' 이라 부르는 그 날, 테레사는 직접 인도의 빈민가로 들어가 가난한 이들과 함께 살며 봉사하기로 결심한다. 그는 길고 지루한 절차를 거쳐 어렵게 교황청의 허가를 받아낸다. "수녀원 밖에서 수녀로 살아도 좋다."

테레사는 1948년 8월 16일에 수녀복을 벗고 인도 여인처럼 흰색 사

© GAMMA

콜카타의 빈민들을 돌보는 마더 테레사. 그는 가난한 이들 가운데서도 가장 가난한 이들을 섬겼다.

리를 두르고 빈손으로 콜카타의 빈민가로 들어갔다. 그는 3개월 동안 속성으로 간호과정을 이수해 간단한 응급처치와 치료에 대해 습득한 뒤, 가난한 아이들을 모아 몸부터 씻기기 시작했다. 그리고 벵골어와 산수, 재봉을 가르쳤다. 대부분 힌두교도인 인도 사람들의 오해와 적대감을 극복해가면서 점차 그들의 마음을 얻게 된 그는 학교를 더 늘렸다. 성 마리아 여고의 제자들도 그의 활동에 합류하고, 후원자들도 점점 늘어났다. 빈민가에 어려운 사람이 너무나 많았기에 그의 활동 영역은 곧 질병을 앓는 사람, 죽어가는 사람, 버려진 아이 들에서 나병환자처럼 사람들이 꺼리는 악성 질병자들로 확대됐다. 무료 진료소, 죽어가는 사람들의 집인 '니르말 흐리다이'('깨끗한 마음의 집'이라는 뜻), 때 묻지 않은 어린이들의 집인 '시슈 브하반', 평화의 마을인 '샨티 나가르' 등이 잇따라 문을 열고 활동을 이어간다.

이런 활동을 제대로 수행하기 위해 독립교단인 '사랑의 선교회'

(Missionaries of Charity)가 설립되고, 그 연장선에서 '사랑의 선교 수사회'(Missionaries of Charity Brothers)도 결성된다. 사랑의 선교회는 그 뒤 전 세계 120여 개국으로 퍼져나갔으며, 전 세계적으로 4천여 명의 수녀들이 참여해 빈민봉사활동을 벌이는 규모로 발전해나간다. 한 수녀가 인도에서 가장 가난한 이들을 섬김으로써 하느님을 섬기겠다는 결심을 한 뒤 50년도 안 되어 세상을 바꾸기 시작한 것이다.

마더 테레사가 이룬 일은 도대체 얼마나 큰 것일까? 대략 그것을 짐작할 수 있는 실마리가 될 만한 숫자가 1979년 12월에 공개된다. 사랑의 선교회에 관한 통계자료가 발표된 것이다.

① 인도에 세워진 사랑의 선교회 66개

② 다른 나라에 세워진 사랑의 선교회 34개

③ 인도와 그 밖의 다른 나라에 설립된 학교, 쉼터, 나환자의 집, 진료소, 죽어가는 사람들의 집, 후원 센터 729개

④ 제자들, 보호받는 고아들과 죽어가는 사람들 그리고 환자들 총 654만 명

그렇다. 눈에 보이는 것만 이 정도다. 눈에 보이지 않는 것들은 이미 헤아리거나 추정할 수 있는 수준을 넘어선 것이 아닐까?

1979년에 노벨평화상 위원회는 마더 테레사의 공로를 인정해 노벨평화상을 수여한다. 어느 일에서건 자신을 내세우기를 바라지 않는 테레사 수녀는 이때도 엄격한 조건을 관철시킨 뒤에야 이 상을 받았다. 수상행사의 연회를 열지 않고 그 비용을 가난한 사람을 위해 쓴다는 조건을 단 것이다. 그는 노벨상 상금 19만2천 달러 전액을 나환자 구호소 건설기금으로 내놓았다. 상을 받을 때도 '사랑받지 못하는, 버림받은 사람들'의 이름으로 받았다. 그의 이런 활동은 엄격한 이슬람 국

가와 공산주의 국가의 마음도 녹였다. 오랫동안 선교사가 입국할 수 없던 에티오피아와 남예멘에 사랑의 선교회 분원이 설립되고, 니카라과와 쿠바, 러시아에도 분원이 들어갈 수 있게 된다. 누구라도 '종교간 전쟁'에 대해 말하고 쉽게 받아들이는 오늘날의 관점에서 볼 때, 한 수녀가 급진 회교도 그룹과 공산주의 무장혁명가들까지 감동시킨 셈이라고 말하면 지나친 표현일까? 그렇게 인류에게 깊은 감동을 주는 삶을 살던 마더 테레사는 1997년에 심장병으로 눈을 감았다. 그가 죽은 지 6년 뒤 로마 교황청은 가톨릭교회 근대사에서 가장 짧은 기간 안에 그를 '복자'의 반열에 올린다.

알렉산드리아와 마더 테레사

마더 테레사의 일생은 이런 특징을 지닌다.

① 좋은 부모에게 좋은 교육을 받았다: 그의 부모는 늘 어려운 이들에게 나눠주는 생활을 실천하며 살았다. 이와 함께 자녀들에게 독실한 신앙생활의 본보기를 보여줬다. 특히 어머니의 경우 아버지가 갑작스럽게 사망한 뒤에 가정의 생계를 훌륭하게 이끌어갔을 뿐 아니라 깊은 신앙심으로 막내딸의 수녀 서원 결심과 이후 인도에서 펼친 선교활동을 지지해준다. 가족들도 독실한 신앙심으로 서로를 격려하고 이끌어주었다.

② 늘 소명에 순종하며 전 생애를 매진했다: 테레사 수녀는 처음 수녀가 될 때부터 늘 소명에 충실한 삶을 살아나갔다. 선교활동을 위해 인도행을 결심하고, 인도에서도 안락한 수녀원을 나와 빈민가에서 직접 봉사하기로 결심하는 등 모든 주요한 고비마다 그렇게 했다. 그리고 결심한 이후에는 전력을 다해 실천에 옮겼다. 그에게 이런 결정은 모두

하느님의 계시이자, 하느님과 한 약속으로 작용한 것이다.

③ 스스로 낮아지라, 가장 낮은 이를 섬겨라: 『신약성서』「마태복음」에 나오는 '너희는 내가 굶주렸을 때에 먹을 것을 주었고……, 병들었을 때 돌보아주었고……'라는 예수의 말에서 마더 테레사는 가난한 이들에 대한 근본주의적 원칙을 세웠다. '예수 그리스도를 믿는다면, 그를 진실로 사랑한다면, 바로 예수 자신인 가난한 이들을 섬겨야 한다. 예수 자신인 가난한 이들을 섬기기 위해 스스로 낮아져 가난한 이를 찾아가야 한다.' 이 근본주의적 원칙이 세상을 바꾸기 시작한 것이다.

④ 다른 종교에 대한 관용: 독실한 가톨릭교도인 그가 가톨릭의 틀만을 고집했다면 곧 한계에 부닥쳤을 가능성이 크다. 그러나 테레사는 종교를 가리지 않았으며, 봉사의 대가로 가톨릭을 선교하거나 교리를 전달하는 방식을 쓰지도 않았다. 오히려 그는 진정한 인도인이 되기 위해 인도로 귀화했다. 나아가 그가 가난한 이들을 섬기기 위해 다른 이들의 지원을 얻는 방식은 탁발 같은 전통적인 인도 방식을 그대로 본뜨고 있다.

올리비아 허시(가운데)가 주연한 영화 〈마더 데레사〉의 한 장면.

무엇보다 그는 가난한 이들과 만나는 모든 공간의 이름을 기본적으로 힌두어로 지었다. '니르말 흐리다이', '시슈 브하반', '샨티 나가르' 등이 그렇다. 그는 더 큰 틀에서 하느님은 모든 사람의 하느님이라는 논지를 폈다. 그러면서 종교를 설명하지 말고 행동이나 헌신을 통해 신앙을 보여줘야 한다고 설득했다. 오직 사랑의 깊이만이 신앙을 구별할 수 있다는 것이다.

⑤ 혼자가 아닌 함께 일하는 사람들의 힘: 마더 테레사는 함께 일하는 것을 좋아했다. 혼자만을 내세우지 않았다. 주도권을 가지려 하지도 않았다. 그는 활동의 문을 늘 열어놓았으며, 그런 자세를 바탕으로 사랑의 선교회를 전 세계로 확대해나갔다. 그리고 그 활동은 그가 죽은 뒤에도 지속적으로 펼쳐지고 있다.

⑥ 사랑의 실천이 가지는 힘: 종교는 저마다 강점을 지닌다. 한 종교가 다른 종교의 신도를 설득하기는 매우 어렵다. 마음으로 이해하고 받아들이는 일이 대단히 어렵고도 어렵다. 그런 상황에서 마더 테레사는 사랑을 말하고, 사랑을 실천하는 것으로 사람들에게 감동과 희망을 안겨줬다. 운명에 순종할 것을 설법하는 힌두교에서 진정한 위안을 얻기 어렵던 나약하고 버려진 민중들에게 사랑을 전달한 것이다.

알렉산더 대왕을 탄생시킨 땅 마케도니아는 알렉산더가 죽은 뒤 2300여 년 만에 마더 테레사를 낳았다. 알렉산더는 숱한 목숨을 대가로 수많은 전쟁을 치르며 인도까지 쳐들어갔다. 그리고 코끼리 부대와 목숨을 건 치열한 전투도 벌였다. 그 결과 알렉산더는 여러 업적과 함께 전 세계에 자신의 이름을 딴 도시 70여 개를 같이 남겼다. '알렉산드리아'라는 도시들이 그렇다. 마더 테레사는 그와 달리 자신의 영혼이 깃든 '사랑의 선교회'를 전 세계 120여 개국에 남겼다.

과연 알렉산드리아와 '사랑의 선교회' 중 어느 것이 오래갈 것인가? 당신은 어느 쪽이라고 생각하는가? 알렉산드리아인가? 사랑의 선교회인가?

"누구든 개종을 강요해선 안 됩니다"

"가난은 놀라운 선물로서 우리에게 자유를 줍니다. 그것은 우리가 하느님께 향하는 데 장애물을 적게 가진다는 것을 의미합니다."

"가난한 사람들처럼 살지 않으면서 어떻게 그들을 참으로 이해할 수 있겠습니까? 우리는 가난한 사람들이 음식에 대해 불평한다면 우리도 같은 것을 먹는다고 말할 수 있습니다. 가지는 것이 많을수록 줄 수 있는 것은 적습니다. 고통 없이 일한다면 우리 활동은 사회사업에 지나지 않을 것입니다."

"낙태란 두말할 것도 없이 살인입니다. 그것도 친어머니에 의한 살인입니다. 악입니다."

"우리는 누구든 개종을 강요해서는 안 됩니다. 하느님의 이름으로라도요. 신앙을 갖는 것이나 개종하는 것은 하느님의 은총만이 이루어낼 수 있는 일입니다."

"빵 한 조각을 얻지 못해 수천 명이 죽어가고 있습니다. 사랑받지 못하고, 인정받지 못해 수만 명이 죽어가고 있습니다. 이곳이야말로 십자가의 한 처소입니다. 예수는 굶주리고 십자가의 무게에 눌려 넘어지는 사람들 속에 계시니까요."

마더 테레사가 죽은 뒤 뚜껑이 열린 관에 누운 채 콜카타 거리를 지나가고 있다.

"사람들이 길에서 한 남자를 데려왔는데, 온몸에 구더기가 끓었습니다. 그 몸을 씻기는 것은 정말 어려운 일이었지만, 저는 그때 예수님의 몸을 씻기고 있다는 것을 깨달았습니다."

"오늘날 가장 큰 병은 결핵이나 나병이 아니라 다른 사람으로부터 사랑받지 못하고 남이 필요로 하지도 않으며 보살핌도 받지 못하는 것입니다. 육체의 병은 약으로 고칠 수 있지만, 고독 · 절망 · 무기력 등 정신적인 병은 사랑으로 고쳐야 합니다. 빵 한 조각 때문에 죽어가는 사람도 많지만 사랑받지 못해 죽어가는 사람은 더 많습니다."

"아이가 여덟 명이나 되는 힌두교 가족이 굶고 있다가 우리에게서 쌀을 받았습니다. 그 집 엄마가 쌀을 과감하게 반으로 나누더니 밖으로 나갔습니다. 돌아온 그에게 묻자 이렇게 대답했습니다. '이웃집 역시 굶고 있어서요.' 그녀는 이웃 회교도 가족을 위해 자기 것을 나눠준 것입니다. 그녀는 예수가 한 것처럼 행동했습니다. 그녀는 자기의 사랑을 갈라서 이웃과 함께 나누었습니다. 이것이야말로 살아 있는 사랑이 아닌가요?"

"신분이 높은 젊은 여성이 와서 가난한 사람들을 섬기면, 그 여성은 혁명의 주도자가 됩니다. 그것은 가장 위대하고, 가장 힘겨운 혁명, 곧 사랑의 혁명입니다."

— 마더 테레사의 어록 가운데서

간디는 영국과도 안 바꾼다

비폭력을 무기로 폭력·식민주의·인종주의와 투쟁하여 인도의 독립을 쟁취한 '위대한 영혼'

에피소드 하나.

"아미르 하드 나이. 아미아콘 고노 가스파르테 푸리나."(나는 손이 없네. 그래서 나는 일을 할 수 없다네.)

1994년에 방글라데시 수도 다카에서 만난 한 사업가는 이 지역에 지금까지 이런 노래가 전해온다고 일러주었다. 영국의 지배를 받던 때 그렇게 많은 사람들이 손목을 잘렸다고 했다.

에피소드 둘.

1893년 겨울, 인도 출신으로 스물네 살의 젊은 변호사인 모한다스 카란찬드 간디는 남아프리카의 더반에서 프리토리아로 가는 기차에 올랐다. 일등칸의 표를 가지고 일등칸에 탄 그는 역무원에게서 짐차칸으로 옮기라는 부당한 요구를 받는다.

그가 거절하자 역무원은 경찰까지 동원해 강제로 기차에서 끌어내리고 짐을 내던졌다. 유색인종이 일등칸에 탔다는 이유였다. 이튿날 다시 역마차를 타고 여행을 계속하던 그는 이번에는 백인 마부로부터 심하게 얻어맞는다. 그가 시키는 대로 마부석 앞의 바닥으로 물러나 앉지 않았다고.

고등학교 영어 참고서에 자주 등장하는 영어 문장이 하나 있다.

"셰익스피어는 인도와도 바꾸지 않겠다."

영국인들은 그런 말을 할 수도 있겠다.(영국의 역사가이자 수필가인

마하트마 간디. 그는 20세기 중반까지 완고하게 인도를 식민지로 지배하려는 세계 최강의 무력국가 영국에 비폭력적 무저항운동으로 맞섰다.

© GAMMA

토머스 칼라일의 말.) 그러나 인도인에게 이처럼 모욕적인 표현은 없다. 흔히들 '신사의 나라'라고 하는 영국은 셰익스피어가 상징하듯 지금껏 영어로 세계를 지배하고 있다. 그러나 다른 한편으로 영국은 인도에서 빨아들이는 부와 쾌락을 끝까지 인도인에게 돌려주지 않으려 했다. 이 점에서 "셰익스피어를 인도와 바꾸지 않겠다"는 말은 거짓이다. 적어도 부와 물질의 측면에서 본다면 그렇다. 탐욕스런 영국의 인도 지배는 기본적으로 민중들의 손목까지 무자비하게 잘라버리고, 인도인들을 학대 · 폭압하는 폭력에 뿌리를 두고 있었다. 제국은 폭력으로 건설되고 폭력으로 유지되고 있던 것이다.

제국주의 영국이 18~20세기에 다른 나라, 특히 식민지 지배를 당하는 나라에 비해 상대적으로 얼마나 강력한 폭력을 행사하고 무력을 가지고 있었는지는 어렵지 않게 알 수 있다. 1757년에 인도의 벵골 지방을 지배하려는 영국과 벵골 태수의 군대가 맞붙은 플라시 전쟁 때 영국군은 겨우 3천 명으로 5만 명의 벵골군을 물리쳤다. 그 영국군 가운데 백인은 단지 3분의 1이고, 나머지 3분의 2는 인도의 용병들이었다. 영국군의 무기가 압도적으로 우수한 것도 아니었다. 그뿐인가? 벵골군에는 영국을 견제하려는 프랑스군까지 일부 가담해서 싸웠다. 그런데도 승부는 그렇게 갈렸다.

이 플라시 전쟁으로부터 2세기 넘게 영국의 인도 지배가 공고화되고, 그에 따라 세계의 제국 영국의 군사력도 비약적으로 팽창한다. 세계 각지에서 프랑스 등 다른 유럽의 경쟁국들을 모조리 물리치면서 5대양 6대주의 패자로 군림할 정도가 돼버린 것이다. 아아, 과연 인도는, 인도인은 어떻게 맞설 수 있을 것인가? 어떻게 저 악랄하고 지능적이며, 압도적 무력마저 보유한 대영 제국으로부터 독립을 쟁취할 수

© GAMMA

대중들 앞에서 연설하는 간디. 그의 말 한마디 한마디에 대중들은 하나가 되어갔다.

있을 것인가?

이 절체절명의 국면에서 독립의 길을 연 사람이 바로 '마하트마'('위대한 영혼' 이라는 뜻)로 불리는 모한다스 카란찬드 간디다. 그는 20세기 중반까지 고집스럽게 인도를 식민지로 지배하려는 세계 최강의 무력국가 영국에 비폭력적 무저항운동(사티아그라하, 원뜻은 '진리를 위하여')으로 맞섰다.

글도 모르는 인도의 대중은 간디의 지도에 따라 서로 팔을 걸고 대열을 지은 채 걸어나아갔다. 비록 몽둥이로 얻어맞아 쓰러지면서도 물러서지 않고 전진했다. 앞 대열이 피를 흘린 채 쓰러지면 그 다음 대열이 걸어나갔고, 그 다음 대열이 머리가 깨진 채 넘어지면 그 다음다음 대열이 전진했다. 역사상 유례없는 비폭력 시위가 그렇게 세계 최강의 군대 앞에서 지치지 않고 펼쳐졌다.

인도의 대중은 그가 물레를 돌리면 같이 물레를 돌렸다. 그렇게 영국 섬유제품을 배척하는 운동에 동참했다. 그가 바닷물을 말려 소금을 만들어 먹으면 그대로 따라 소금을 만들었다. "소금은 원래부터 영국의 독점물이 아니다. 소금은 우리 것이다." 간디의 말 한마디 한마디와 행동 하나하나에 영국 식민 당국의 권위는 무너져내렸다. 그들은 무너진 권위를 다시 세우기 위해 폭력과 무력에 의존해야 했다. 펀자브 주 황금사원에서 무차별 사격을 가해 아이와 부녀자를 포함해 1700여 명을 학살한 짓거리 따위는 다 그런 와중에서 나왔다. 그러나 간디는 총칼 없이도 영국 제국주의의 또 다른 약한 고리를 건드리고 나섰다. 간디는 과거 제국주의의 폭력과 무력으로는 쉽사리 붙잡을 수 없는 방식으로 제국주의를 공격했다. 그것은 본질적으로 영혼의 전쟁이었다! 영국 제국주의는 경악과 충격에 빠졌다.

그 동안 인도인은 불명예스럽고, 희망이 없다는 외부의 선입관과 스스로의 패배주의에 갇혀 있었다. 종교를 이유로, 민족을 이유로 갈가리 찢기고, 제대로 된 하나의 목소리조차 내지 못하고, 오히려 제국주의에 맞서 제대로 싸우는 세력을 뒤통수치기나 하고, 영국인에 빌붙어 얻어먹는 자들이 득세하고, 불결하기 짝이 없고…….

1767년부터 1799년까지 남인도의 마이소르 왕국이 영국인을 물리치려 네 차례에 걸쳐 격렬하게 투쟁할 때 영국 편에 붙어서 마이소르를 패망시키는 데 앞장선 것은 바로 또 다른 인도 왕국들이었지 않은가? 인도인이 영국에 대해 저항운동을 펼칠 때마다 앞장서서 그들을 진압한 이들이 바로 인도인 용병들 아니었던가? 그런 인도인들이 이제 한 사람의 지도 아래 뭉쳐 그렇게 인간의 존엄을 증명해나가기 시작했다. 그리고 역사를 바꿔나갔다.

간디는 1869년에 인도 서해안 구자라트 주 포르반다르에서 대대로 지방태수국의 총리를 지내온 가문의 막내아들로 태어났다. 부모가 독실한 힌두교 신자였기에 평생 힌두교적 가치관과 종교관의 영향을 짙게 받는다. 간디는 열아홉 살 때인 1888년에 영국으로 유학을 떠난다. 그리하여 제국주의의 중심부에서 공부하고 변호사 자격을 딴 뒤 귀국한다.

1894년에 그는 남아프리카에서 활동하는 인도인 상사의 고문 변호사 자리를 제안받는다. 곧바로 남아프리카로 간 그는 인도인이라는 이유로 갖가지 차별과 폭력 사태를 경험한다. 그는 자신의 경험을 시작으로 다른 인도인들의 참상에도 본격적으로 눈뜨게 된다. 그리고 남아프리카에 거주하는 인도인의 선거권을 박탈하려는 백인들의 기도를 계기로 본격적으로 정치 활동에 나선다. 그 결과 '나탈 인도국민회의'를 조직하고 주도적으로 활동을 벌인다. 그 뒤 남아프리카에 20여 년 동안 머물며 인두세 폐지운동 등 인도인의 인권과 복지를 위해 일한다. 그리하여 남아프리카의 대표적인 민족지도자로 부상한다.

보어 전쟁에 간호부대 대원으로 참전한 간디(왼쪽). 오른쪽은 남아공에서 변호사 활동을 하던 때의 모습.

그는 정치적 활동과 함께 다양한 정신적 · 종교적 활동을 병행하는 독특한 면을 보여준다. 남아프리카에 머무는 동안 그리스도교를 비롯해 세계의 여러 종교를 접하면서 그는 힌두교에 대한 자신의 신앙과 사상을 더욱 심화시켜나간다. 이와 함께 톨스토이와 러스킨의 사상에도 크게 공감하게 된다. 그 결과 러스킨의 저작에서 영감을 받아 농사를 짓기 시작한다. 이와 함께 《인디언 오피니언》이라는 주간신문을 발행하는 조직인 피닉스 공동체도 만든다. 그의 정치적 활동과 이런 다양한 실험에 공감하는 사람들이 국내외로부터 그를 찾아오기 시작한다.

그는 정치사상적으로 인도가 식민지로 몰락한 것이 영국 때문만은 아니라고 생각했다. 오히려 그는 인도인들의 뿌리 깊은 지역감정과 종교적 분열도 간접적인 원인이라고 판단했다. 내부의 원인을 제대로 진단하고 대처하지 않으면 안 된다는 것을 충분히 자각하기 시작한 것이다.

제1차 세계대전이 일어나자 간디는 인도로 돌아왔다. 당시 영국 당국은 인도인들이 만일 이 전쟁에 협력해준다면 자치를 허용하겠다는 식으로 회유책을 내놓고 있었다. 맨 처음 간디 역시 이 약속을 믿고 앞장서서 인도인들에게 전쟁에 참전하여 영국을 지원하자고 호소했다. 이 무렵 그는 인도인 역시 백인과 동등한 의무를 져야 한다고 생각했다. 직전까지 남아프리카에서 벌인 인권운동 투쟁은 기본적으로 한 구성체 안에서 영국 백인과 동등한 권리를 허용해달라고 주장하는 성격을 띠었다. 그 논리적 귀결점이 당연히 '대영 제국 안의 동등한 의무'라는 슬로건으로 이어졌기 때문이다.

그러나 전쟁이 끝나도 약속은 전혀 이행되지 않았다. 오히려 언론과 결사를 통제하고 억압하는 반동적인 경향이 강해졌다. 영국의 이런 억압 정책에 반발해 인도인들의 반영민족운동이 일어나기 시작했다. 간디는 앞장서서 그 운동을 지도해나갔다. 식민주의에 비판적인 논지를 펴는 《영 인디아》를 창간하는 한편, 영국제품 불매, 물레 사용 장려, 비폭력적 무저항주의 운동 등을 전 인도적 차원으로 주도한다. 인도 민중들은 간디에게 열렬한 지지를 보낸다. 인도 역사상 한 지도자의 정치적 주도권에 대해 민중들이 이처럼 광범위하게 지지한 적이 일찍이 없었다고 평가할 정도이다.

1930년대 초에 간디는 노령을 이유로 일단 정치투쟁의 일선에서 물러났다. 자와할랄 네루 등 젊은 지도자에게 자리를 맡기고 칩거한 채 묵상과 헌신 등으로 나날을 보낸다. 그러나 제2차 세계대전이 발발하자 간디는 다시 민족운동의 선봉에 선다. 그는 독일 나치스 등 파시즘에 대해서 항거할 것을 촉구했다. 그러나 영국에 대해 지난 제1차 세계대전 때와 같이 맹목적으로 지원하는 활동은 반대했다. 영국이 당시 약속을 지키지 않은 것을 모두 또렷하게 기억하고 있었기 때문이다. 영국 식민 당국은 전시라는 이유와 반영적이라는 이유로 간디를 비롯

네루(왼쪽)와 함께한 간디. 그는 1930년대 초에 노령을 이유로 정치 일선에서 한동안 물러났다.

해 국민회의 지도부를 모조리 붙잡아 투옥했다. 감옥에 수감돼 있는 동안 그는 아내를 잃기도 했다. 그러나 이제 인도가 독립하는 것은 시간 문제일 뿐이다. 투쟁의 밤은 길고도 길었지만, 마침내 해방의 아침이 오고 만다. 제국주의가 내세우는 무력으로는 간디가 이끌어내는 영혼의 전쟁을 도저히 이길 수 없던 것이다.

불행하게도 간디 등 지도부가 투옥돼 있는 동안 인도의 힌두교 사회와 이슬람교 사회는 결정적인 분리독립 쪽으로 치달아가고 있었다. 결국 1947년 8월 15일에 인도는 평화적으로 독립했다. 그러나 하나의 인도가 아닌, 무슬림의 파키스탄과 힌두의 인도로 분리된 채였다. 그래도 간디는 희망을 버리지 않고 두 나라의 통합을 호소하며 인도 전역을 누비기 시작했다. 그러나 대세를 되돌리는 데는 역부족이었다. 1948년 1월 30일, 간디는 저녁 기도를 드리러 가던 중 과격 힌두교도의 총격을 받고 일흔아홉 살의 나이로 사망했다.

간디의 비폭력 정신은 여전히 유효한가

간디는 살아서 적어도 세 가지 혁명을 수행했다고 볼 수 있다.

① 식민주의에 대한 혁명

② 인종주의에 대한 혁명

③ 폭력에 대한 혁명

간디가 영국의 식민 지배에 대항하면서 시작된 이 혁명은 20세기를 지나 21세기 현재까지도 미완의 혁명으로 우리에게까지 이어지고 있다. 미국 부시 정부의 이라크 전쟁과 아프간 전쟁, 북한에 대한 압박, 중국에 대한 견제의 이면에는 식민주의와 인종주의의 냄새가 짙게 풍겨나온다. 상대방을 적이나 잠재적인 적대 세력으로 간주하고 군사적으로 굴복시키고 경제적으로 수탈하는 것이 식민주의다. 식민주의는 정치적 지배요, 경제적 수탈인 것이다. 오늘날 세계에서 벌어지는 사태의 핵심을 제대로 이해하기 위해서는 늘 식민주의의 정체를 기억해야만 한다. 비록 식민주의가 오늘날 용어로서 널리 통용되지 않을지라도 그 본질을 간직한 식민주의는 생생하게 살아 있다.

인간이 지닌 악의 속성은 끝이 없는 것일까? 식민주의는 동전의 양면처럼 인종주의를 동반한다. 인종주의는 상대방을 문화적으로 굴복시키고 정신적으로 지배하려 한다. 정치적으로 누르고 경제적으로 마구 빼앗아가는 자에게 다른 문화 · 정신 영역에서 공존과 상호존중을 실현할 수 있을 것인가? 없다!

2005년 8월 말에 미국 남부 뉴올리언스 등지를 강타한 허리케인 카트리나는 인종주의가 여전히 미국 사회를 지배하고 있음을 적나라하게 보여주었다. 그뿐인가? 유럽 축구판에서 인간의 피부색이나 출신지를 놓고 심심치 않게 분출되는 사건과 추태는 백인들의 인종주의가 현대 생활에 얼마나 뿌리 깊고 광범위하게 퍼져 있는지 보여주는 한 사례일 뿐이다.

폭력은 이런 식민주의와 인종주의를 탄생시키고 성장시키는 수단이다. 바꿔 말해 식민주의와 인종주의는 폭력을 먹고 자라는 것이다. 게다가 그렇게 식민주의와 인종주의를 위해 복무하던 폭력이 이제 스스로 하나의 '생명체'가 돼버렸다. 오히려 이제는 식민주의나 인종주의보다 훨씬 명확하고 무거운 실체로서 인류를 짓누르고 있다. 21세기 인류의 삶 곳곳에 이유도 없고 목적도 없이 바이러스처럼 퍼져가는 폭력!

그 결과 한 집단이 또 다른 집단의 집단적 생존을 억압하고 말살하기 위해 주먹과 몽둥이와 기관총을 동원한다. 칼과 도끼가 어지러이 나는가 싶더니 갑자기 공중 공습에 나서는 최신 전폭기들, 그리고 어지러이 투하되는 눈도 귀도 감정도 없는 고성능 폭탄들, 핵무기들……. 우리는 이런 삶에 갇혀 있다. 21세기, 우리는 식민주의와 인종주의 그리고 폭력에 의해 여전히 '올드 보이'처럼 갇혀 있는 것이 아닐까?

간디는 식민주의와 인종주의를 먹여 살리는 폭력에 대해 바로 비폭력으로 맞섰다. 비폭력으로 폭력 자체를 무력화한다는 것은 놀라운 전략적 발상 전환이다. 그러나 과연 이런 비폭력적 방식이 핵무기로 인류를 수백 번이나 멸절시킬 수 있는 이 참담하고 무시무시한 세계에서도 끝내 유용할 수 있을까? 어쨌든 그가 20세기 영국과 벌인 투쟁에서는 성공했다.

간디의 이런 철학의 바탕에는 인간의 선의에 대한 확고한 믿음이 깔려 있다. 나아가 간디가 힌두교를 신봉하면서도 그리스도교나 이슬람교, 파르시교(조로아스터교), 자이나교, 불교, 가톨릭 등 여러 종교의 교리를 비교 · 연구하고 포용하는 자세를 지켜나갔다는 사실도 주목할 필요가 있다. 어쩌면 종교 갈등의 문제로 진통을 겪고 있는 인류에게 그가 고민한 것들이 의외로 많은 것을 시사해줄 수 있을 것이다. 그는 실제로 1888년에 영국으로 유학 갔을 때부터 다른 종교, 특히 그리스도교에 대해 심취했다. 그래서 이렇게 토로하기도 한다.

"성서를 여러 번 공부했고, 성서에 대해 진지하게 생각했으며, 그리스도교에서 엄청난 영향을 받았다."

그 뒤 남아프리카에서 톨스토이의 실험공동체 같은 것을 세우기도 한 간디는 긴 종교여행 끝에 이런 고백을 하기도 한다.

"힌두교의 경전에 없는 것은 성서에도 없으며, 진정한 힌두인이 된다는 것은 또한 진정한 그리스도인이 되는 것이라는 결론을 내렸다."

간디의 이런 종교 편력은 한번 깊이 추적해볼 만한 주제가 아닐까 싶다.

또 그가 제시하는 무소유(아파리그라하)에 대한 철학은 어떠한가? 자본이 세계화까지 주도하면서 인류 유일의 삶터인 이 지상에서 벌어지는 온갖 불행과 모순은 과연 어디에서 해법을 찾을 수 있는가? 그는 참으로 여러 방면에서 우리를 느끼고, 고민하고, 공부하고, 실천하게 하는 신비한 힘을 가진 스승이다.

인류 문명의 발상지 가운데 하나인 인도는 그 오랜 관념론의 역사와 그토록 다양한 종교를 가진 인종의 축적된 총량 속에서 간디라는 빛을 인류 앞에 선보이는 데 성공했다.

"내일 죽을 것처럼 생각하고 살아라"

"약한 사람은 용서하지 못한다. 용서는 강한 자의 속성이다."

"죽은 사람들, 고아가 된 아이들, 집을 잃은 사람들에게 그 미치광이의 파괴 행위가 전체주의의 이름으로 행해졌건 자유와 민주주의의 성스런 이름으로 행해졌건 간에 무슨 차이가 있겠는가?"

"인생에는 단순히 속도를 더 빨리 하는 것 말고 그 이상의 것이 더 있다."

"너 자신을 찾아내는 가장 좋은 길은 다른 사람에게 봉사하며 너 자신을 잊어버리는 것이다."

"한 사람의 의도에 대해 의심하기 시작하는 순간, 그가 하는 모든 일이 순수하지 않게 보인다."

"나도 지금 우리나라가 순수한 비폭력의 정치불복종운동을 하기에는 준비가 돼 있지 않다는 것을 안다. 그러나 군사가 준비될 수 없다고 도망을 가는 장군은 자신을 깎아내리는 것이다. 신이 내게 가장 귀한 비폭력의 무기를 주셨는데, 만일 내가 오늘의 위기에서 그것을 쓰기를 꺼린다면 신은 나를 용서하지 않으실 것이다."

"내일 죽을 것처럼 생각하고 살아라. 영원히 살 것처럼 생각하고 배워라."

"『신약』은 매우 다른 인상을 주었고, 특히 '산상수훈'은 사뭇 내 가슴을 찔렀다. '그러나 나는 너희에게 이르노니 너희는 악한 것과 대적하지 마라. 누가 네 오른쪽 뺨을 치거든 그에게 왼쪽 뺨마저 내밀어라. 또 누가 네 겉옷을 취하거든 그에게 속옷까지 가져가게 하라'는 말은 나를 한없이 기쁘게 했다. 샤말 바트의 '한 잔 물을 위해 잘 차린 한 상 밥을 주라'는 말을 더 한층 깊이 이해하게 됐다."

"나는 폭력을 반대한다. 폭력이 선한 결과를 가져온 것처럼 보일 때라도 그 선은 일시적인 것이고, 그 폭력이 행한 악은 영원하기 때문이다."

— 간디의 어록 가운데서

세상을 뒤집다

인간 해방, 노예들의 드라마! **로마 지배 계급을 공포에 떨게 한 검투노예들의 무장 봉기, 그 정점에서 빛나는 스파르타쿠스의 전설**

"함께 기도하고 함께 밥을 먹자" **천왕 홍수전의 자살로 끝난 태평천국의 꿈, 그리스도교로 무장한 농민군의 폭발력이 중국을 흔들다**

유령은 지금도 세계를 배회한다 **20세기 최대의 거대담론을 제공한 마르크스, '신념'은 빛을 잃었지만 '비판 이론'으로서는 건재**

가장 인간적인 혁명가 **20세기가 낳은 혁명게릴라 체 게바라, 죽어서 영원한 전설을 남기다**

인간 해방, 노예들의 드라마!

로마 지배 계급을 공포에 떨게 한 검투노예들의 무장 봉기,
그 정점에서 빛나는 스파르타쿠스의 전설

> 더러운 로마놈들아, 너희들은 인간의 모든 꿈과, 인간의 손에 의한 모든 노동과, 인간의 이마에 맺힌 모든 땀을 조롱하고 있다. ……너희들은 살인을 위한 살인을 하고, 취미라곤 유혈의 검투를 관람하는 것뿐이다. ……너희들의 화려한 그 생활은 전 세계에서 강도질한 것으로 이루어졌다. 그러나 그것도 이젠 끝장이다. 전 세계의 노예들에게 우리는 외칠 것이다. 일어나라! 쇠사슬을 풀어버려라!
>
> — 하워드 패스트, 『스파르타쿠스』에서

검투노예 봉기, 70여 명으로 시작하다

기원전 73년 여름, 로마가 지중해 전역을 정복하고 부와 영광으로 흥청대고 있을 때, 검투노예들이 카푸아에서 탈출해 무장 봉기를 일으킨다. 70여 명으로 시작한 검투노예의 이 봉기는 곧 수많은 노예들이 가세하면서 수만 명 규모로 커진다. 그들은 중부에서 북부의 알프스까지 치고 올라간다. 그리고 다시 남부의 땅끝 항구 레기움까지 전진한다. 그렇게 2년 동안 이탈리아 반도 전역을 휩쓸었다. 자유와 해방을 외치는 그들의 분노 앞에 로마는 연전연패했다. 로마인은 공포에 떨었다. 고대 세계를 뒤흔든 이 검투노예들의 투쟁은 그 지도자의 이름을

따서 이렇게 기록됐다. '스파르타쿠스 노예전쟁'(The Spartacus Slave War).

노예제를 운용했다는 점에서 인간은 영원히 죄악의 존재일지도 모른다. 불행히도 인간이 인간을 일하는 가축처럼, 마음대로 죽이고 살릴 수 있는 동물처럼, 움직일 수 있는 소유물처럼, 사고팔 수 있는 동산의 재산처럼 간주하고 취급하던 죽음과 죄악의 시대는 오래도록 이어졌다. 인류의 역사에서 노예제가 존속한 기간이 그렇지 않은 기간보다 훨씬 더 길다. 나아가 그런 식으로 번영을 누린 나라들이 지금도 세상에서 큰소리를 치고 있다. 이게 현실이다. 본격적인 노예 무역을 대대적으로 벌인 네덜란드와 영국, 아메리카 대륙에서 인간을 살육하고

영화 〈스파르타쿠스〉의 전투 장면. 노예들은 위대하게 싸웠으나 결국 패배하고 죽어간다.

노예사냥을 벌이는 데 혈안이던 포르투갈과 스페인, 그리고 흑인 노예를 19세기 후반까지 부리며 백인의 풍요를 구가한 미국……. 이런 압제 아래서 인간은 인간다움을 증명하기 위해 궐기하곤 했다. 그 시발점에 바로 고대 로마에서 무장 봉기를 일으킨 노예들이 서 있다. 그 가장 빛나는 정점에 스파르타쿠스의 노예전쟁이 우뚝 서 있다.

역사적으로 스파르타쿠스의 노예전쟁은 로마 시대에 세 번째로 벌어진 대규모 노예전쟁이다. 그리고 그 셋 가운데 규모가 가장 크다. 그에 앞서 두 번의 노예전쟁은 시칠리아에서 일어났다. 첫 번째 시칠리아 노예전쟁은 기원전 135년에서 132년까지 계속됐고, 두 번째 노예전쟁은 기원전 104년부터 102년까지 이어졌다. 역사의 기록에 따르면 첫 번째 전쟁은 에우누스와 클레온이라는 이름의 시리아(또는 중동) 출신 노예들이, 두 번째 전쟁은 아테니온과 살비우스라는 시칠리아 출신 노예들이 이끈 것으로 나타난다. 로마에서 기원전 2세기에서 1세기에 이르는 약 70년 동안 30여 년 주기로 세 번씩이나 노예전쟁이 잇따라 벌어진 것이다. 그 이유는 무엇일까?

19세기 조바놀리의 소설 「스파르타쿠스」의 삽화에 나타난 스파르타쿠스. 영화와 달리 스파르타쿠스가 동료 크릭수스를 구하는 것으로 돼 있다.

첫째, 당시 광범한 농업노예제도가 정착하면서 무자비하고 가혹한 억압 · 수탈체계를 노예들에게 종신토록 강요했기 때문이다. 당연히 노예들의 반발이 강할 수밖에 없었다.

둘째, 이런 가혹한 체제와 달리 노예가 되는 사람들은 한때 자유롭게 살아본 경험이 있는 사람이 다수였다. 새로운 정복지에서 전쟁 포로로

잡히거나 로마가 지배하는 지역에서 정치적 혼란이나 범법에 따라 갑자기 노예로 전락한 사람이 많았다. 곧 자유를 아는 사람들이 마침내 떨쳐 일어날 수 있는 구조였기 때문이다.

셋째, 시칠리아 등 변경에 새로운 경작지가 조성되면서 반농·반목축을 위한 독특한 형태의 노예들이 크게 늘어났다. 환금작물을 집중적으로 재배하는 라티푼디움 지대에서는 농업노예를 엄격한 감시 아래 노역시키고 밤에는 쇠사슬을 채워 재웠다. 이에 반해 변경의 노예들은 상대적으로 이동이 자유롭고 상황에 따라선 가축을 보호하기 위해 간단한 무기도 지녀야 했다. 따라서 기동성이 뛰어나고 무장하는 경우도 많았다. 시칠리아에서 두 차례나 노예전쟁이 벌어진 것은 이런 배경과 밀접한 관련을 지닌다.

'알프스 돌파'를 목표로 삼았으나……

스파르타쿠스에 대해선 『영웅전』으로 유명한 플루타르코스와 『로마 내전사』를 쓴 그리스 출신의 아피안(Appian) 등 역사학자들에 의해 비교적 자세하게 기록돼 있다. 그들의 이야기를 재구성해본다.

로마의 검투노예들이 모여 있는 중부 카푸아의 한 검투노예 양성소에서 주로 갈리아인(오늘날 프랑스 지역 사람들)과 트라키아인(그리스 북동부 변경 출신 사람들)으로 이뤄진 검투노예 70여 명이 탈주한다. 그들은 다른 검투노예 양성소로 무기를 싣고 가던 마차 행렬을 털어 무장하고 산속에 거점을 마련한다. 그들의 지도자 세 명 중에 트라키아의 목부 출신인 스파르타쿠스가 있었다. 그는 강인한 정신력과 뛰어난 체력을 갖추었을 뿐만 아니라 지적이고 고결한 성품을 지녔다고 기록돼 있다. 곧 로마에서 진압군이 파견된다. 행정관인 클로디우스가 병력 3천 명을 이끌고 온 것이다. 클로디우스는 노예들이 산에서 내려올 수 있는 유일한 길목에 전진 기지를 세웠다. 노예군은 험준한 산 위에 진을 치고 있었다. 로마군은 이렇게 목줄을 죄면 전투가 간단히 끝날 것이라고 확신했다.

길목이 막히자 스파르타쿠스는 기발한 전술을 짜낸다. 산에 자생하는 식물의 넝쿨로 튼튼한 밧줄 사다리를 만들어 비밀리에 병력을 내려보낸다. 그리하여 전방과 후방에서 로마군을 기습해 대승을 거둔다. 이 승리를 계기로 주변에 있던 목축노예와 농업노예 들이 대거 노예군에 합류한다. 승리에 대한 믿음이 퍼져나간 것이다.

두 번째로 다시 행정관인 프블리우스 바리니우스가 진압군 사령관으로 파견된다. 한 차례 격돌을 벌여야만 했다. 스파르타쿠스는 바리니우스의 부관으로 2천 병력을 이끄는 푸리우스와 맞섰다. 노예군은 사기도 높고 승전의 기세도 타고 있었다. 스파르타쿠스군은 용감하게 싸워 푸리우스군을 물리친다. 그리고 그 여세를 몰아 로마 진압군의 진지를 유린해버린다. 이 전투에서 바리니우스의 또 다른 부관인 코시니우스를 죽이고 그의 말도 빼앗았다. 이것을 계기로 로마 전역에 스파르타쿠스의 이름이 퍼지고 로마인들이 공포에 떨기 시작한다.

이 단계에서 스파르타쿠스는 전체 국면을 냉철하게 되돌아본다. 그는 로마에 대해 군사적으로 최종적인 승리를 거두는 것은 불가능하다고 판단한다. 대신 알프스를 돌파하는 것을 목표로 삼는다. 알프스를 넘어 각각 갈리아와 트라키아, 게르마니아(오늘날의 독일 지역) 등 자신의 고향으로 돌아가자는 것이다. 그러나 이런 전략은 대다수 추종자들에 의해 거부된다. 결국 스파르타쿠스는 알프스 돌파를 저지하려는 키살핀 골 총독 카시우스의 1만 병력을 패퇴시키고도 알프스를 넘지

로마의 검투 경기를 묘사한 2세기 무렵의 모자이크. 리비아 트리폴리 고고학 박물관 소장.

못한다. 노예들은 잇따른 승리와 자기 진영에 가담한 엄청난 머릿수에 도취했다. 그들은 스파르타쿠스의 명령을 따르지 않고 이탈리아 전역에서 약탈을 벌이느라 몰두한다.

로마 원로원은 이제 모든 수단을 동원해 노예들의 봉기를 진압하기로 결정하고, 최고위급 직위에 해당하는 집정관을 두 명이나 파견한다. 그 가운데 한 명인 겔리우스 프블리콜라는 스파르타쿠스 주력군에서 이탈한 게르만 노예군을 기습한다. 게르만 출신의 노예들로 이뤄진 이 노예군은 당시 자신감에 가득 차 스파르타쿠스의 통제로부터 독립한 상태였다. 게르만 노예군은 대패하고 노예들은 살육된다. 그러나 스파르타쿠스는 건재했다. 또 다른 집정관인 렌툴루스가 대규모 야전군으로 포위하자 반격에 나섰다. 전투가 벌어지고 스파르타쿠스는 렌툴루스를 향해 돌진한다.

페텔리아 산 속에서 최후를 맞다

치열한 전투 끝에 스파르타쿠스군은 로마군을 물리친다. 그리고 막대한 병참물자를 노획한다. 로마 원로원은 이 패전 소식에 격분한다. 그리고 두 집정관에게 작전을 중단하라고 명령한다. 새로이 크라수스가 노예전쟁의 총사령관으로 임명된다. 이제 많은 로마의 귀족들이 전쟁 수칙에 따라 크라수스의 진압군에 가담한다. '노블레스 오블리주'가 발동된 것이다. 크라수스는 일단 로마를 방어하는 데 주력하면서 반격의 계기를 잡아나간다. 그리고 당시 스파르타쿠스 후방에 있던 무미우스에게 특이한 명령을 내린다.

"2개 군단을 둥글게 배치해 스파르타쿠스를 지속적으로 포위하는 진형을 유지하기만 하라."

그러나 무미우스는 이 명령을 어기고 스파르타쿠스군과 싸우기 시작한다. 결과는 대패였다. 많은 로마군들이 죽고, 살아남은 로마군도 전장에서 꽁지가 빠지게 달아난다. 크라수스는 이 전투에서 패배한 뒤 오랫동안 한 번도 시행하지 않던 고대 로마의 무시무시한 의식을 재현한다. 전장에서 맨 먼저 도망친 군인 500명을 10명씩 50개 무리로 나눴다. 그리고 각 무리에서 한 명씩 제비를 뽑아 죽이는 징벌을 실시한다. '데시마시용'(10분의 1씩 죽이는 것)이 벌어진 것이다. 이 참혹한 처벌을 모든 병사들이 똑똑히 지켜보게 만들었다.

1세기 무렵 로마 폼페이에 있던 검투노예 양성소 막사. 마당은 훈련장이다.

이 무렵 스파르타쿠스는 남쪽을 향해 계속 전진했다. 그리고 바다를 통해 해외로 탈출하는 방안도 모색하고 있었다. 그는 남쪽 땅끝 레기움까지 가서 해적들과 교섭을 벌였다. 배를 타고 시칠리아로 건너가기 위해서였다. 그러나 해적들은 끝내 약속을 지키지 않고 바다로 달아나버린다. 그 사이 크라수스의 로마군이 남쪽까지 쫓아 내려왔다. 로마군은 노예군이 전진하지 못하도록 어마어마한 장벽을 구축하는 작업에 돌입한다. 폭 4.5미터, 깊이 4.5미터 되는 도랑을 동쪽 바다 끝에서 서쪽 바다 끝까지 팠다. 무려 약 50킬로미터 거리에 이르는 도랑을 판 뒤 다시 그 뒤에 높은 장벽을 견고하게 쌓았다. 스파르타쿠스는 처음에 이 장벽에 대해 대수롭게 생각하지 않았다. 그러나 보급물자가 바닥나면서 곧 사태가 심각함을 깨닫는다. 자신들이 바다와 장벽으로 외딴 섬처럼 고립된 채 겨울에 내몰리고 있던 것이다.

그리하여 스파르타쿠스는 전면 공격에 나섰으나 병력의 3분의 1만 데리고 장벽을 돌파할 수 있었다. 나머지 노예군은 크라수스 군대의 공세에 맞서 용감히 싸우지만 결국 패배한다. 그리하여 스파르타쿠스와 분리된 노예 주력군 1만2300명이 모두 살육당한다. 이 전투가 끝난 뒤 크라수스는 노예군 가운데 단 두 명만이 등 쪽에 치명상을 입고 죽었다는 사실을 발견한다. 나머지는 모두 도망치지 않고 로마군과 정면으로 맞서 싸우다 죽어간 것이다.

한편 동쪽 항구 브린디시로 향해가던 스파르타쿠스는 급보를 받는다. 외국에 주둔하던 로마군이 이미 이 항구를 통해 상륙했다는 것이다. 노예군은 갇힌 채 양쪽에서 협공을 받는다. 스파르타쿠스는 어쩔 수 없이 병력을 이끌고 크라수스의 주력군과 대혈전을 벌인다. 전투 끝에 스파르타쿠스는 페텔리아 산 속으로 도망친다. 그러나 끝까지 추격해온 로마군과 싸우다 숨진다.

스파르타쿠스가 죽은 뒤 붙잡힌 노예군 6000명은 로마의 1번 국도라 할 수 있는 아피아 가도를 따라 세워진 십자가에 매달려 죽었다. 스파르타쿠스군 진지에서는 한 군데도 다치지 않은 로마군 포로가 3000명이나 발견됐다.

스파르타쿠스는 죽었다. 그러나 인간 해방을 위해 무장 봉기한 그의 이름은 2천여 년이 지난 지금도 인류에게 면면히 이어지고 있다.

로마의 오락 문화, 검투사 경기

검투사로 번역하는 '글래디에이터'(gladiators)는 검을 나타내는 라틴어 '글라디우스'(gladius)에서 유래한다. 이들은 로마인 관중들을 즐겁게 하기 위해 검이나 다른 무기로 상대방을 죽이는 훈련을 받았다. 이와 달리 맹수들과 싸우게 할 목적으로 훈련받은 노예는 '베스타리이'(bestarii)라고 불렀다.

검투사 경기는 기원전 3세기부터 발전하면서 로마의 오락 문화에서 빼어놓을 수 없는 요소로 자리 잡았다. 공식적으로는 기원전 264년에 로마의 포룸 보아리움이라는 광장에서 검투사 한 명씩 서로 맞붙는 경기를 세 차례 연 것이 그 시발로 간주되기도 한다. 검투사를 양성하는 양성소와 각종 관련시설은 이탈리아 남부의 부유한 도시 카푸아에 집중돼 있었고, 바로 베수비오 화산의 폭발로 화산재에 매몰된 저 유명한 도시 폼페이가 로마와 함께 경기의 주요 무대 가운데 하나였다.

당시 노예나 범법자 같이 로마의 지배체제에 자신의 목숨을 내맡길 수밖에 없는 사람들이 이런 검투사로 내몰렸다. 검투사들은 무기를 다루는 법을 비롯해 상대방에게 어떻게 상처를 가하는지 등에 대해 고도로 훈련받았기 때문에 매우 위험한 존재였다. 이 때문에 항상 엄중한 감시와 경비가 따랐다. 이에 대한 반발로 검투장 안에 집단적으로 진입하는 사례가 상당히 많던 것으로 알려진다. 이 경우 자칫 목숨까지 잃을 수 있는데도 말이다. 한편 로마의 일부 지배층은 검투사를 전문적인 암살자로 활용하기도 했다.

놀랍게도 여성을 검투사로 동원하기도 했다. 로마의 역사가 수에토니우스는 줄리우스 카이사르로부터 도미티아누스에 이르는 황제의 이야기를 기록한 『황제들의 생애』에 이렇게 적었다.

"도미티아누스는 콜로세움 등지에서 굉장히 호화찬란한 유희를 자주 공연하곤 했다. 2인승 전차 경주를 벌이는 것 말고도, 자주 검투 경기를 열었다. 한번은 보병끼리 싸움을 붙이고, 다시 기병끼리 붙인다. 원형경기장에서 해상전투를 벌이게 하는가 하면, 맹수와 싸우게 하기도 한다. 거기다 검투사 경기도 벌이는데, 여성끼리 붙이기도 한다."

이와 함께 여성 검투사 두 명의 이름도 기록에 남아 있다. '아킬리아'와 '아마존'.

영화 〈글래디에이터〉에 나오는 로마의 폭군 황제 코모두스는 실제로 경기장에 내려가 검투사와 싸워 735승을 거뒀다. 그러나 그는 갑옷과 무기로 완전무장한 상태인 '세쿠토르'(secutor)로 참여했다. 후세 역사가인 빅토르는 코모두스와 싸우는 검투사에게는 납으로 된 약한 무기를 쥐어줬다고 주장하기도 했다. 코모두스의 전승신화는 다분히 계획적으로 짜맞춘 것이었다.

검투사라는 악독한 시스템에 결정적으로 타격을 준 것은 그리스도교다. 380년에 그리스도교가 로마의 국교로 공식화되고, 교회는 '검투사를 비롯해 그 훈련자 그리고 거기에 관련된 사람은 세례를 받을 수 없다'고 판정한다. 그러자 점차 검투사 경기는 인기를 잃고, 범법자들도 검투사 양성소 대신 광산 등지로 투입된다. 결국 681년에 검투사 경기가 공식적으로 금지된다. 검투사가 생긴 지 거의 1000년 만의 일이다.

고대 프롤레타리아의 진정한 대표

1865년에 칼 마르크스는 숙제를 하던 딸 예니로부터 '영웅이 누구냐?'는 질문을 받고 '스파르타쿠스'와 '케플러'라고 대답한다. 마르크스가 스파르타쿠스를 주목한 것은 당시 벌어지고 있던 두 가지 사건 때문이다. 하나는 외국의 간섭 아래 있던 시칠리아와 남부 이탈리아를 해방시키려는 낭만적 애국주의자 주세페 가리발디의 투쟁에 대한 열광적 분위기이고, 다른 하나는 노예해방 문제를 놓고 벌어진 미국의 남북전쟁 소식이다. 마르크스는 엥겔스에게 보내는 편지에 이렇게 쓴다.

"아피안의 『로마 내전사』를 그리스어 원문으로 읽었네. 매우 가치 있는 저술이야. ……스파르타쿠스는 고대 역사를 통틀어 가장 훌륭한 인물로 꼽힐 만하네. 위대한 장군(가리발디와는 또 다른 측면에서)이자 고결한 인물이며, 고대 프롤레타리아의 진정한 대표야."

마르크스. 그를 시작으로 레닌, 로자 룩셈부르크까지 모두 스파르타쿠스를 열렬하게 존경했다.

© GAMMA

19세기 말엽과 20세기 초엽의 유럽 사회주의운동은 스파르타쿠스를 경제적 착취와 사회적 불평등에 대한 저항의 상징으로 평가했다. 그러나 마르크스가 편지에서 보인 스파르타쿠스에 관한 작은 힌트를 계급투쟁론으로 확대하여 발전시킨 것은 바로 레닌이었다. 그는 이런 논지에 따라 로마 세계를 노예와 지배자 사이의 투쟁으로 특징지어지는 계급사회로 정의한다. 레닌은 『국가와 혁명』에 이렇게 쓴다.

"역사는 압제를 벗어던지려는 피압박 계급의 지속적인 시도로 채워져 왔다. 노예제의 역사는 수십 년 동안 지속된 노예해방전쟁의 기록을 담고 있다. 현재 자본주의의 명에에 대해 진정으로 투쟁하는 유일한 독일의 정당인 공산당이 '스파르타쿠스주의자'라는 이름을 채용하고 있다. 독일 공산당은 가장 위대한 노예봉기 가운데 하나인 2천여 년 전의 그 봉기에서 스파르타쿠스가 가장 걸출한 영웅 가운데 하나였기에 그 이름을 채용한 것이다. 전적으로 노예제에 기반을 둔 채 오랜 세월 절대 전능할 것만 같던 로마 제국은 스파르타쿠스의 지도 아래 무장하고 단합해 거대한 군대로 변신한 노예들의 전국적인 봉기로 충격 상태에 빠지고 치명상을 입었다."

그 뒤 소련 시대에 이르러 스탈린이 승인한 '단계 이론'(stage theory)에 따라 로마의 노예 반란은 당대 계급 시스템의 지배를 전복시킨 러시아 혁명이나 프랑스 혁명과 같은 범주로 간주되기까지 한다. 역설적으로, 스파르타쿠스는 공산주의 국가가 주도하는 이런 이론화 작업에 의해 본래 가지고 있던 인간주의적 활력을 잃어버리는 손해를 본 측면도 크다.

"함께 기도하고 함께 밥을 먹자"

천왕 홍수전의 자살로 끝난 태평천국의 꿈, 그리스도교로 무장한 농민군의 폭발력이 중국을 흔들다

"상제(야훼 하느님)를 경배하는 사람은 도망가지 않는다. 모두 함께 밥을 먹자!"

19세기 후반에 이민족과 유교 사대부 계급의 오랜 압제와 착취에 시달려온 중국 농민들이 이처럼 단순하면서도 강력한 기치 아래 무장 봉기에 돌입한다. 농민군은 자신들의 나라를 '태평천국'(太平天國)으로, 스스로를 '성스러운 병사'(聖兵)로 부르는 등 독특한 그리스도교적 사상과 구호로 무장하고 있었다. 그들은 엄청난 열정과 폭발력으로 중국 전역을 14년 동안 뒤흔들었다. 역사에 '태평천국운동'으로 기록된 이 격변의 소용돌이 속에서 모두 2천만 명이 목숨을 잃었다. 그리고 16개 성 600여 도시가 파괴됐다. 태평천국은 비록 부패한 청나라 조정과 서구 제국주의로부터 중국을 직접적으로 구해내지는 못했지만, 그 평등과 해방의 슬로건을 현대 중국에 승계하는 데는 성공한다.

홍수전, 과거에 두 번 낙방한 뒤……

태평천국운동을 이끈 대표적인 사람은 홍수전이다. 청나라 말기의 비판적 지식인인 그는 농민과 숯 굽는 사람, 하급 노동자, 광부, 난민 등 가난하고 못 배운 사람들에게 체제를 변혁할 수 있는 이데올로기와 전략을 제시하고 나섰다. 그리고 곧 이 운동의 지도자로 부상한다. 역사가 전하는 그의 일대기는 대략 이렇다.

홍수전은 1813년에 광둥 성 화현에서 중농의 셋째 아들로 태어났다. 스물네 살 때 광저우에 나가 과거를 보았으나 낙방했다. 그 직후 중국에 진출해 있던 개신교도에게서 전도용 팸플릿인 「권세양언」(勸世良言)을 얻어 본격적으로 그리스도교에 대해 배운다. 이듬해 치른 두 번째 과거에서도 낙방한 뒤 그는 열병을 앓는다. 이때 40여 일을 병상에 누워 지내는 동안 그는 그리스도교적 이미지와 영감으로 가득 찬 '환상'(vision)을 보았다. 여기서 환상은 그리스도교적인 표현으로서 일종의 꿈 또는 예언적 환상을 가리킨다.

이런 과정을 거치며 그는 그리스도교가 보여주는 변혁의 가능성에

태평천국군의 진격 모습 상상도. 그리스도교적 사상과 구호로 무장한 그들은 중국 전역을 14년 동안 뒤흔들었다.

주목하고 그 이론을 강화해나간다. 현세의 불만스러운 유교적 질서를 뛰어넘는 새로운 사상체계를 세우기 시작한 것이다. 그 결과 다양한 이론체계가 구체화된다.

"세계 만물을 창조한 존재인 야훼 하느님을 경배하고, 요마를 격멸해야 한다."

"하늘의 상제는 야훼, 그 큰아들은 그리스도, 그 둘째 아들은 나 홍수전이다."

동시에 홍수전은 만주족의 청나라를 요마로 규정하는 등 반청의 기치도 선명히 내건다. 이런 인식을 바탕으로 그는 1844년에 야훼를 숭배하는 모임인 '상제회' 라는 비밀결사를 조직한다. 이어 청나라가 아편전쟁에서 패전하자 서구 제국주의에 대한 반감이 날로 커져가는 강남 지역에서 그 세력을 크게 확대해나간다.

드디어 홍수전은 1850년에 광시 성에서 상제회 신도들에게 봉기를 명령하는 '진톈 기의'(金田起義)를 발의한다.(기의란 의로운 봉기를 일으킨다는 뜻. 진톈은 당시에 봉기하기 위해 모이라고 지정한 마을의 이름이다.) 상제회는 당시 홍수전식의 그리스도교적 교의를 덧붙여 종교적 · 사회혁명적 비밀결사로 발전한 상태였다. 이 발의에 대해 2만 명이 호응해 봉기에 돌입한다. 봉기군은 엄정한 규율과 높은 사기 그리고 '죽은 뒤 혼은 천당에 올라 영원히 천상에서 복을 누린다' 는 '천당론' 등의 이론으로 무장하고 있었다. 따라서 그 파괴력이 종래의 농민 봉기군과 비교할 수 없을 정도로 강력했다. 나중에는 이론체계가 더욱 발전하여 그리스도교적 천년왕국이 지상에서 현세에 구현된다는 내용의 '소천당론'(小天堂論)까지 등장한다. 당연히 태평천국군의 전투 의욕은 갈수록 높아졌다.

이듬해인 1851년에 봉기군은 융안을 함락시킨다. 이어 '태평천국'이라는 국호와 '천평'(天平)이라는 연호를 채택한다. 홍수전은 '천왕'(天王)이 된다.(야훼 하느님을 황제 격인 천국의 상제로 상정했기에 왕으로 한 것이다. 지상에서는 다시 황제가 존재할 수 없다는 논리에서다.) 태평천국군은 그 이듬해에 북상하기 시작해 당시 중원에서 가장 큰 도시인 우한을 점령하고, 1853년 2월에 중국에서 가장 많은 역대 왕조가 수도를 삼아 베이징과 쌍벽을 이루는 왕도인 난징까지 점령한다.

지도자들의 내분에 휩싸이다

이 무렵 태평천국군은 병력이 백수십만에 이르는 수준으로 비약적으로 팽창한다. 인근 전장 강과 양저우까지 점령한 태평천국군은 이후의 전략에 대해 중대한 선택의 기로에 서게 된다. 결국 일부 병력을 출동시켜 '요마 세력'인 청나라의 수도 베이징을 향해 진격시키기는 했으나, 주력 군대는 난징에 그대로 머물고 장고에 들어간다. 결국 홍수전 등 지도부는 강남 일대를 평정하면서 내실을 다진다는 명목으로 소극론으로 기울어간다. 이런 소극론은, 겨우 4만 병력으로 베이징을 향해 진격한 북벌군이 연전연승하면서 베이징 100킬로미터 지점까지 접근했으나 뒷심이 부족하여 패퇴하고 마는 사태를 낳는다. 그리하여 홍수전 등 지도부는 난징을 '천경'(天京)으로 삼고 베이징의 청나라 조정과 병립하는 형세를 취한다.

이어서 태평천국 쪽은 지도부가 내분에 휩싸인다. 전쟁이 확대됨에 따라 새로이 정치와 군사 양대 권력을 장악하면서 강력한 지도자로 부상한 가난한 농민 출신의 동왕 양수청과 다른 지도부 사이의 알력이 심해진 것이다. 결국 북왕 위창휘가 나서서 양수청을 죽이고 그 일가족을 학살한다.(태평천국은 당시 으뜸인 천왕 홍수전 밑에 지도자 6왕을 두었다.) 그러나 양수청을 제거하는 데 공을 세운 북왕 위창휘도 익왕 석달개와 반목하다가 천왕 홍수전에게 제거된다. 익왕은 천왕 홍수전이 홍씨 일가 중심으로 권력을 재편하자 태평천국에서 이탈해나간다.

태평천국의 소극적 전략과 내분을 틈타 그 동안 밀리기만 하던 청나라 쪽은 반격에 나선다. 점령지를 잇따라 되찾으면서 조금씩 전세를 만회해나간다. 한편 태평천국군은 양쯔 강 지역의 쑤저우와 항저우를 점령하면서 이 지역에 진출한 서구 제국주의와도 직접 충돌한다. 이에 대해 영국 · 프랑스 등 서구 세력은 베이징조약 위반이라고 주장하면서 청조를 도와 태평천국군을 공격하는 데 직접 가담한다. 전세는 급격하게 태평천국 쪽에 불리해진다.

태평천국은 북쪽과 남쪽으로부터 청나라 정부군에, 서쪽으로부터 증국번의 의용군인 상군에, 동쪽으로부터 고든의 상승군에 완전히 포위되는 위기를 맞는다. 이전에 양쯔 강 일대를 점령하면서 청나라군을 남과 북 둘로 나눈 태평천국군이 이제는 도리어 식량 수송로마저 차단당하는 절체절명의 상황에 내몰린 것이다. 결국 1864년에 적들이 천경의 포위망을 좁혀오자 홍수전은 자살한다.

홍수전 등이 태평천국을 통해 이루고자 한 이상향의 내용은 1854년에 공포된 「천조전무제도」에 구체적으로 나와 있다. 그 핵심적인 뼈대는 이렇다.

① 관직체계: 천왕을 정점으로 승상-점검-지휘-장군-시위로 이어지는 관직을 둔다. 군대는 장군-총제-감군-군수-사수-여수-졸장-양사마로 계통을 세운다. 한 집에서 한 명이 병역 의무를 지며, 유사시가 아닌 때에는 농업에 종사한다.

태평천국의 천왕 홍수전을 그린 그림(왼쪽). 태평천국군의 북벌을 그린 연환화(중국의 연결식 그림책).

② 토지 균분: 토지를 아홉 등급으로 나누고, 열여섯 살 이상의 남녀에게 등급을 안배하여 골고루 분배한다. 이리하여 모든 사람이 "토지가 있으면 함께 경작하고, 밥이 있으면 함께 먹고, 옷이 있으면 함께 입고, 돈이 있으면 함께 사용한다"는 이상을 실현한다.

③ 공산제도: 스물다섯 집으로 이뤄진 조직을 한 조로 삼아 양사마가 통괄한다. 사람들은 뽕나무를 심어 누에를 치며, 부인들은 실을 뽑아 의복을 짠다. 닭 다섯 마리와 돼지 다섯 마리를 기르고, 곡식 등 수확물은 스물다섯 집이 먹을 것과 이듬해 파종분을 남기곤 다 국고에 들인다. 돈도 마찬가지로 국고에 들인다. 왜냐하면 천하는 천부의 커다란 일가이며, 모두 천부의 것이기 때문이다. 태평진주(太平眞主, 홍수전)는 천부의 특명을 받아 이를 관리하고 천하 사람들에게 평등하게 분배해 사람들이 배불리 먹고 따뜻하게 옷 입게 하는 자이다.

④ 국고와 예배당: 스물다섯 집 안에 국고와 예배당을 하나씩 두고 양사마가 관리한다. 각 집의 관혼상제에 들어가는 비용은 일률적으로 이 국고에서 지급한다. 7일마다 돌아오는 예배일에는 스물다섯 집의

사람들이 남녀 별도로 예배당에 모여 예배를 본다. 이곳은 예배일이 아닌 날에는 아이들의 학교가 된다.

⑤ 상벌: 스물다섯 집 안에 소송이 있으면 양사마가 판결한다. 판결에 불복하면 관직체계를 따라 차례로 상고할 수 있다. 다만 천왕의 판결은 절대적이다. 농사에 힘쓰는 자는 상을 주고, 농사를 게을리 한 자는 벌한다.

학자들이 연구한 결과 태평천국의 이런 이상적인 형태는 실제로 전혀 실현되지 않았다. 오히려 그런 이상과 달리 농민에 대한 조세수탈 기구로 전락하고 말았다는 평가도 나온다. 그러나 "토지가 있으면 함께 경작하고, 밥이 있으면 함께 먹고, 옷이 있으면 함께 입고, 돈이 있으면 함께 사용한다"는 애초의 이상은 엄청난 파괴력을 지닌 것이었으며, 이 이상이 쑨원을 거쳐 마오쩌둥의 신민주주의혁명에 전승돼갔다고 평가받는다.

지배 계급을 완전히 전복하고자 시도

역사적으로 태평천국운동은 다음과 같은 특징을 지닌다.

① 중국 역사상 최대의 농민운동: 태평천국운동은 과거 농민반란, 농민봉기의 전통을 계승하는 성격을 띤다. 이 점에서 보더라도 태평천국은 그 규모와 파괴력, 인명 피해의 규모, 국제전적 성격 면에서 단연 손꼽힌다. 특히 청조 중엽에 인구가 폭발적으로 증가하여 태평천국운동 시기에는 인구가 4억5천만 명을 넘었다. 이런 실정에서 인적 규모를 나타내는 수치는 당연히 기록적일 수밖에 없다.

② 지배 계급을 완전히 전복하고자 한 본격혁명의 성격: 태평천국운동은 종래의 농민반란이나 봉기가 안고 있던 역성혁명적 한계를 근본

적으로 뛰어넘었다. 주도 세력의 명확한 계급성, 평등주의적 이상을 천명한 「천조전무제도」 등은 근본주의적 혁명성을 보여준다. 특히 태평천국의 건국지표라 할 수 있는 「천조전무제도」는 지주의 토지를 몰수하여 균분하며, 일정액을 넘는 소득은 몰수하여 평등하게 분배할 것 등까지 규정하고 있다.

③ 중국화한 그리스도교 사상체계를 과감하게 수립: 홍수전은 유교적 지배이념을 철저히 파괴하지 않으면 근본적으로 변화하는 것이 불가능하다고 파악했다. 2천 년 이상 이어져온 유교적 가치체계를 급진적으로 바꾸기 위해선 외부의 전혀 다른 이론 · 사상체계가 필요한 상황이었다. 그 근거를 전혀 다른 사유체계인 그리스도교적 교의에서 발견한 뒤 그의 이론화 작업은 더욱 근본주의적 변혁성을 갖춘다.

④ 중국 공산혁명으로 승계: 태평천국운동은 현대 중국의 공산혁명에 사상적 · 전략적으로 적지 않은 영향을 미쳤다. 중국 공산당 기관지 《인민일보》는 1951년에 태평천국 100주년을 기념하는 사설에서 '선진

태평천국운동 당시의 청나라 관군 모습.

계급의 지도가 없는 구식 농민혁명의 최고 형태'라고 규정했다. 비록 현대적 의미에서 노동자 계급의 선진적인 사상과 지도라는 측면까지 충족시킬 수는 없지만, 당대의 조건에서 볼 때 최고의 바람직한 혁명상이라고 평가한 것이다. 실제로 태평천국운동의 성격은 마오쩌둥의 신민주주의론에 상당히 많은 부분이 반영됐다.

⑤ 여성해방의 맹아를 선보임: 태평천국 치하에서 구시대와 비교해 가장 혁명적으로 바뀐 영역으로 여성의 지위 변화를 꼽는다. 특히 여성 억압을 상징하는 봉건적 잔재인 전족의 폐지라든가, 과감한 여성관리의 채용 같은 조치도 주목할 만하다. 또한 여성들은 천경 등 태평천국이 지배한 지역에서 청조가 지배하는 다른 도시와 달리 말을 타고 활보하는 등 해방공간적 상황을 실현했다. 여성들이 자유롭게 이동하며 외국인에게 스스럼없이 대하는 모습 등을 기록한 외국인의 증언도 있다. 이런 여성해방적 성격은 이후 현대 공산혁명 이후의 여권 향상과 적지 않은 연관성을 지닌다.

⑥ 청조를 완전히 타도하지 않은 전략적 과오: 태평천국군은 난징을 점령한 직후 백수십만 병력으로 확대된 전성기 상황에서 중대한 전략적 실수를 저질렀다. 총력으로 베이징을 점령하는 쪽으로 나아가지 않은 것이다. 특히 4만 명의 소수 병력만 파견한 북벌군이 승승장구 베이징 인근까지 육박해간 점을 주목해야 한다. 만일 주력군을 동원해서 시의적절하게 총력전을 펼쳤더라면 어렵지 않게 베이징을 점령하고 새로운 국면을 만들 수도 있었다. 그러나 이것을 늦추는 전략적 실수를 저지른 것이다. 이로써 청나라 조정은 반격을 위한 시간적 · 물질적 근거를 얻을 수 있었다. 그 결과 전세는 태평천국 쪽에 결정적으로 불리하게 기울어갔다. 난징에 그대로 머물면서 종래의 역성혁명 세력과

같은 타락상을 보였다는 주장도 나온다.

⑦ 지도부의 내분과 혁명의 진정성 상실: 초기 태평천국은 천왕 홍수전 밑에 강력하고 유능한 지도자 여섯 명이 각각 왕으로 포진한 채 서로 협조하여 상승 효과를 극대화하는 구조였다. 그러나 내분에 따른 직간접적인 영향으로 목숨을 잃거나 이탈하고 만다. 이런 상황에서는 혁명이 성공하기 어렵다. 나아가 난징에 잔류한 뒤 지도부가 사치와 방탕에 빠졌다는 연구 결과도 나와 주목된다.

150년 전 중국 대륙에서는 맨 밑바닥에서 억압받던 가난한 민중들이 홍수전의 주장에 호응해 목숨까지 내놓고 태평천국의 봉기에 열렬하게 합류했다. 비록 홍수전식으로 각색되거나 변형되기는 했어도 대단히 그리스도교적인 교의에 그토록 많은 하층민들이 호응한 셈이다. 그 1000년 전에는 그리스도교의 정통 논쟁에서 패퇴한 네스토리우스교가 '경교'라는 이름으로 중국 당나라에 크게 퍼지기도 했다. 중국은 그리스도교를 늘 외면해온 나라가 아니었다. 그런데 현대 중국은 어떠한가? 태평천국의 혁명 이론적 자양분만 계승되고 그리스도교적 성격은 완전히 사라져버렸다.

역사의 문맥에서 본다면, 중국에 또 한 차례 그리스도교의 열풍이 밀어닥친다 해도 전혀 이상하지 않은 것이다.

노아→ 모세→ 그리스도→ 홍수전?

홍수전의 그리스도교적 이론작업은 스물다섯 살 때 열병을 앓던 동안에 경험한 '환상'으로부터 시작된다. 환상의 내용은 대략 이렇다.

① 천상계를 방문해서 흑의를 입은 노인을 만난다. 그 노인은 "세계 만물을 창조한 나를 경배하라. 마귀를 숭배해서는 안 된다"고 말하며 요괴를 죽이는 검과 인장을 주었다.

② 홍수전은 중년의 사람과 함께 사악한 신을 찾아 베어서 멸망시켰다. 그는 이 중년의 사람을 큰형이라고 불렀다. 흑의 노인이 공자를 힐책했다. 공자는 부끄러워하며 죄를 참회했다.

③ 환상을 보는 동안 요마가 새나 사자 등으로 변신하면서 그에게 덤볐지만, 그가 노인에게서 받은 인장으로 막자 물러났다.

태평천국군이 입은 군복. '성병', 곧 성스러운 병사라는 한자가 선명하다.

여기서 흑의 노인은 야훼 하느님, 중년의 사람은 예수 그리스도, 요마는 사탄, 인장은 십자가를 가리키는 것이라고 할 수 있다.

나중에 태평천국의 공식 역사서인 『태평천일』은 이런 식으로 성경의 내용을 소개하고 있다.

"당초 천부상주황상제는 6일 만에 하늘과 땅, 산과 바다, 사람과 물건을 만들어 7일째에 완성했다. 상고의 때 온 천하는 모두 황상제의 은전에 감사할 줄 알았다. 노아 때에 이르러 세상 사람들이 사마에 유혹돼 세계를 더럽혔다. 황상제는 대노해 40일 낮과 40일 밤 동안 큰비를 내렸고, 홍수가 세상 사람을 침몰시켜 거의 없애버렸다. ……황상제가 내려와 이스라엘을 구해 이집트국에서 나와 홍해를 건너게 하고…… 십관천조(十款天條, 십계명)를 지었다. ……이때 다행히도 구세주 천형 기독(그리스도)이 있었다. ……황상제의 태자인데 강생해 몸을 버려 세상 사람을 대신해 속죄하기를 원했다. ……태평진주(홍수전)는 또한 천부, 천형의 막대한 사랑을 가지고 세상 사람들을 불쌍히 여겼다. 주의 나이 스물다섯 살 때인 천유년(1837년) 3월 초하루 자시에 무수한 천사가 하늘로부터 내려와……."

이런 식으로 '노아→ 모세→ 그리스도→ 홍수전'이라는 구세주의 계보를 만들고 있다.

1800년대 중반에 중국 민중들이 이해할 수 있는 수준으로 그리스도교 교리를 각색한 결과라고 할 수 있다.

유령은 지금도 세계를 배회한다

20세기 최대의 거대담론을 제공한 마르크스,
'신념'은 빛을 잃었지만 '비판 이론'으로서는 건재

소련이 붕괴한 뒤 현실의 사회주의를 미래의 이상향으로 말하는 사람은 별로 없다. 그렇다. 지난 10여 년 동안 사회주의는 '죽은 개'처럼 취급되어왔다. 이제 마르크스주의는 그저 '비판' 세력이기는 하지만, '대안'이 될 수는 없다. 19세기 중반에 마르크스로 대변되는 공산주의는 전 유럽을 배회하는 공포의 대상(마르크스의 말에 따르면 '유령')이었다. 마르크스와 엥겔스의 『공산당 선언』(Manifest der Kommunistischen Partei) 맨 앞머리를 장식하던 그 유령은 1917년에 러시아 혁명을 통해 현실이 됐다. 그리고 이 현존 사회주의는 1991년에 몇 가지 에피소드를 남기며 경멸 속에서 또다시 죽어갔다. 이제 유럽에서는 마르크스를 축출하려는 공모가 진행 중이다. 프랑스의 철학자 자크 데리다는 이 현실을 빗대어 거꾸로 이렇게 표현했다.

"마르크스의 유령이 유럽을 떠돌고 있다."

자본주의는 여전히 팔팔하게 살아 있지만……

하지만 마르크스 이후 누구도 이 마르크스의 명제로부터 자유로울 수 없었다. 지난 150여 년의 역사를 통틀어 마르크스만큼 사람들을 골치 아프게 만든 인물도 드물다. 그의 이론에 동의하는 사람에게도, 반대하는 사람에게도 마르크스는 똑같이 끊임없는 논쟁 대상이었다. 그의 이름을 붙인 마르크스주의는 어떠한 종교보다도 더 많은 순교자를 냈고, 가장 많은 '안티'(anti)를 만들어냈다. 그 이단과 아류의 이름을

마르크스의 무덤 앞 동상. 런던 변두리에 있는 그의 묘지는 이제 쓸쓸하게 관광객을 맞는다.

© 고경태

늘어놓는 것만으로도 책 한 권을 넉넉히 메울 만큼 무수한 가지가 자라났다. 그렇게 다양하고 복잡한 해석들에도 불구하고 그의 저작을 제대로 읽은 사람이 도스토예프스키의 『악령』을 끝까지 독파한 사람만큼이나 드물겠지만 말이다. 어느 의미에서 애덤 스미스가 자본주의의 탄생을 보고한 산파였다면, 마르크스는 이제 막 성인이 된 자본주의의 사망을 진단한 암 전문의였다. 비록 지금은 환자가 의사보다 더 오래 살아남아 있지만……. 마르크스는 확신을 가지고 이렇게 선언했다.

"이 시스템은 순환상에 문제가 있다."

"치료하는 게 불가능하다. 선천적 질병인 것이다."

그리고 마르크스와 마르크스주의자들은 이 환자가 될 수 있는 대로 빨리 죽는 게 인류를 위해 좋다고 판단했다. 그러나 자본주의는 그들의 진단이나 희망과 다른 방식으로 여전히 팔팔하게 살아가고 있다. 세계는 자본에 의해 더 자본주의화하고 있는 것이다.

카를 마르크스는 1818년에 독일 라인 주 트리어(Trier)에서 유대인 그리스도교 가정의 일곱 남매 가운데 셋째로 태어났다. 아버지는 변호사로 자유사상을 지닌 계몽주의파 인물이고, 어머니는 네덜란드의 귀족 출신이었다. 선조는 유대인 랍비 집안의 전통을 오랫동안 이어오고 있었으나, 아버지 하인리히 마르크스는 아들 칼 마르크스를 낳기 1년 전 무렵에 그리스도교로 개종한 것으로 전한다.

어쨌든 마르크스는 1836년에 베를린대학교에 입학해 법률, 역사, 철학을 공부한다. 그는 이때 헤겔의 사상에 깊이 심취한다. 당시 혁명적 사상을 가지고 있던 학생들은 헤겔의 사상, 특히 '청년 헤겔주의'로부터 크게 영향을 받았다. 마르크스는 당시 브루노 바우어 같은 급진적 신학자가 주도하는 '박사 클럽'(Doctor club)에 가입해 활동하기도 한다. 바우어는 그리스도교의 성경에 대해 '역사를 기록한 것이 아니라 정서적 필요에 따라 만들어진 인간의 환상을 기록한 것'이라는 사상을 발전시키고 있었다. 선지자 이사야의 강의를 맡은 바우어는 학생들에게 그리스도교가 형성되기 직전보다 '훨씬 거대한' 사회적 재앙이 현재 만들어지고 있다고 가르쳤다. 이런 영향 등으로 당시 청년 헤겔주의자들은 급속도로 무신론에 빠져들면서, 막연한 수준에서나마 정치적 행동의 필요성에 대해 논의하기 시작했다. 마르크스는 1841년에 프로이센 정부의 탄압을 받아 혼란에 빠진 베를린대학 대신 예나대학에 「데모크리토스와 에피쿠로스 자연 철학의 차이」를 헤겔주의적 관점에서 비교하는 내용의 논문을 제출해 박사학위를 받는다.

이 무렵 마르크스는 헤겔주의를 비판한 포이어바흐의 저술 『그리스도교의 본질』에 크게 영향을 받는다. 1842년에 마르크스는 젊은 상인들 그리고 은행가와 기업가 들이 중심을 이뤄 창간한 급진적 반정부 신문 《라인 신문》(Rheinische Zeitung)에 기고하기 시작했다. 그리고 그해 10월에 이 신문의 편집장이 된다. 편집장으로서 그는 베를린 빈민의 주거 사정에서부터 공산주의의 새로운 현상에 이르기까지 다양한 사회 · 경제적 주제에 대해 사설을 써야 했다. 그러면서 헤겔의 이상주의가 이런 문제에 대해 별 쓸모가 없다는 것을 깨닫는다. 이 신문은 2년 뒤 프로이센 정부에 의해 폐간된다. 그 직후 마르크스는 프로이센 귀족의 딸로 네 살 위인 예니 폰 베스트팔렌과 결혼한다. 그리고 파리로 옮겨가 경제학을 연구한다.

파리에서 마르크스는 사회주의적 언론에 기고하면서 사회주의 내용의 책을 저술하는 데 힘을 쏟는다. 이와 함께 처음으로 혁명가이자 공산주의자로 공식석상에 등장해 프랑스와 독일의 노동자 사회에 진입해 들어간다. 그 노동자들은 비록 '매우 조악하고 비이성적'이었지만, 마르크스는 그들의 사회적 성격으로부터 크게 감명을 받는다.

"그들에게 인간끼리의 형제애라는 것은 입발림하는 소리가 아니다. 인생의 진리다. 그리고 그들의 노동으로 단련된 육체에서 분출되는 인간의 고결함이 우리를 향해 내리비친다."

한편 『독일-프랑스 연보』를 출간한 것을 계기로 마르크스는 1845년에 프로이센 정부의 요청으로 파리에서 추방되어 벨기에로 향한다. 그는 이때 프리드리히 엥겔스와 가까워진다.

브뤼셀로 간 그는 프로이센 국적을 포기하는 한편, 기고와 저술에 박차를 가한다. 이렇게 노력한 끝에 1844년에 『경제학-철학 초고』와 『헤겔 법철학 비판 서설』을 썼다. 그리고 1845년에 엥겔스와 공동으로 『신성가족』, 『독일 이데올로기』(Die Deutsche Ideologie)를 저술한다. 『독일 이데올로기』는 그가 처음으로 유물사관의 주장을 정립한 책으로 평가받는다. 그로부터 2년 뒤인 1847년에 그는 무정부주의자 피에르 조제프 프루동의 『빈곤의 철학』을 비판한 『철학의 빈곤』을 쓴다. 같은 해에 런던에서 '공산주의자동맹'이 결성되자 엥겔스와 함께 여기에 가입해 동맹의 강령인 『공산당 선언』을 공동 명의로 집필한다.

지독한 물질적 곤궁, 엥겔스가 도와주다

한편 1848년에 파리에서 시작된 혁명이 이탈리아, 오스트리아 등 여러 나라에 파급되자 마르크스는 브뤼셀, 파리, 쾰른 등지로 가서 직접 혁명에 참가했다. 그러나 혁명은 모두 좌절하고 만다. 그에게는 잇따라 추방령이 내려진다. 그는 다시 런던으로 망명해 대영박물관의 도서관에 칩거한 채 저술에 몰두한다. 그러는 동안 그는 정신적 고통과 물

프리드리히 엥겔스(왼쪽). 그는 마르크스의 평생 동지이자 후원자였다. 러시아 혁명 시기 페트로그라드를 공격하는 볼셰비키 혁명군(오른쪽). 현실 사회주의는 러시아 혁명으로 권력을 장악했다.

질적 곤궁에 심하게 시달린다. 이런 상황에서 1851년부터 미국 일간지 《뉴욕 트리뷴》의 유럽 통신원으로 활동하기도 한다. 이 어려운 시기에 그는 영국 맨체스터에 있는 아버지의 방적공장에 근무하는, 평생의 친구이자 동지인 엥겔스로부터 재정적 원조를 받는다. 이 시기에 그에게 닥친 고난이 얼마나 끔찍했는지는 자식 가운데 다섯 명이 빈곤과 관련된 질병이나 기아로 죽어갔다는 기록으로도 짐작할 수 있다.

마르크스는 1859년에 경제학 이론에 대한 최초의 저서 『정치경제학 비판』을 발표했다. 1864년에 제1인터내셔널이 창설되자 마르크스는 여기에 참여해 프루동, 라살, 바쿠닌 등 무정부주의 계열의 이론가들과 논쟁을 벌인다. 1867년에 함부르크에서 그 동안의 연구를 집대성한 대작 『자본론』(Das Kapital)의 제1권을 출간한다.(2권과 3권은 그가 죽은 뒤 엥겔스가 각각 1885년과 1894년에 잇따라 출판한다.) 처음에 그가 제4권으로 구상한 부분은 카를 카우츠키에 의해 『잉여가치학설사』라는 이름의 독립된 형태로 출판됐다. 말년에 마르크스는 만성적인 정신적 침체에 빠졌으며, 마지막 몇 년은 많은 시간을 휴양지에서 보내야 했다. 그 뒤 1881년에 아내가 죽고, 1883년에 장녀도 세상을 떠나자 격심한 충격을 받는다. 결국 그는 1883년 3월 런던 자택에서 엥겔스가 지켜보는 가운데 예순네 살의 나이로 세상을 떠난다.

마르크스는 경제학자이자 철학자였으며, 사회학의 창시자 가운데 한 사람이었다. 그리고 정치 이론가이자 역사학자였으며, 무엇보다 혁명가였다. 언론인 생활도 병행했으며, 법률가이기도 했다. 그러나 평생 제대로 된 수입을 보장하는 직업을 단 한 번도 가져본 적이 없다. 게다가 그는 그토록 경멸한 자본가 계급에 속한 엥겔스의 도움을 받아 먹고살아야 했다. 그는 만국의 프롤레타리아에게 단결을 호소했지만, 그것이 노동조합운동으로 되는 것은 가차없이 비판했다. 역설적으로 마르크스는 정치적 혁명을 믿지 않은 인물이기도 하다. 그는 1850년대 중반 이후부터는 거의 정치적인 글을 쓰지 않았다. 누가 정권을 잡았느냐는 그에게 별로 핵심적인 사안이 아니었다. 임노동 관계로 이뤄진 사회를 근본적으로 변화시키는 혁명이 없는 한 모든 변화는 자본주의의 또 다른 변형에 지나지 않는다는 믿음 때문이었다. 따라서 그는 정치적 혁명을 지향하는 다른 사상들을 '공상적'이라는 이름으로 비판했다.

마르크스주의의 여러 이름들

마르크스주의는 20세기 최대의 거대담론이다. 마르크스주의는 인류 역사 전체와 정치 · 경제 · 사회 · 문화의 모든 측면을 통일적으로 이해하고 설명하려는 노력의 산물이라고 할 수 있다. 마르크스주의는 단순히 계급투쟁에 관한 이론이 아니다. 마르크스도 이전의 역사가들처럼 소유 관계에 따라 각 계급들을 구별하고, 계급들 사이의 갈등을 핵심적 사항으로 보았다. 하지만 그 투쟁을 계급들의 '의지' 때문에 이뤄지는 것이 아니라, 구조로부터 자라나온 필연적인 것이라고 보았다. 따라서 마르크스주의는 이 한 가지에 집중하는 성격을 지닌다.

"사회를 그 뿌리에서부터 규정하는 힘은 무엇인가?"

마르크스주의의 요약인 '역사적 유물론'은 "생산력과 생산 관계의 모순이 역사를 진전시킨다"는 명제로 귀결된다. 예컨대 맷돌을 돌리던 시대의 생산 관계, 바꿔 말해 봉건 시대의 영주와 농노라는 계급 관계로는 증기기관차가 사회의 주요한 생산 수단이 되는 시대를 감당해내지 못한다는 것이다. 증기기관차의 시대는 거기에 맞는 새로운 계급, 부르주아와 프롤레타리아라는 계급에 의해서만 가능하다. 그리고 그는 바로 이런 전환의 순간을 혁명이라고 정의한다.

한편 러시아 혁명 이후 소련은 사회주의 종주국이 됐다. 그리하여 소련의 국가 철학이 공식적인 마르크스주의로 작동하고, 이런 소련의 주장에서 이탈하는 것에는 '수정주의'라는 딱지가 붙었다. 1950년대 후반 중소 분쟁 때 공산화된 중국이 흐루시초프의 소련을 '수정주의 제국'이라고 부르기 전까지는 이런 식의 권위가 유지됐다. 유럽의 마르크스주의자들은 자본주의의 핵심 요소인 임금 노동과 사적 소유를 인정하면서 조세나 국가 정책을 통해 그 모순을 완화하는 체제를 지향했다. 결국 그 길에는 사회민주주의라는 이름이 붙었다.

제3세계에서 사회주의의 운명은 더욱 복잡해진다. 각각의 특수성 때문에 주도자의 이름을 따서 '마오쩌둥주의'라는 개념이 등장하는가 하면, 동유럽과 아시아 등지에서는 '민족사회주의'라는 명칭을 얻은 조류가 힘을 얻기도 했다. 1960년대 이후에는 소련의 정통 논리를 거부하고 마르크스의 원전에 충실하려는 유럽과 미국의 마르크스주의자들이 '네오마르크스주의'라는 이름으로 등장했다. 그리고 프랑스의 구조주의자 가운데 좌파적 성향은 '구조주의적 마르크스주의'로 분화돼갔다.

1968년에 유럽에서 일어난 학생운동은 기존의 마르크스주의에 대한 도전이었다. 동시에 모든 것을 하나의 이론으로 설명하려는 종래의 거대담론들에 대한 폐기 선언이기도 했다. 사람들은 더 이상 자본주의나 계급투쟁 같은 추상적이고 대규모적인 개념과 이론을 신뢰하지 않았다. 미시적이고 세부적인 것들이 세상을 변화시키는 역할에 대해 더 많이 주목하고 연구했다. 칼 포퍼의 『역사주의의 빈곤』과 『열린 사회와 그 적들』은 바로 이 같은 미시 이론에 대한 역사 철학적 근거로 각광을 받았다.

이런 조류 속에서 마르크스주의는 급격하게 설 자리를 잃어갔다. 승리한 자본주의는 '신자유주의'라는 이름으로 맹위를 떨치기 시작했고, 프랜시스 후쿠야마는 이러한 시대를 '역사의 종말'이라고 표현했다. 더 이상 새로운 혁명이 없는 시대, 영속하는 자본주의 시대라는 것이다.

마르크스주의에서 가장 치명적인 사태는 공산주의로 가기 위한 전 단계로 파악한 현실 사회주의 국가인 소련이 붕괴한 것이다. 일부 트로츠키주의자들이 "소련은 사실상 관료자본주의였다"라는 주장을 펼치기도 했지만, 현실의 이러한 실패는 그들에게 감내하기 어려운 고통이었다. 그렇게 20

레닌. 그는 인류 최초로 공산주의 혁명을 성공시켰다.

세기를 관통한 혁명의 시대는 상처와 고통 속에서 썰물처럼 밀려갔다.

그 결과 지금 자본주의를 비판하는 가장 과감한 사람들조차도 공산주의가 그 대안이라고, 자본주의는 필연적으로 붕괴할 것이라고 주장하지 못하게 됐다. 심판으로서의 세계사라는 19세기의 신념은 빛을 잃었다. 그러나 자본주의에 대한 비판으로서 마르크스주의는 아직도 생명력을 유지하고 있다.

과연 그것이 혁명으로 이어질 수 있는지는 전적으로 마르크스주의의 과제지만 말이다.

대안의 세상을 꿈꾸다

역사적으로 마르크스의 특징은 다음과 같이 정리할 수 있다.

① 사회주의 이론화 작업에 근본주의적으로 접근함: 마르크스 자신이 자부하듯 그는 공산주의 이론에 '과학'을 도입해 성과를 거뒀다고 할 수 있다. 당시 등장한 자본주의적 시스템의 정치적 · 경제적 상관관계를 본질적으로 규명하고, 그 약점을 공격해 대체시스템으로 공산주의적 모델을 제시한 것이다. 이런 이론체계에서 벗어나는 모든 이론은 그에 의해 배척됐다. '미신'이 되고, '공상'이 됐다. 이런 근본주의적 방식은 혁명 직전의 세계에서 엄청난 파괴력을 지닐 수 있었다.

② 공산주의적 메시아 역할: 아무리 현실이 부정적이라 해도 뒤집어엎은 뒤의 대안에 대해 믿음이 확실하지 않으면 실패한다. 마르크스는 혁명 세력에게 그 대안이 영구불변하리라는 확신을 주는 데 성공했다. 현존하는 자본주의의 정체와 모순을 샅샅이 해부해냄으로써 그런 신앙이 더욱 강화될 수 있었다. 따라서 마르크스는 그런 시기의 혁명 단계에서는 유효한 메시아로서 존재했다. "우리에겐 마르크스의 이론이

있어! 그가 그린 대안의 세상이 있어!" 그것이 가능했다.

③ 인간의 본성에 대한 환상: 그는 기본적으로 인간이 공산주의적 본성을 가지고 있다고 확신했다. 그러나 그 본성이라는 것이 '조건'에 따라 여러 갈래로 전혀 다르게도 '진화'할 수도 있다는 점을 제대로 보지 못했다. 개인으로서 인간은 일정한 조건이 맞으면 선을 실천할 수도, 악을 선택할 수도 있다. 그러나 집단 속의 인간이라든가, 시스템의 일원인 인간은 이전과 완전히 달라질 수 있다. 인간은 고정불변의 본성을 지닌 생물체가 아닌 것이다. 게다가 그런 시스템의 어디에 위치하느냐에 따라 새로운 계급 관계가 생겨난다면? 이기심의 영역이 생성된다면? 그런 새로운 악의 시스템으로 들어간다면? 그가 본 공산주의적 희망은 환상이었을지 모른다. 적어도 그것을 전 지구적으로 가능하게 하는 조건은 아직 만들어지지 않은 것이 확실하다.

④ 절대주의라는 성곽전적 사고방식: 마르크스의 이론작업은 기본적으로 성을 공격하고 방어하는 식의 '성곽전'이라는 성격을 띤다. 그는 기본적으로 당시 이미 존재하던 '자본주의'의 성을 효과적으로 공격하기 위해 공산주의라는 신무기를 동원한 셈이다. 그러나 세상은 성만으로 이뤄진 것이 아니다. 세상의 땅은 훨씬 넓다. 자본주의는 이런 성곽전적 이론체계와 달리 오히려 '유목형 이동전쟁'의 속도와 다양성, 자기 변신을 채용했다. 이런 적을 따라잡기 위해선 성을 나와야 한다. 그러나 막상 나온다면? 결국 성곽전을 기반으로 한 공산주의 공격군과 유목형 전쟁방식을 채용한 자본주의 방어군의 차이는 시대가 진전될수록 점점 더 벌어지고 말았다.

마르크스 대 무정부주의자

마르크스의 『공산당 선언』은 저 유명한 구호로 끝난다.

"만국의 프롤레타리아여, 단결하라!"(Working men of all countries, unite!)

하지만 정작 공산주의 혁명가들에게 단결은 쉽지 않았다. 1864년에 유럽 공산주의자들이 결성한 첫 국제조직인 제1차 인터내셔널은 마르크스와 무정부주의자인 바쿠닌이 불화한 끝에 결국 10년 만에 해체돼야 했다. 두 사람은 다음과 같은 문제를 놓고 갈라졌다. "자생적인 대중봉기인가? 조직화된 혁명인가?"

제3차 공산주의 인터내셔널을 선전하는 포스터.

마르크스가 공상적 사회주의자라고 비판한 프루동에게 영향을 받은 바쿠닌은 대중들의 자발적인 '자유의지'에 기초를 두고, 자유로운 생산자들의 공동체를 꿈꿨다.

이에 반해 마르크스는 '조직'과 '과학'에 중심을 두었다. 나아가 역사를 이끌어가는 힘은 개인의 의지가 아니라, 사회구조 속에 내재된 체계, 바꿔 말해 '생산 관계'라고 보았다.

특히 '룸펜프롤레타리아'를 놓고 두 사람은 격렬하게 대립했다. 바쿠닌이 룸펜프롤레타리아를 변혁의 중심 주체 중 하나로 본 데 반해, 마르크스는 젊은 시절부터 이들을 '위험한 계급'이라고 보고 매우 냉소적인 태도를 취했다. 한 사람은 대중중심주의인 데 반해, 다른 한 사람은 엘리트 지식인의 역할을 지도적인 것으로 규정한 것이다. 문화적인 취미에서부터 성격에 이르기까지 철저히 대립하던 두 사람은 결국 인터내셔널을 해산하고 각각 제 갈

길을 가기에 이른다.

두 사람 사이에 벌어진 이론적 대립은 역사적으로 일단 마르크스의 승리로 끝나는 듯이 보였다. 마르크스의 '과학적 사고'를 더 조직화하고 대중을 목적의식적으로 지도하는 공산당을 표방한 레닌이 1917년에 러시아 혁명을 성공시킨 것이다. 공산주의자 또는 프롤레타리아의 국제적 연대는 이후에도 제2차, 제3차 인터내셔널의 결성과 붕괴를 거치며 여러 차례 시도되지만 끝내 실패하고 만다. 오히려 그러면 그럴수록 더 많은 분화와 갈래를 만들어냈을 뿐이다.

가장 인간적인 혁명가

20세기가 낳은 혁명게릴라 체 게바라,
죽어서 영원한 전설을 남기다

한 백인 중산층 집안의 소년이 우연히 길에서 만난 친구네 집에 놀러간다. 그리고 충격을 받는다. 친구네는 단칸방에서 무려 일곱 식구가 살고 있었다. 방에는 침대 하나만 달랑 있었다. 겨울인데도 난방을 하지 않는다. 그저 신문지와 넝마 조각으로 몸을 덮어 추위를 막는 시늉을 할 뿐이다. 사람이 그렇게 가난하고 어렵게 살 수 있다니! 소년은 가슴이 아려왔다. 그 뒤 소년은 자주 굶주린 친구들이나 광부의 아이들, 호텔 노동자의 아이들을 자기 집으로 데려왔다. 그리고 먹이고 재웠다. 소년의 집은 가난한 아이들의 해방공간 같은 곳이 돼갔다.

의과대학을 졸업할 나이가 된 소년은 선배 한 명과 함께 500시시 오토바이 한 대로 라틴아메리카를 종단하는 여행에 나선다. 그리하여 조국 아르헨티나를 출발해 칠레, 페루, 볼리비아, 브라질, 콜롬비아를 거쳐 베네수엘라에 이르는 1만 킬로미터를 주파한다. 그들은 자기들이 태어나 살아가고 있는 라틴아메리카의 현실과 역사를 온몸으로 끌어안아보고 싶었다.

아마존의 나환자와 라틴아메리카

1950년대 초, 라틴아메리카는 전통적인 과두 지배 계급의 독재와 미

쿠바와 콩고, 볼리비아에서 인간다운 삶을 위해 투쟁한 에르네스토 체 게바라. 그는 21세기 세계 시민의 가슴에 살아 있다.

국의 제국주의 정책에 짓눌려 고통을 받고 있었다. 지나는 나라마다 민중들은 정치적으로 억눌리고 경제적으로 수탈당하고 있었다. 온 라틴아메리카가 신음하고 있었다. 청년은 이 여행을 통해 라틴아메리카 전체를 하나의 문화공동체로, 하나의 정치공동체로 인식하고 받아들이기 시작한다. 그것만이 라틴아메리카의 문제를 해결하는 첫걸음이라고 확신한다. 이 라틴아메리카 종단여행에서 청년 일행은 운명적인 한 만남을 경험한다. 그 장면을 재구성해보면 다음과 같다.

'아마존 유역에 있는 한 중증 나환자들의 집단 거주지로 찾아 들어간 두 사람은 열심히 환자들을 치료하고 돌봤다. 청년은 나환자 한 명을 설득해 오른쪽 팔꿈치에 생긴 종양을 제거하는 수술을 집도했다. 이 인디오 나환자는 온전한 살점이 거의 남아 있지 않았고 그나마 남은 살들도 계속 나병균에게 야금야금 파 먹혀 들어가고 있었다. 다른 의사들은 이미 가망이 없다는 판정을 내린 뒤였다. 여기저기 곪은 상처로 극심한 통증에 시달리는데다 높은 열까지 겹쳤기 때문이다. 그러나 청년은 포기하지 않고 수술을 감행한다. "아직 신경이 살아 있으니까 수술을 받아야 합니다. ……아무런 조치도 취하지 않으면 이대로 죽고 말아요." ……결국 수술은 성공하고 환자는 죽음의 위기에서 벗어난다. 감동한 나환자들이 청년의 스물네 번째 생일을 축하하는 조촐한 댄스파티를 열어준다. 청년은 댄스파티에 참석한 인디오 처녀들과 각각 스물네 번씩 포옹한다. 그 중에는 나환자인 처녀도 있었다. 인디오들은 나환자일지라도 가족과 헤어지지 않고 함께 살려 했다. 그 때문에 감염되는 사람도 많았지만, 인디오들은 그런 삶을 피하지 않았다. ……청년은 같은 가족이기라도 하듯이 모든 이들을 그대로 끌어안았다.'

에르네스토 체 게바라(Ernesto Ché Guevara), 20세기가 낳은 가장 인간적인 혁명게릴라인 그는 소년 시절과 청년 시절에 그런 특이한 경험을 했다. 놀랍게도 1952년 6월에 아마존 나환자촌에서 겪은 일들은 그 뒤 게바라의 삶을 결정짓는 중대한 모티브로 작동하는 것으로 보인다.

게바라, 그는 그때 나환자들을 끌어안았던 것처럼 라틴아메리카와 라틴아메리카의 민중을 뜨겁게 사랑했다. 오직 수술만이 그 나환자를 구할 수 있다고 확신한 것처럼 라틴아메리카의 불행과 모순은 미국 제국주의와 과두 지배 계급의 독재를 무너뜨려야 해결된다고 결론지었다. 의사 출신의 혁명가 게바라에게 라틴아메리카를 살리는 수술은 바로 무력혁명이었다. 그리고 그 수술의 도구는 게릴라 전술이었다.

혁명가이자 게릴라로서 게바라의 삶은 대략 다음과 같은 네 시기를 거치고 있다.

① 쿠바 혁명에 동참함: 1955~1959년

② 혁명정권의 유능한 행정가이자 게릴라 전술의 이론가로서 활동함: 1959~1965년

③ 혁명 게릴라들의 국제주의 전선을 실험함: 1965~1966년

④ 라틴아메리카 동시혁명을 시도하다가 끝내 좌절함: 1966~1967년

국제주의의 열기 속으로

게바라가 맨 처음 본격적으로 맞닥뜨린 혁명은 쿠바 혁명이다. 그는 1955년에 멕시코에 가서 쿠바 혁명의 지도자 피델 카스트로와 그 동생 라울 카스트로를 만나 혁명의 불길 속으로 뛰어들었다. 게바라는 가난한 사람과 약자에 대해 이상주의적 성향을 보이면서도 그 문제를 해결하는 방법에 대해선 냉철할 정도로 무력투쟁론에 집착했다. 게바라는 오토바이 여행을 함께한 알베르토 그라나도에게 이렇게 말한다.

"무기도 없이 혁명을 이룰 수 있다고? 형은 제 정신이 아닌 모양이군."

또 어머니께 보낸 편지에 이렇게 쓰기도 했다.

"저는 예수와 전혀 다른 길을 걷고 있습니다. 저는 힘이 닿는 한 모든

무기를 동원해 싸울 것입니다. 저들이 나를 십자가에 매달아두게 하지도 않을 것이며, 어머니가 바라시는 방식대로 하지도 않을 것입니다."

이 무력투쟁론에 대해 마이크 곤살레스(글래스고대학 교수) 같은 사람은 게바라가 혁명의 군사적 측면만을 지나치게 강조했다고 비판하기도 한다. 혁명에 필수적인 민중적 지지 기반을 조직하는 정치적 차원을 무시했기 때문에, 결과적으로 자신의 죽음과 볼리비아 혁명의 참담한 실패를 가져왔다고 주장한다. 이런 견해는 부분적으로 설득력이 있지만, 전체 문맥을 꿰뚫는다고 할 수는 없다. 이론이 그렇다면 실제로 라틴아메리카의 어느 혁명가가 그 '정치적 차원'을 동원해 혁명을 성공시켰단 말인가? 칠레의 아옌데가? 브라질의 룰라가? 세상은 그렇게 한 가지 칼로 쉽게 재단할 수 있는 게 아닐지도 모른다. 어쨌든 '체'는 그 시대를 그렇게 살았고, 그럼으로써 지금까지도 '체'로 살아남은 것이다.

게바라가 처음으로 쿠바 혁명에 가담할 당시 카스트로 형제는 멕시코에서 망명생활을 하고 있었다. 쿠바의 바티스타 독재를 타도하기 위해 쿠바 정부군 병영을 습격한, 이른바 '몬카다 병영 습격사건'을 주도한 혐의로 수감됐다가 풀려난 뒤였다. 형제는 동지들을 규합해 다시 쿠바로 들어가 게릴라전으로 바티스타를 전복시킬 계획을 짜고 있었다. 게바라와 카스트로는 첫눈에 서로에게 이끌렸다. 게바라는 몬카다 병영을 공격한 주인공을 처음 본 순간 강한 인상을 받았고, 카스트로는 상대방을 꿰뚫는 듯한 게바라의 솔직한 시선이 마음에 들었다. 그 날 두 사람은 밤을 하얗게 지새우며 많은 대화를 나눴다. 그 뒤 두 사람은 게바라가 죽을 때까지 우정을 이어나간다.

피델 카스트로에게서 쿠바를 공격하는 계획을 들은 게바라는 공격

쿠바에서 게릴라 투쟁을 벌일 무렵에 피델 카스트로(오른쪽)와 함께한 모습.

군의 생도 대표가 되어 군사훈련을 받는다. 당시 쿠바 혁명의 첫 전사들을 훈련시킨 사람은 스페인 내전에서 공화파 장군으로 활약한 알베르토 바요였다. 또한 멕시코 혁명 때 판초 비야와 함께 싸운 사람들도 참여했다. 이처럼 멕시코의 쿠바 공격군 훈련기지는 국제주의의 열기에 휩싸여 있었다. 게바라는 조직력과 규율 등으로 보아 이런 식의 혁명이라면 성공할 수 있다고 처음으로 확신한다. 당시 그는 바요 장군을 주인공으로 다음과 같은 서사시를 짓기도 했다.

가자
새벽을 여는 뜨거운 가슴의 선지자들이여
감춰지고 버려진 오솔길을 따라
그대가 그토록 사랑해 마지않는 인민을 해방시키러.

가자
우리를 치욕에 떨게 했던 자들을 정복하러
분연히 봉기하여 마르티의 별들이 되어

승리를 다짐하며 두려워 말고.

……

토지 개혁, 정의, 빵, 자유를 외치는
그대의 목소리, 사방에 울려 퍼질 때
그대 곁에선 하나 된 목소리로
우리 그곳에 있으리.

……

아무리 험한 불길이 우리의 여정을 가로막아도
단지 우리에겐
아메리카 역사의 한편으로 사라진 게릴라들의 뼈를 감싸줄
쿠바인의 눈물로 지은 수의 한 벌뿐.

가장 매력적이면서도 가장 위험한 인물

멕시코에서 군사훈련을 받은 카스트로의 무장혁명군 82명은 드디어 1956년 11월에 그란마(스페인어로 '할머니'라는 뜻)라는 이름의 하얀색 요트를 타고 쿠바로 출항했다. 그러나 혁명군은 쿠바군의 공격으로 심각한 타격을 입은 채 투쟁을 시작해야 했다. 그란마호가 애초 상륙하려던 곳으로부터 멀리 떨어진 해안에 좌초한데다, 쿠바 정부군에게 발각당하기까지 한 것이다. 상당수 대원이 사살되고 포로로 붙잡혔다.

결국 살아남은 10여 명만이 정글로 들어가 본격적인 게릴라 투쟁을 벌일 수 있었다. 그러나 쿠바 민중들은 독재적인 바티스타 정권 대신

보잘것없는 규모로 시작한 혁명군에게 절대적인 지지를 보낸다. 혁명군은 곳곳에서 잇따라 군사적 승리를 거두면서 세력을 확장해나간다. 이 시기에 게바라는 전투에 참여하는 한편 학교를 만들고, 병원도 세운다. 그리고 《엘 쿠바노 리브레》('해방된 쿠바인'이라는 뜻)라는 지하신문을 만들어 아바나로 반입시키는 임무도 성공적으로 수행해낸다. 결국 혁명군은 1959년에 바티스타 정권을 무너뜨리고 정권을 장악한다.

쿠바 혁명이 성공한 뒤 게바라는 전권대사, 국가토지개혁위원회 위원장, 중앙은행 총재, 산업부 장관 등을 역임하며 혁명정권의 기초를 세워나갔다. 그는 의사이자, 전사였으며, 나아가 탁월한 행정가이기도 했다. 특히 그는 직관력과 학습, 두 가지를 무기로 경제 분야의 주요 현안을 능숙하게 처리했다. 먼저 게바라는 혁명을 완수하는 데 최대 장애물로 부각된 대토지 사유제를 종식시키는 데 박차를 가했다. 당시 이 문제는 온건파와 권력을 나누어 갖는 상황 때문에 도무지 해결책을 내놓을 수 없는 지경에 빠져 있었다. 그러나 그가 거기에 용감하게 칼을 댄 것이다. 이와 함께 여러 개혁 정책을 추진하고 집행하는 데 온힘을 쏟았다.

게바라는 또 미국이 쿠바의 새 정부에 대해 곧 경제봉쇄 등 적대적 정책을 취할 것으로 보고 대책을 마련했다. 그는 먼저 예상할 수 있는 미국의 시나리오를 정확히 분석했다.

① 미국은 쿠바의 주요 수출품인 사탕의 수입을 격감시키거나 중단시킬 것이다.

② 미국은 쿠바에 원유를 공급하는 것도 거부할 것이다.

③ 나아가 미국산 공산품의 쿠바행까지도 막을 것이다.

쿠바가 1962년에 소련의 미사일을 도입하는 사태까지 발생하자 미국의 쿠바에 대한 공세는 훨씬 강도 높게 진행됐다. 게바라는 소련 등 공산권으로부터 활로를 찾아야 한다고 판단했다. 그들과 교역할 수 있는 방안을 확보해야 했다. 미국은 게바라의 기민한 움직임에 당황하며 매우 신경질적인 반응을 보인다. 게바라를 겨냥한 미국의 공세는 더욱 강화됐다. 미국의 시사주간지 《타임》은 이렇게 보도하기도 했다.

"피델 카스트로는 현재 쿠바의 얼굴이자 목소리이며 정신이다. 그 동생 라울 카스트로는 혁명을 위해 뽑은 단검이라 할 수 있다. 그렇다면 게바라는 두뇌이다. 그는 이 삼두마차에서 가장 매력적이면서도 가장 위험한 인물이다. 여자들을 홀리기에 딱 좋은, 우수가 묻어나는 미소를 입가에 흘리면서 체 게바라는 냉정하고도 치밀한 방식으로 쿠바를 이끌고 있다. 놀라운 능력과 지성, 그리고 세련된 유머로서."

바로 이런 요소들이 묘한 화학작용을 일으켜 그를 21세기까지도 가장 인기 있는 혁명가로 부상시켰다. 브라질로부터 프랑스에 이르기까지, 스미르노프 보드카로부터 여성 속옷에까지 그의 얼굴과 이름을 박은 제품은 젊은 세대를 열광시킨다. 시대의 '패션'이 되었다. 이런 식의 도를 지나친 자본주의적 상업화에 게바라의 부인을 비롯한 유가족이 분노하면서 '전쟁' 을 선포하기도 했지만, 게바라는 현대의 우리들에게 그렇다.

쿠바 혁명을 수호하는 다양한 활동과 함께 게바라는 1960년대 초반 동안 각종 연설과 저술 등을 통해 혁명 이론을 체계화시킨다. 그 결과 몇몇 유명한 저작들이 생산된다. 『게릴라전』(1960), 『쿠바의 인간과 사회주의』(1965) 등이 당시 작품들이다.

이렇게 분주하면서도 다양하게 쿠바 혁명을 위해 활동하던 그는 1965년 4월에 갑자기 공석에서 사라진다. 이른바 '당에서의 직책과 장관으로서의 지위, 대장이라는 계급, 그리고 쿠바 시민권을 공식적으로 내놓고' 그가 찾아간 곳은 아프리카의 콩고(옛 자이르)였다. 사회주의 세력과 자본주의 세력이 벌이는 내전에 직접 몸을 던지고 나선 것이다. 그는 쿠바 게릴라 출신의 다른 동료들과 함께 콩고의 좌파 세력인 파트리스 루뭄바 여단의 조직 결성을 지원하는 활동을 벌인다. 그러나 루뭄바의 계승자들이 쿠바인들의 철수를 요구하는 쪽으로 정책을 바꾸는 바람에 결국 큰 성과 없이 이 아프리카 실험을 마감한다.

게바라가 다시 모습을 드러낸 땅은 라틴아메리카의 가난한 나라 볼리비아다. 1966년 가을의 일이었다. 볼리비아는 안데스 산맥과 아마존 강 사이에 자리 잡고 있으며, 그 주위에 페루, 브라질, 파라과이, 아르

게바라의 볼리비아 캠페인이 실패한 지 12년 뒤 다시 게릴라 투쟁을 토대로 니카라과 혁명이 성공한다. 니카라과 혁명을 상징하는 벽그림.

헨티나, 칠레 등이 빙 둘러싸고 있다. 이론적으로 볼리비아는 남아메리카의 한가운데에 위치한다. 따라서 여기서 혁명이 성공하면 주변 국가들로 진출할 기회와 가능성이 훨씬 커진다. 게바라는 그처럼 '볼리비아발 동시혁명'을 꿈꿨다. 다양한 사람들이 그의 꿈에 동참한다. 그리하여 혁명의 첫 장정을 시작한 볼리비아 출신 전사를 비롯해 라틴아메리카 여러 나라, 그리고 유럽인까지 포함한 국제 게릴라 부대가 탄생한다. 여기에는 나중에 프랑스 미테랑 정권 때 장관급의 고위 관료로 입각한 레지스 드브레도 들어 있었다.

그러나 게바라의 이 '볼리비아 캠페인'은 실패하고 만다. 게릴라 부대는 쿠바와 달리 볼리비아의 노조와 좌파 정치권으로부터 차단돼 있었다. 볼리비아의 민중들에게 다가갈 통로도 확보돼 있지 않았다. 쿠바와는 너무나 달랐다. 반대로 볼리비아의 군부 세력은 이미 쿠바 혁명으로부터 많은 것을 배우고 있었다. 무엇보다 미국 특수부대의 지도와 지원으로 게릴라 대항작전에서 쿠바의 바티스타군보다 효율적으로 대처하고 있었다. 이런 불리한 조건에서 고군분투하던 게바라 여단은 1967년 10월에 볼리비아 특수군에게 포위된다. 결국 부대는 괴멸되는 피해를 입고, 게바라 자신도 부상당한 채 붙잡힌다. 볼리비아군은 곧바로 그를 처형해버린다.

볼리비아군에게 처형되기 15년 전, 게바라가 아마존 나환자촌을 떠나기 전 날로 돌아가 보자. 나환자촌의 인디오들이 작별인사를 하겠다며 조그만 악대를 하나 꾸려 가지고 그를 찾아왔다. 게바라는 기억한다.

"아코디언을 타는 사람은 오른손에 손가락이 하나도 없어요. 다 없어진 거지요. 별 수 없이 손목에 대나무를 이어놓았더군요. 그 대나무 손으로 연주를 하는 거예요. 노래를 맡은 가수는 장님이고요. 다른 이들도 비슷해요. 이 지방 나병의 특징인 신경계 이상에 따라 모두 비정상적인 모습들을 하고 있어요. 그런 이들이 호롱불에 의지해 연주를 이어가는 것이지요. ……아마 제 인생에서 이보다 더 소중한 추억은 없을 거예요."

게바라는 죽어가며 마지막으로 이 나환자촌의 인디오들을, 그들이 선물한 선율을 떠올렸을까? 그는 죽어서도 '전설'이 됐다.

"나는 해방자가 아니란다"

"나는 해방자가 아니란다. '해방자' 란 어디에도 존재하지 않아. 민중을 해방시키는 건 그들 자신이란다." (1959년 쿠바 혁명에 성공한 뒤 한 소년 전사와 이야기를 나누며)

"2년이 걸린다는 그 계획이 완성되기도 전에 시에라의 아이들은 영양 실조로 굶어 죽고 말 것이오. 이건 의사로서 자신 있게 하는 말입니다. 그 사람들을 너무 오래 기다리게 하는 일입니다."(혁명 초기에 온건파 행정관료들이 제시한 프로그램을 비판하며)

"그것(임금을 노동생산성과 상품의 질을 향상시키는 수단으로 사용하는 것)은 자본주의적 자극제이다. 이 자극제를 새로운 인간으로 탄생할 수 있는 윤리적 자극제로 대체해야 한다."(프랑스의 좌파 철학자이자 경제학자인 샤를 베틀랭과 토론하며)

"학문에 취미가 없다면 손을 쓰는 일을 해야 한다. 야채밭에서 일을 해라!"(게릴라 출신으로 행정부에서 일하게 된 부하들을 교육하면서 징벌 조치를 내리며)

"우리의 유일한 자본은 자신의 권리를 깨닫고 있는 무장한 민중입니다. 우리는 이 자본으로 우리의 토지개혁을 실행할 것이며, 그 힘을 심화시킨 추진력으로 산업화의 길에 진입할 것입니다. ……

제국주의자들은 자신들의 세력을 확장하기 위해선 우리를 분열시켜야 한다는 사실을 알고 있습니다. 그래서 우리 라틴아메리카 나라들을 각각 커피, 구리, 석유, 주석, 사탕수수 생산국으로 나눠 놓은 것입니다. 우리는 결국 시장을 쟁취하기 위해 스스로를 파멸시킬 더 낮은 가격으로 한정 없이 경쟁하고 있습니다. 우리는 하나로 뭉쳐야 합니다!"(1960년 교육시의 건설에 참여한 국제여단을 치하하는 연설에서)

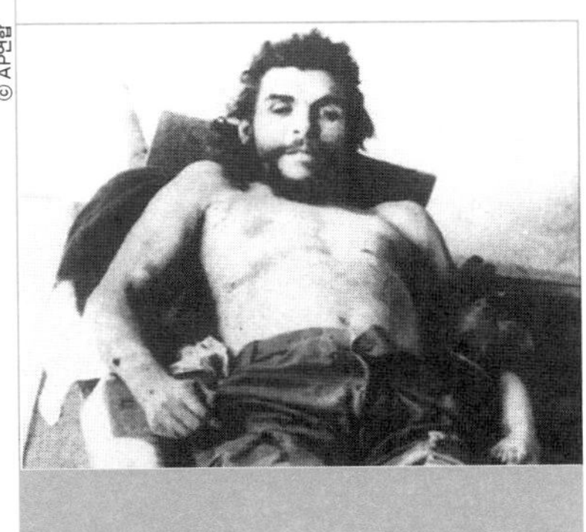

볼리비아군에 처형당한 게바라의 모습. 1967년 10월의 일이다.

"가난한 나라의 인민들이 피와 땀이 마르도록 생산한 1차 상품을 국제 시장 가격으로 팔고, 최신식으로 자동화된 거대한 공장들이 생산한 기계들을 국제 시장 가격으로 사는 일을 과연 호혜주의라고 할 수 있습니까? …… 어떤 점에서는 사회주의 국가들도 제국주의적 착취에 일조하고 있다고 결론을 내려야 할 것입니다."(1965년 2월에 알제리에서 열린 제2차 아시아-아프리카 세미나에서)

"너희들이 이 편지를 읽게 될 즈음엔 나는 너희들과 함께 있지 못할 게다. 너희들은 더 이상 나를 기억하지 못할 거고, 어린 꼬마들은 이내 나를 잊어버릴지도 모른다. 그러나 아버지는 소신껏 행동했으며, 내 자신의 신념에 충실했단다. 아버지는 너희들이 훌륭한 혁명가로 자라기를 바란다. ……이 세상 어디에선가 누군가에게 행해질 모든 불의를 깨달을 수 있는 능력을 키우면 좋겠구나. 그리고 혁명이 왜 중요한지, 그리고 우리 각자가 그것을 외따로 받아들이는 것은 아무런 가치도 없다는 점을 늘 기억해주기 바란다."(1965년 4월에 무장혁명을 위해 콩고로 떠나며 자녀들에게 남긴 편지에서)

– 체 게바라의 어록 가운데서

인류 최고의 경영자들

예수, 유대교를 넘어 세계 종교로 **사회적 약자들을 파격적으로 끌어안고 모든 계급이 참여하는 그리스도교의 길을 열다**

손자, 21세기 비즈니스맨 **전 세계 경영자들의 마음을 사로잡은 병법가, 그의 신화가 세상을 흔들고 있다**

제갈량, 동방 최고의 지략가 **세상을 놀라게 한 천재 전략가, 한 치의 영토도 없던 유비를 황제의 자리에 오르게 하다**

예수, 유대교를 넘어 세계 종교로

사회적 약자들을 파격적으로 끌어안고
모든 계급이 참여하는 그리스도교의 길을 열다

그가 나신 곳은 이름 없는 한 벽촌
그의 어머니는 보잘것없는 시골 여인
그는 나이 삼십에 이르기까지 여전히 이름 없는 비천한 목수
……
그에겐 한 권의 저서도 없으며
그에겐 아무런 지위도 없으며
그에겐 따뜻한 가정도 없으며
그에겐 큰 도시에서 닦은 학문도 없으며
그에겐 큰 도시의 견문조차도 없어
그의 여행은 기껏 400킬로미터도 못 되는 거리
……
진실로 그에겐 세상의 이른바 위대하다는 것이라곤 아무 것도 없이
그가 내어놓을 수 있는 이력서는 오직 그 자신의 한 몸뿐
그 자신의 삶은 또한 이토록 비참한 것
삼 년 동안 전도하며 사랑을 실천한 끝에
그에게 돌아온 것은 오히려 무리들의 배척
제자들의 배신과 부인

예수는 세계 종교의 창시자 가운데 거의 유일하게 순교한 경우에 해당된다고 할 수 있다. 영화 〈패션 오브 크라이스트〉의 한 장면.

……

그러나 그 후 이천 년이 흘러간 오늘

그는 당당히 인류의 역사를 이끌어온 중심인물.

오늘날 대략 18억~20억의 인류가 적극적으로나 소극적으로 그리스도교를 믿는 것으로 추산된다. 현 인류의 3분의 1 정도가 신자라는 계산이 나오는 셈이다. 그 신자들이 2000년 역사를 통해 인류에게 부정적 영향을 끼친 것도 많겠지만, 확실히 그리스도교는 인류 문명에 가장 크고 깊은 영향을 끼친 요소 가운데 하나임에 틀림없다. 깊은 강도 작은 물줄기 하나에서 시작되듯, 그리스도교의 시원을 이루는 예수의 존재도 역사적으로 매우 작고 미약했다고 볼 수 있다.

예수는 기원전 4년쯤 로마제국에 정복돼 있던 유대의 베들레헴('빵 마을'이라는 뜻을 지니고 있음)에서 마리아와 약혼자인 목수 요셉 사이에서 태어났다. 그의 생애는 대부분 『신약성서』의 4복음서인 「마태복음」, 「마가복음」, 「누가복음」, 「요한복음」에 기록돼 전해지고 있다. 「마태복음」에 따르면, 그의 족보는 유대인 최초로 통일국가를 세운 다윗 왕을 비롯해 멀리는 이른바 '믿음의 조상' 격인 아브라함에까지 거슬러 올라간다. 그러나 어머니와 아버지(혹은 '양아버지')는 당시 모두 '일반 대중'인 '암 하아레츠'(Am ha'aretz)에 속하는 사람들이었다. 예수에게는 야고보, 요셉, 유다, 시몬이라는 네 명의 형제와 적어도 두 명의 누이가 있었다고 전해진다.(예수가 다윗의 자손이라는 논지는 사실상 그 어머니 마리아가 '성령'에 의해 잉태했다는 기술과 조응되지 않는 성격을 지닌다. 성령에서 비롯된 존재와 다윗 사이의 혈연적 연관성이 증명되지 않기 때문이다.)

예수는 서른 살쯤 됐을 때, 세례자 요한에 의해 요단 강에서 세례(정확하게는 온몸을 물에 담가 의식을 치르는 '침례'가 맞음)를 받았다. 당시 예수는 서른 살이며 결혼을 하지 않은 상태로 묘사되지만, 학자들은 그 나이라면 오늘날의 마흔다섯 살 정도에 해당한다고 추정한다. 그만큼 성숙된 인간으로서 공생애(公生涯)를 시작한 셈이다. 이 요한의 세례는 당시 일반적인 유대인의 율법에 비해 대단히 파격적이고 진보한 형태로 해석되곤 한다. 당시 유대인은 율법에 따라 개종자에게 세례를 시행했으나, 그 의미가 요한의 방식처럼 영혼의 구제라는 측면까지는 없었다. 요한은 유대인들의 관습과 달리 공개된 장소에서, 세례자의 손으로 세례를 줌으로써 죄를 고백하고 회개하는 경지로 승화시켰다.(그리스도교에서는 뒤에 이런 물의 세례가 다시 예수에 의해 불의 세례로 좀더 진보한다는 교리를 취한다.)

요한에게 세례를 받은 뒤 예수는 갈릴리에서 하느님의 나라가 올 것임을 선포하고 병든 자를 고치기 시작했다. 첫 선교 지역이 갈릴리라는 것은 매우 깊은 의미를 지닌다. 갈릴리는 알렉산더 대왕이 벌인 동방원정의 영향으로 예수가 살았을 당시 유대인과 함께 그리스계 주민들도 상당히 많이 살고 있었다. 또한 로마가 셋으로 나눠진 이스라엘 봉국 가운데 한 군데를 속주로 삼고, 나머지 두 봉국에도 막강한 영향력을 행사하는 등 로마화가 급속도로 진행되는 실정이었다.

이에 따라 갈릴리에는 제우스 신전이 있는가 하면 목양신 판의 신전이나 로마 초대 황제 아우구스투스의 기념묘가 건립되는 등 로마의 신앙과 유대인의 야훼 신앙이 뒤섞여 있었다. 이 때문에 유대의 완고한 종교엘리트 집단이라 할 수 있는 사두개인들은 "갈릴리에

예루살렘에 어린 나귀를 타고 입성하는 예수. 사람들이 '복되시다. 주의 이름으로 오시는 임금님!' 이라고 외치고 있다.

서 무슨 선지자가 나오겠는가?"라면서 비웃고 경멸했다. 예수는 바로 그곳에서 포교를 시작한 것이다. 그리고 이곳에서 어부인 베드로 형제에게 '사람 낚는 어부'가 될 것을 설득해 첫 제자로 삼았다.

"회개하여라. 하느님의 나라가 가까이 왔다."

곧 그의 주변에는 '오클로스'(Ochelos)인 민중들이 몰려들어 따르게 된다. 예수는 이처럼 갈릴리 지역을 두루 다니면서 이들 오클로스에게 새롭게 해석되는 하느님을 전파했다. 새로운 개념의 심판과 자비 그리고 사랑 등에 대해 설교했다.

이 시기에 그가 취한 선교방식에는 다음과 같은 특징이 발견된다.

① 쉬운 말로 설교했다: 그의 이론은 깊었으나 그 표현은 매우 단순하고 이해하기 쉬웠다. 가장 교훈적이면서도 가장 재미있는 방식을 개발해낸 것이다. 하늘을 나는 새와 포도원의 일꾼을 비롯해 당시 주변에 흔하게 있는 것들의 예화와 비유로 포장되어 사람들의 가슴으로 다가갔다. 그런 설교방식으로 그는 바리새인 등 율법학자들의 기존 엘리트주의에 대항했다.

② 기적을 바로 눈앞에서 연속적으로 보여줬다: 그처럼 짧은 시기에 그토록 많은 기적을 행한 선지자는 예수가 태어나기 이전 시기까지 통틀어도 발견하기 어렵다. 이런 지속적인 학습법으로 그는 짧은 시기에 가장 폭넓은 민중들을 끌어모을 수 있었다.

③ 무엇보다 그는 '치유하는 자'였다: 가장 고통받고 어려운 이들을 치유하는 것으로 사람들의 마음을 움직였다. 앉은뱅이를 비롯해, 혈우병 환자, 정신병자 심지어 죽은 자까지 그의 이른바 '치유 은총'을 받았다. 그들에게는 그것이 가장 필요했을 것이다.

④ 세상에서 가장 버림받은 자들을 끌어안았다: 그가 기적을 보이거

나 설교의 대상으로 삼은 사람들은 어느 의미에선 당시 세상의 관습법 아래에서 가장 멸시받는 사람들이었다. 보통 돌로 쳐죽이는 처벌을 무시로 당하던 '간음한 여인', 로마에 빌붙어 동족의 피를 빨아먹는 자로 낙인 찍힌 '세리'(세금징수인), 북이스라엘이 아시리아에 의해 멸망된 뒤 강압적 혼혈정책으로 피가 더러워졌다고 경멸받는 '사마리아인', 정복자이지만 이방의 잡신을 섬기는 것으로 간주되는 '로마군 백인대장' 등을 보라!

⑤ 새롭고도 강력한 포교방식을 창안해냈다: 추종자들이 늘어가자 예수는 설교와 사역 활동을 더 폭넓게 펼치기 위해 제자 12명을 두었다. 나중엔 다시 70명을 더 두어 각처에 보낸다. 이 방식은 예수 사후 현재까지 가장 효율적이고 강력한 포교 수단으로 전승돼 내려온다.

'자기'의 성채를 과감히 부숴

예수는 당시 종교 지도자들의 잘못된 점을 비판했다. 그러한 비판을 통해 그는 신의 본질과 참된 신앙의 상을 새롭게 부각시키려 했다.

유대인 대중들에게 예수(가운데 상의가 벗겨진 인물)를 어떻게 처리할 것인지를 묻는 로마 총독 빌라도(흰 토가를 입은 인물).

반면에 종교 지도자와 율법학자 등 정통 유대교도들은 예수가 안식일을 지키지 않는다는 등 기존의 율법체계나 관습을 들어 공격하려 했다. 『신약성서』는 예수가 기존의 유대교 이론 집단인 바리새인이나 사두개인과 벌인 이러한 이론투쟁에서 여러 차례 승리하는 과정을 보여준다.

어쨌든 예수를 추종하는 민중들이 갈릴리 지역을 넘어 예루살렘까지 크게 늘어나면서 유대교 최고 지도부와 로마의 점령 세력은 위협을 느끼기 시작한다. 당시 팔레스타인 지역에서는 로마 제국의 지배로부터 벗어나려는 무장봉기가 간헐적으로 벌어지고, 열심당처럼 봉기를 일으키려는 비밀결사들도 다각도로 활동하고 있었다. 또한 로마가 이 땅을 점령하고 통치하는 것에 말없이 굴종하고 있는 것처럼 보이는 율법주의자 세력도 조건만 되면 반로마 봉기를 일으킬 가능성이 높았다. 결국 유대교 지도 세력과 로마의 점령 세력은 예루살렘에 입성해 설교와 사역 그리고 활발한 토론 활동을 벌이던 예수를 체포한다. 그리고 '로마 제국 식민지의 정치범'이라는 죄명으로 저 악명 높은 십자가형을 가해 숨지게 한다.

그러나 예수의 영향력은 그가 죽은 뒤 다시 부활했다는 소문과 제자들이 다시 불붙인 포교 활동 등으로 더 광범한 차원에서 더 강도 높게 확산되기 시작한다. 그리스도교가 인류 역사의 새로운 주인공으로 무대의 전면에 등장한 것이다.

겨우 3년 남짓한 짧은 공생애에 예수는 어떻게 이렇게 큰일을 이룩할 수 있었는가? 종교의 관점에서 분석해보자.

① 유대교의 자기중심주의를 뛰어넘는 이타주의를 펼쳤다.

② 유대교의 계급적 제한성을 극복해 당시 다수파인 사회적 약자의

마음을 얻었다.

③ 기존의 율법을 뛰어넘는 자비(또는 사랑)의 존재를 최고 가치로 승화시켰다.

④ 이런 성과를 바탕으로 이방인을 대상으로 대대적인 포교의 길을 열고, 그리스도교를 세계 종교로 만들었다.

우선 예수가 실천한 이타주의의 성격부터 살펴보자. 이전까지의 종교는 '자기'라는 성채에 굳게 갇혀 있었다. 특히 모세의 율법으로 상징되는 유대교는 강력한 부권을 바탕으로 원시적 공동체주의의 가치를 밀어내고 개인 중심의 '사유화'와 인간 상호간의 '계약'을 절대화해왔다.

'도둑질하지 말라. ……네 이웃의 재물을 탐내지 말라.' (십계명 중에서)

'불이 나서 남의 낟가리나 거두지 않은 곡식 또는 밭을 태웠으면, 불을 놓은 사람은 그것을 반드시 물어줘야 한다.' (모세가 하느님으로부터 받아와 전했다는 '배상에 관한 법' 중에서)

이런 모세의 율법을 수천 년 동안 자구대로만 고수해온 결과 예수 시대에 이르면 숱한 문제점이 드러난다. "그들(율법학자와 바리새파 사람들)은 지기 힘든 무거운 짐을 묶어서 남의 어깨에 지우지만, 자기들은 그 짐을 나르는 데 손가락 하나도 꼼짝하려 하지 않는다." 그렇게 하더라도 율법상으로는 죄를 짓지 않는 것으로 치부되는 사회에서 무엇을 더 기대할 것인가? 오죽했으면 성서에 '과부와 고아'에 대한 이야기가 그리도 여러 번 나왔겠는가?

둘째, 계급적 제한성의 해방 역시 대단히 주목할 만하다. 당시 유대교의 이른바 '정결제도'는 사람들을 엄격하게 차별하고 있었다. 예수는 이런 편견을 깨고 사회적 약자를 과감하게 포용했다. 예수는 사회로부터 냉대받고 배척받는 사람들을 파격적으로 끌어안음으로써 모든 계급이 참여하는 새로운 종교, 그리스도교의 길을 열었다.

인간의 형태를 하고 나타난 신

셋째, 예수는 율법보다 사람이 새로운 종교의 중심으로 자리 잡아야 한다고 설법했다. 대표적인 것이 안식일 논쟁이다. 그에겐 안식일을 지켜야 한다는 십계명의 율법조차도 '사람'을 위한 것이 아니면 의미가 없었다. '안식일이 사람을 위해 생긴 것이지, 사람이 안식일을 위해 생긴 게 아니다'(「마가복음」 2장 27절). 나아가 건강 상태, 사회적 지위, 인종, 종교 등에 따라 누가 의로우냐 거룩하냐 깨끗하냐 바르냐를 가르던 세계에서 과감히 탈피했다. 그런 차별과 장벽은 완전히 거부한다. 그 대신 새로운 판단 기준을 제시한다. '주렸을 때에 먹을 것을 주고, 나그네 되었을 때 영접하고, 헐벗었을 때 입을 것을 주고, 병들었을 때 돌보아주고, 감옥에 갇혔을 때 찾아주라.' '서로 사랑하여라. 내가 너희를 사랑한 것 같이, 너희도 서로 사랑하여라.'

엘 그레코가 그린 베드로(왼쪽)와 바울(오른쪽). 이들은 예수 이후 그리스도교가 발전하는 데 결정적으로 기여한다.

마지막으로 이런 교리상의 발전을 바탕으로 그리스도교는 유대인이라는 한계를 넘어 이방인 세계로 빠르게 확산돼나간다. 원래 『구약성서』에 따르면 신은 아브라함과 이삭 그리고 야곱의 하느님으로서 나타난다. 그리고 모세와 여호수아를 통해서 이스라엘 사람들을 이끌고, 선지자들을 통해서 말하는 존재였다. 따라서 이런 틀에서 신과 계약을 맺은 민족은 이스라엘 민족만이 유일했다. 구원 역시 이스라엘 민족만의 구원이었다. 그런데 예수에 의해서 이러한 기존의 '이스라엘 민족'이라는 틀이 외부로 확장된다. 고난을 받는 자, 눈물을 흘리는 자, 경멸받는 자에게 민족의 구분도 국경도 사라진 것이다. 인간을 그 밑뿌리부터 말려버리기 일쑤인 율법으로부터 해방시키고, 용서하고 위로하는 메시지를 전달하는 놀라운 종교가 열린 것이다. 그것은 새로운 복음이었다.

한편 뒤에 이뤄진 예수를 신으로 승격시키는 교리상의 발전도 그리스도교가 확산되는 데 크게 영향을 미친다. 그가 죽은 뒤 예수의 제자들은 예수가 신의 일면을 보여줬다는 믿음을 포기할 수 없었다. 그에 따라 예수에게 기도를 드리는 일이 시작됐다. 결국 예수를 신으로 추앙하기로 결정하게 된다. 거의 300여 년이 지난 4세기의 일이다. 예수를 성육신(Incarnation)으로 파악하는 교리는 325년에 니케아 공의회(주교회의)를 거쳐, 성부와 성자, 성령이 하나의 하느님이라는 '삼위일체설'을 공식화한 381년의 '니케아 신조'로 발전한다. 비교종교학 분야에서 많은 베스트셀러를 낸 카렌 암스트롱은 '인간의 형태를 하고 나타난 신'이라는 교리가 그리스도교뿐만 아니라 불교, 힌두교에서도 발전했으며, 이런 교리를 통해 각 종교들이 활력을 유지하고 발전시킬 수 있다고 파악한다.

자신을 닮은 신만을 따르고 좋아하는 인간의 마음, 예수는 그 정점에서 인류를 유혹한 것인가?

야후(www.yahoo.com)에서 'jesus'를 치면 약 3950만 개의 예수 관련 사이트가 나온다. 이 가운데 경영 관련 사이트는 아직 소수이긴 하지만 계속 늘어나는 추세다. 현대에 들어와 예수의 성공을 경영적 관점에서 분석하고 그 강점을 전수하려는 노력이 활발하게 벌어지고 있기 때문이다.

로리 베스 존스는 『최고경영자 예수』라는 책에서 자아 극복과 행동 그리고 인간관계 형성이라는 세 개 분야에서 예수가 보인 강점을 분석하고 있다. 이 책에 제시된 84가지의 강점 가운데 설득력이 있거나 눈길을 끄는 것들을 정리해 소개해본다.

① 자신의 사명에 충실했다: 예수는 자신의 사명이 인간들에게 더 나은 인생 행로를 가르치는 것이라고 선언했다. 그리고 자신을 교사이자 치유자로 보았다. 이 때문에 그는 '광야의 시험'에서 제시받은 몇 차례의 '사업 기회'를 단호히 거부했다. 자신의 사명과 맞지 않았기 때문이다.

② 자신의 에너지를 절제했다: 예수는 어떤 여인이 군중 사이에서 자신의 옷에 손을 대자 바로 돌아서서 "누가 내 옷에 손을 대었느냐?"고 물었다. 그 정도로 자신의 에너지를 잘 알았다. 그는 사명을 확실히 알았기 때문에 불필요한 에너지가 빠져나가는 것을 피할 수 있었다. 그는 제자들에게 자신을 추종하도록 애걸하지 않았으며, 그들을 조종하기 위해 에너지를 낭비하지도 않았다. 자신의 일을 소홀히 하면서 다른 사람의 일에 참견할 때 자신의 에너지가 새어나가는 것이다.

③ '감사합니다'라고 말씀했다: 죽은 나자로에게 일어나라고 명하기 바로 전에 예수는 '항상 자신의 기도를 듣고 응답해주시는 하느님'께 감사했다. 감사하는 마음은 열린 마음, 경청하는 마음, 신앙으로 충만한 마음을 의미하기에 리더십의 핵심 요소다.

④ 남을 정죄하는 데 시간을 허비하지 않았다: 그는 남을 정죄하

는 것도 막대한 에너지가 새어나가는 일로 간주했다. '이 몹쓸 종아, 나는 바로 네 입에서 나온 말로 너를 벌주겠다.' '그러나 내가 너희를 아버지께 고발하리라고 생각하지는 말라.' 자신의 진취적인 활동에 지속적으로 마음을 쏟아야 한다.

⑤ 모든 것을 살아 있는 것으로 보았다: 예수는 모든 것을 살아 있는 것, 가능성으로 가득 찬 존재로 보았다. 죄인들이란 다만 화음을 이루며 노래하는 법을 배우지 못한 사람들일 뿐이다.

로마 권력과 하느님의 나라를 충돌시키려는 교묘한 음모에 대해 예수는 '카이사르의 것은 카이사르에게'라는 말로 절묘하게 좌절시킨다. 당시 로마 황제 티베리우스가 새겨진 로마 은화.

⑥ 팀을 이루었다: 그는 일단 본격적으로 일을 시작할 때 지체하지 않고 팀을 결성했다. 예수는 '나를 따르라'고 외쳤고, 그들은 주저하지 않고 따랐다.

⑦ 여성들에게 권한과 능력을 부여했다: 예수는 부활한 뒤 가장 먼저 여성들 앞에 나타났다. 이로써 그 여성들의 사명은 의심이 많은 남성 제자들에게 가서 예수의 부활을 확신시키는 것이 되었다. 부활한 뒤 예수는 제자들과 함께 엠마오로 걸어가면서 많은 시간을 보냈지만 제자들은 그를 알아보지 못했다. 그러나 마리아는 거의 즉시 예수를 알아보았다. 하느님도 적당한 시기까지 비밀을 지킬 수 있는 처녀인 마리아에게 최초로 엄청난 계획을 말했다.

손자, 21세기 비즈니스맨

전 세계 경영자들의 마음을 사로잡은 병법가,
그의 신화가 세상을 흔들고 있다

춘추전국시대에 중국 대륙에선 제자백가들의 토론과 저술, 유세 등으로 사상의 대폭발이 거듭됐다. 유가(儒家), 도가(道家), 음양가(陰陽家), 법가(法家), 명가(名家), 묵가(墨家), 종횡가(縱橫家), 잡가(雜家), 농가(農家)……. 후세에 모두 189개로 분류되는 이 사상가 집단은 저마다 천지의 도와 인간의 본질 그리고 치세와 천하통일을 위한 방략을 둘러싸고 치열한 경쟁을 벌였다. 그로부터 2500여 년이 흘렀다.

천하를 주름잡던 제가백가들은 어떻게 되었을까? 어느 문파가 끝까지 살아남았을까? 과연 21세기에 이르러 마지막 승자는 누구라고 할 수 있을까?

진나라 시황제의 천하통일로 최초의 패자임을 자랑하던 법가는 진나라에 이어 통일천하를 장악한 한나라가 유가를 국가의 기본 이념으로 삼으면서 역사의 전면에서 후퇴해야 했다. 그 유가조차 지금은 국가의 지도이념이라는 지위에서 내려와 그저 개인의 처세나 인생관의 토대로나 작용할 뿐이다. 물론 법가나 유가의 사상은 그것을 받아들이는 사람 개개인에게 아직도 큰 영향을 미치겠지만, 조직과 집단을 관통하는 이데올로기의 수준에서는 이미 오래전에 후퇴했다.

여기 한 사상가가 있다. 그는 무엇보다 유가, 도가 등 형이상학적 우주관이 주류를 이루다시피 하던 춘추시대에 국가사회가 그 물적 토대를 이루는 자원 면에서 기본적으로 제한받는다는 명제를 꿰뚫어보았다.

"전쟁은 국가의 대사로서 백성들의 생사와 국가의 존망이 걸려 있어 신중하게 살피지 않을 수 없다. ……무릇 군대를 운용할 때는 마차 1천 대, 군수품 수송용 마차 1천 대, 무장병 10만 명으로 구성된다. 1천 리나 되는 곳에 군량을 보내려면 안팎의 경비와 빈객들의 접대비, 군수물자의 조달과 차량과 병기의 보충 등을 위해 1일 1천 금을 써야 10만 군대를 일으킬 수 있다. 전쟁에서 이길지라도 오래 끌면 병사들이 지쳐 전력이 약화된다. ……그러므로 전쟁은 서툴더라도 빠르게 끝내야 하며, 오래 끌면 안 된다. 전쟁을 오래 끌어서 국가에 이익이 된 적은 여태껏 한 번도 없었다."

이 대전제 아래 그는 전쟁을 이기기 위한 기술, 곧 병법을 시계(始計), 작전(作戰), 모공(謀攻), 군형(軍形), 병세(兵勢), 허실(虛實), 군쟁(軍爭), 구변(九變), 행군(行軍), 지형(地形), 구지(九地), 화공(火攻), 용간(用間) 13편으로 나누고 한 권의 책으로 묶어 세상에 전했다. 바로 『손자병법』이다. 제가백가 가운데 21세기 들어 사라져가는 다른 문파를 압도하면서 오히려 더욱 각광을 받는 문파가 바로 손자를 시조로 둔 병가이다.

ⓒ 정광석

전쟁에 이기기 위한 기술을 책으로 펴낸 손자.

그러나 병가가 부활하게 된 배경은 슬프도록 역설적이다. 아직도 세상 곳곳에서 여전히 전쟁이 계속되고 있고, 전쟁을 이기려는 사람들의 경쟁이 무제한으로 요동치고 있기 때문이다. 이 처절한 현실 때문에 지금도 웨스트포인트로부터 화랑대에 이르기까지, 블라디보스토크로부터 케이프타운에 이르기까지 전 세계 거의 모든 나라의 사관학교에서 손자의 병법이 어김없이 강의되고 있다.

손자의 저술은 간결하면서도 강력하다. 그에 따라 후세의 숱한 사람들이 그 요체를 좀더 정확히 자기 시대에 맞게 적용하기 위해 연구하고 주석을 붙였다. 중국 삼국시대의 조조도 이 『손자병법』에 주석을 달았다. 이른바 '위무(魏武: 조조)의 주석'이 그것이다. 『손자병법』의 강점은 무엇보다 기본을 잘 이해하고, 그 기본의 엄중함을 직시한 전략을 세운다는 데 있다. 한 예를 들어보자. 사람들이 가장 많이 알고 있고 인용하는 손자의 병법은 '적을 알고 나를 알면 백 번 싸워도 위태롭지 않다.'(知彼知己 百戰不殆)라는 말이다. 원문은 이러한데 세상에는 대략 세 종류의 변형된 형태로 알려져 있다.

① 백전백승(百戰百勝)

② 백전불패(百戰不敗)

③ 백전불태(百戰不殆)

바로 이 세 가지가 『손자병법』을 이해하는 수준과 그대로 일치한다. 손자에 따르면 '백전백승'은 이 가운데 가장 하책(下策)이다. 기본적으로 손자에게는 전쟁 자체가 하책이다. 싸우지 않고 적을 굴복시키는 것이 상책(上策)이다. 백전을 벌인다는 것 자체가 죽는 길이다. 10만 병력을 일으키는 데 필요한 병력과 물자를 100번을 투입해야 한다. 설사 그렇게 해서 전쟁을 모두 이기더라도 자신도 엄청난 피해를 입을

손자가 오나라 왕의 후궁에 있는 미녀 180명을 동원해 군사훈련을 하는 장면의 상상도(왼쪽)와 손자의 동상(오른쪽).

것이 틀림없다. 지쳐버린 승자는 제3의 강자에게 손쉬운 먹이가 될 뿐이다. 백전불패는 이기려 기를 쓰지 않는다는 점에서 백전백승보다 훨씬 낫다. 그러나 전쟁 자체를 피하지 않는다는 치명적인 약점은 마찬가지다. 따라서 세 가지 가운데 가장 상책은 백전불태다. 위험하면 전쟁 자체도 피해버리는 정신과 자세를 담고 있기 때문이다. 사마천의 『사기』 중 「손자 · 오기열전」, 「오자서열전」 등을 종합하면 손자는 대략 다음과 같은 인물로 묘사할 수 있다.

'손자는 본명이 손무이다. 제나라 사람으로 병법이 뛰어나 오자서의 추천으로 오나라 왕 합려의 장군이 됐다. 손무는 합려가 왕위에 오른 지 3년째 되던 해에 오자서 등과 함께 초나라를 쳐서 서라는 지역을 빼앗고, 예전에 초나라에 투항한 두 공자를 사로잡는 승리를 거둔다. 합려는 승세를 몰아 초나라의 수도 영까지 쳐들어가려 했으나 손무가 만류했다.

"백성들이 지쳐 있으니 지금은 때가 아닙니다. 잠시 기다리십시오."

합려 4년, 오나라는 다시 초나라를 공격해 육과 잠 땅을 차지하고,

이듬해에 월나라도 공격해 승리했다. 합려 6년에는 초나라가 오나라에 쳐들어왔으나, 오자서가 나가 예장에서 초나라 군대를 크게 무찌르고 초나라의 거소까지 빼앗았다.

합려 9년, 오나라 왕이 오자서와 손무에게 물었다.

"앞서 그대들은 초나라의 수도 영을 칠 때가 아니라고 했는데 지금은 어떻소?"

두 사람은 이렇게 대답했다.

"초나라 장군 자상은 탐욕스러워 속국인 당나라와 채나라가 원한을 품고 있습니다. 왕께서 대대적으로 초나라를 치려면 반드시 당나라와 채나라를 우리 편으로 끌어들이십시오."

합려는 이 조언을 좇아 군사를 모두 동원해 당, 채 두 나라와 힘을 합쳐 초나라를 공격했다. 승기를 잡은 오나라는 다섯 차례나 접전을 벌인 끝에 마침내 초나라의 수도 영을 함락시켰다. 오나라는 이처럼 오자서와 손무의 계책을 받아들여 서쪽으로는 강한 초나라를 깨뜨리고, 북쪽으로는 제나라와 진나라를 눌렀으며, 남쪽으로는 월나라를 복종시켰다.'

『손자병법』, 일본 경영자 추천 도서 1위

『사기』에 따르면 손무는 여기까지만 나온다. 오나라의 왕권을 합려의 아들 부차가 이어받아 '와신상담'으로 유명해지는 오월전쟁 국면으로 넘어간 뒤에는 손무의 존재를 찾을 수 없다. 그와 단짝을 이루던 맹장 오자서는 계속 오나라의 주역으로 등장하는 데 반해 손무는 그 사이 죽었는지 은퇴했는지조차 전혀 기록돼 있지 않다.

어쨌든 『손자병법』, 더 정확히 이야기하면 『손자』라는 저서가 후세로 전해져 21세기의 승자로 부활한 셈이다.

21세기 들어 『손자병법』은 군사 방면뿐만 아니라 오히려 비즈니스 방면에서 그 탁월함을 인정받아 더욱 화려하게 각광받고 있다.

『불패전략, 최강의 손자』(일본)

『자기관리 손자병법』(일본)

『손자병법과 전략경영』(Sun Tzu: War & Management)(미국)

『손자와 비즈니스의 기술』(Sun Tzu and the Art of Business)(영국)

『경영자를 위한 손자병법』(The Art of War for Executives)(미국)

『관리자를 위한 손자병법』(The Art of War for Managers)(미국)

『투자 손자병법』(Sun Tzu on Investing)(미국)

『파란 눈이 들려주는 손자병법 세일즈 이야기』(The Art of War & The Art of Sales)(미국)

『일하는 여자들의 손자병법』(Working Woman's Art of War: Without Confrontation)(미국)…….

일본에서 경영자를 위한 추천 도서 가운데 1위를 다투는 책이 바로 『손자병법』이다. 싱가포르의 위초후 교수 같은 사람은 '일본의 최고 경영자들이 『손자병법』을 애독한다는 역사적 맥락과 함께 남이 개발한 아이디어와 작품을 더욱 완전하게 만들어내는 일본인의 독특한 개선기술을 고려한다면, 『손자병법』이야말로 오늘날 일본의 성공을 가능하게 만든 그들 특유의 경영방식에 지대한 영향을 끼친 책'이라고 평가하기도 한다. 또한 일본이 제2차 세계대전 이후 수많은 제품과 산업 분야에서 세계 시장을 지배하고 석권해나가는 전략에 군사적 성격이 강하며 손자의 전쟁전략과 매우 유사하다고 분석하고 있다. 실제로 일본에서 주택 및 화학제품으로 유명한 세키스이(積水) 그룹은 『손자병법』의 「군형」편에 나오는 표현을 따서 그룹의 이름을 짓기까지 하고 있다.

"승리하는 자는 싸움을 주도하면서 천길 높은 골짜기에 '가두어둔 물'(積水)을 한꺼번에 쏟아내듯 쌓아둔 힘을 최대한 발휘하고자 한다. 이것이 바로 승리의 기세인 군형이다."

그뿐만이 아니다. 일본의 맥주업계에서 부동의 1위를 차지하던 기린 맥주를 시장 점유율에서 추월한 아사히 맥주의 나카조 다카노리 전 회장을 비롯해 스미토모 생명보험 회사의 우에야마 야스히코 회장, NEC의 세키모토 다다히로 전 회장 등 유수한 기업의 최고 경영자들이 경영에 『손자병법』을 응용한 성공 사례를 공개하고 있다.

21세기형 금융과 정보기술 분야에서도 위력

이른바 최첨단을 자랑하는 21세기형 금융과 정보기술(IT) 분야에서도 손자의 위력은 똑같이 발휘된다. 손자 마니아로 유명한 일본 소프트뱅크의 손정의는 아예 손자의 이론에 자신의 경영 철학을 합쳤다는 '손자의 제곱병법'을 세상에 공개하기까지 했다.

일류 경영은 공격과 수비의 균형을 취하며, 무리를 지어 싸워야 한다〔一流攻守群〕.

싸움에서 이기기 위해선 도(깨끗한 정치), 천(날씨 등 기후 조건), 지(지리), 장(지도자), 법(규율 · 효율)의 다섯 가지 조건을 갖춰야 한다〔道天地將法〕.

장수(지도자)는 지혜, 신뢰, 어짊, 용기, 엄격함의 다섯 가지를 충족시켜야 한다〔智信仁勇嚴〕.

그리고 정상에 올라서 전체를 바라보고 전략을 세운 뒤 7할의 승산이 있을 때라야 싸운다〔頂情略七鬪〕.

이동은 질풍처럼, 정지 상태에선 숲처럼, 공격은 거센 불길처럼, 방어는 산처럼 하며, 삼킬 때는 바다처럼 하라〔風林火山海〕.

손정의는 1981년에 회사를 세운 뒤 간염에 걸려 3년 동안 고생을 했는데, 이 투병 시기에 『손자병법』을 집중적으로 읽고 연구했다고 한다. 그는 배타성이 강한 일본 비즈니스계에서 손자의 사상을 원용한 전략으로 성공가도를 달리고 있다. 최근에는 자신이 대주주로 있는 소프트뱅크가 일본 프로야구단을 인수해 리그 수위를 달리는 등 그는 갈수록 일본 사회에 좀더 깊이 파고들어 가고 있다.

손정의뿐만 아니다. 컴퓨터업계의 최강자이자 세계 최고의 부자이기도 한 빌 게이츠도 그의 저서 『빌 게이츠@생각의 속도』에서 손자를

일본 소프트뱅크의 손정의 회장도 손자 마니아로 유명하다.
© AFP연합

자주 인용한다. 마이크로소프트사를 경영하는 데도 손자의 영향을 많이 받은 것이다. 또한 휼렛 패커드 회장으로 활동한 여걸 경영인 칼리 피오리나도 취임식에서 손자를 인용했다.

국경을 넘어, 산업의 경계를 넘어, 시대의 차이를 넘어 손자의 신화는 세상을 흔들고 있다.

『손자병법』은 손무 작품

『손자』라는 이름을 전하고 있는 『손자병법』은 그 치밀하고 뛰어난 내용 때문에 손무가 살던 춘추시대에 쓰였다기보다 그 이후 전국시대에 쓰였을 가능성이 높다는 주장이 줄곧 제기돼왔다. 그 배경은 이렇다.

① 손무가 사마천의 『사기』에 두 번밖에 등장하지 않는다.

② 다른 고전에도 그 이름이 거의 남아 있지 않는 등 불확실하다.

그 유명한 『손자병법』을 쓴 사람치고는 너무 역사적 족적이 약하다는 논리다. 이에 따라 두 사람의 손자 가운데 손무보다 100여 년 뒤인 전국시대의 손빈이 『손자』의 저자일 것이라는 주장이 유력하게 제기되기도 했다.

그런데 1972년 4월에 중대한 사건이 벌어진다. 중국 산둥 성 린이 현 교외에서 한나라 시대의 무덤 두 개를 발굴한 결과, 중요한 죽간들이 나온 것이다. 이 죽간을 분석함으로써 『손자』의 연대와 저자를 추정할 수 있게 됐다. 먼저 같이 출토된 엽전의 연대를 측정한 결과 기원전 140~181년의 것으로 밝혀졌다. 그리고 총 4942매에 이르는 죽간에는 글귀가 약간 다른 부분이 있기는 하지만 『손자』를 비롯한 여러 종류의 고전에 대해 기록하고 있었다. 이에 따라 『손자』라는 저술은 현재 전해진 13편의 편명을 토대로 대략 현존하는 것과 같은 본문을 복원할 수 있었다. 여기까지라면 전혀 새로운 역사적 사실이 나타날 게 없다.

이때 같이 발견된 또 다른 죽간이 결정적 역할을 한다. 『손자』와 별도로 당시까지 전혀 알려지지 않은 병법이 여기 적혀 있었다. 그 내용을 해독한 결과 놀랍게도 제나라 위왕과 '손자'의 문답, 위왕과 장군 전기 그리고 '손자'가 주고받은 말, 나아가 '손자' 가 위나라 장군 방연을 생포한 작전의 과정 등이 드러났다. 당연히 여기서의 '손자'는 손빈일 수밖에 없다. 따라서 여기 적힌 병법은 손무가 아닌 손빈의 병법이 된다.

중국 학계는 이 발굴과 그 뒤의 연구를 토대로 대략적으로 이런 결론을 내렸다.

① 오늘날 『손자』(손자병법)라고 전해지는 책은 『사기』에 나오는 '13편'으로 이뤄진 『손자병법』과 동일한 것으로, 손무가 쓴 것이다.

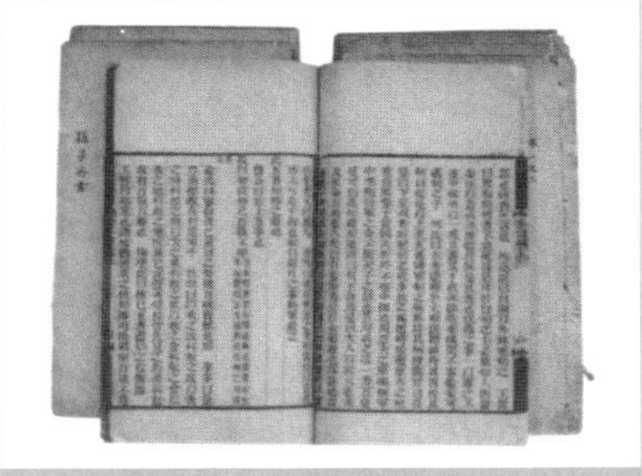

청대에 발간된 『손자병법』.

② 새로 발견된 자료(손빈의 병법을 담고 있는 것)는 『사기』에 나온 손빈이 지었다고 전해지는 '병법'과 동일하다.

(이 견해를 따라 이 글에서는 『손자병법』의 저자를 손무로 국한하기로 한다.)

손자, 베트남에서 이라크까지

최근에 벌어진 전쟁 가운데 『손자』의 내용을 많이 응용한 전쟁으로 1991년에 미국 등이 이라크를 공격한 제1차 걸프 전쟁이 있다. 당시 다국적군 사령관이던 노먼 슈워츠코프 장군은 기자가 걸프전에서 채택할 전략에 대해 묻자 『손자병법』의 「허실」편에 나오는 '실로써 허를 공격한다' 는 말을 인용해 이렇게 대답했다.

"우리의 장점을 이용해 상대방의 약점을 공격하고 싶습니다."

실제로 다국적군은 '사막의 폭풍'이라는 작전에 들어가면서 플라스틱으로 만든 헬리콥터와 전차 그리고 150명의 병사가 배치된 기지를 페르시아 만에 만들고 무선으로 거짓 정보를 흘려보냈다. 나아가 이곳 바다에 미 해병대를 대기시켜 마치 동쪽에서 기습공격을 할 것처럼 위장했다. 그러나 정작 반대편에서 기습한다. 당시 걸프전에 파견된 미군 해병대는 배낭에 『손자병법』의 번역본을 지니고 있었다. 얼마나 열심이었는지는 헤드폰을 통해서 그것을 들을 수 있도록 카세트테이프까지 지니고 있었다는 사실로 충분히 짐작할 수 있다. '현대 오디오 장비로 현대전에서 교육하는 손자병법'인 셈이다.

1991년에 미국이 이라크를 공격한 '사막의 폭풍' 작전에서 『손자병법』은 다시 한번 위력을 발휘했다.

결국 이 걸프전에서 이라크군이 10만 명 이상 전사한 데 반해, 다국적군은 사망자 199명과 부상자 388명이라는 피해밖에 입지 않았다. 『손자병법』이 사실상 하이테크 전쟁의 효시를 이루는 걸프전에서도 엄청난 위력을 발휘한 것이다.

미국이 이처럼 『손자병법』을 연구하고 전쟁에 응용하기 시작한 것은 베트남 전쟁에서부터 비롯됐다. 『손자병법』을 최대로 응용했다고 할 수 있는 베트남 해방 세력에 패배한 미국은 역으로 그 교훈을 가슴에 새기고 『손자병법』을 연구하는 데 심혈을 기울였다. 그 결과 걸프전에서 이런 원칙을 채택한다.

① 베트남식의 장기전은 절대로 피한다.

② 미국 본토로부터 지시를 받아 현장의 혼란을 가중시키는 지휘체계의 혼선은 되풀이하지 않는다.

③ 오히려 우리가 속임수를 적절히 활용해 적을 혼란시킨다.

실제로 당시 미군 최고 수뇌부인 슈워츠코프나 콜린 파월 등은 베트남 전쟁에 참전해 이런 경험을 충분히 공유하고 있었다.

그러나 제2차 걸프 전쟁이라 할 수 있는 현재의 이라크 사태에서 미국은 전혀 다른 길로 가고 있다. 오히려 미군이 이라크 저항 세력의 손자병법적 다각 공세에 휘말려 고전하는 양상이다. 화력의 압도적 우위에 취했기 때문일까? 럼즈펠드 등 미군 지휘부는 또다시 『손자병법』의 교훈을 잊어버린 듯하다.

제갈량, 동방 최고의 지략가

세상을 놀라게 한 천재 전략가,
한 치의 영토도 없던 유비를 황제의 자리에 오르게 하다

난세에 한 영웅이 있었다. 그러나 황제의 후손이라는 그는 별다른 기반조차 없이 천하쟁패전에 뛰어들었기에 늘 초라하기 짝이 없는 신세였다.

여포에게 쉬저우를 빼앗기고 한때의 적인 조조에게 망명…….

황제의 밀명으로 조조를 제거하는 계획에 가담했다가 탈출해 원소에게 망명…….

원소의 주력군에서 이탈해 예주목으로 있다가 조조에 쫓겨 다시 유표에게 망명…….

서기 207년에 영웅 유비는 그런 처지에서 형주 융중의 초려를 세 번 방문한 끝에 제갈량을 만나게 된다. 역사상 '초려대'(草廬對, 초려에서의 만남)로 기록되는 그 장면이 펼쳐진다. 당시 마흔일곱 살이던 유비는 그렇게 별 볼 일 없는 망명 장군의 신세이면서도 늘 자신의 주변에 뛰어난 인재가 많다고 생각했다.(그는 수경 선생을 만났을 때 이렇게 말한다. "제가 비록 재주는 없지만, 문장에는 손건, 미축, 간옹 같은 인물이 있고, 무장에는 관우, 장비, 조운 같은 인재들이 충성을 다해서 저를 보필하고 있어 그들 힘에 많이 의지하고 있습니다.") 그러나 당시 스물일곱 살에 지나지 않던 이 천재 전략가로부터 나오는 계책은 산전수전 다

겪었다는 영웅을 감동시키기에 충분했다.

탁월한 발상, 정확하게 미래를 예측하는 능력

"지금 조조는 100만이나 되는 무리로 천자를 끼고 제후를 호령하고 있으니 그와 다투는 일은 불가능합니다. 손권 역시 삼대의 통치로 안

제갈량. 참모 한 명의 능력으로 무에서 유를 창조했다.

정돼 있는데다 능력 있는 이들을 등용하고 있어 연합 세력이 될 수 있을 뿐 공략할 수는 없습니다. ……형주는 지리적으로 반드시 차지해야 할 곳으로 지금 이곳을 차지하고 있는 자는 지킬 능력이 없으니 여기를 취해야 합니다. 익주는 비옥한 땅이 천리나 이어진 천연의 부고(府庫)로서 역시 주인이 무능해 총명한 새 주인을 바라고 있습니다. ……만약 형주와 익주를 차지해 서쪽과 남쪽의 각 민족을 어루만지며 손권과 연합한 뒤에 천하의 형세에 변화가 있을 때 형주와 익주 양쪽에서 북벌을 감행한다면, 통일의 패업은 달성될 것입니다."

천하삼분지계—이미 북방을 평정한 막강한 조조의 세력과 장강의 지세에 의지해 강남을 공고하게 장악해가는 손권의 세력에 맞서, 중원의 남서쪽에 새로운 세력을 구축하는 방식으로 천하를 삼분한 뒤 궁극적으로 천하통일을 달성하는 계책—는 이렇게 해서 탄생한다. 동양 5천 년 역사에서 사실상 최고의 참모로 꼽히는 제갈량의 천하 데뷔를 알리는 이 천하삼분지계는 다음 세 가지 점에서 세상을 놀라게 하기에 충분하다.

① 그 발상 자체가 탁월하다.

② 실제로 역사가 이 발상에서 예견한 대로 흘러감으로써 정확하게 미래를 예측하는 능력을 보여준다.

③ 무엇보다 이 발상 자체를 근본부터 불가능하게 할 수 있는 사건들이 삼고초려 직후 잇따라 터져 나왔는데도, 제갈량은 이 모든 난관을 헤치고 발상의 원래 그림을 관철해나갔다.

이 발상은 오늘날 관점에서 보더라도 대단히 '벤처'적이다. 형주와 익주의 경제력과 전략적 가능성을 몇 단계 이전에 미리 간파해내는 형식……. 형주부터 살펴보자. 7개군 117개현으로 이뤄진 형주는 전한시대에 비해 후한시대에 인구가 엄청나게 증가했다. 당시 국력과 무력의 절대적 기초를 이루던 인구가 전한 때 360만 명에서 후한 말기에 630만 명으로 늘어난 것이다. 중국 전역에서는 후한 말기 이후 군웅할거에 따른 전투 등으로 인구가 격심하게 줄어들고 있었다. 그러나 형주 지역은 상대적으로 전투의 피해를 적게 입은데다 오히려 전란을 피해 들어온 이주민이 적지 않았다. 따라서 '형주 인구 600만 명설'은 충분히 가능하다. 익주는 형주보다 더욱 전란의 피해가 적었다. 게다가 장기간 안정적으로 농업이 발전했기에 650만~700만에 이르렀다고 추정된다. 그러니까 형주와 익주의 인구를 합치면 1400만 선에 이르는 것이다. 1400만 명! 이 정도면 형주를 점령하기 직전에 조조의 세력이 미치던 인구 2900만 명의 절반에 육박한다. 여기에 450~500만에 이르는 손권 세력과 연합해서 동쪽과 서쪽에서 양면 작전을 효과적으로 적절하게 구사한다면? 나아가 멀리 서량의 마씨 세력과 한중의 장로 세력까지 연대할 수 있다면? 그렇다! 한번 해볼 만한 쟁패전이 될 수 있는 것이다.

게다가 형주에서 한수이(漢水) 강을 넘어 신예와 완을 거쳐 진격하면 중원의 심장이 바로 지척에 놓인다는 전략적 이점도 빼놓을 수 없다. 형주의 최북단 루양으로부터 조조의 근거지인 뤄양과 쉬창까지는 직선 거리로 100여 킬로미터밖에 되지 않는다. 나아가 당시 형주와 익주에 엄청난 군수물자가 비축돼 있었다는 점까지 고려해야 한다. 이 지역은 한나라 때부터 군수품을 저장하는 대규모 기지였으며, 전란의 피해를 입은 적도 없었다. 따라서 통일 전쟁에 동원할 수 있는 군수품이 넉넉했다.

그러나 제갈량의 위대성은 공식적으로 이러한 전략을 발안했다는 것에 그치지 않는다. 오히려 숱한 난관을 돌파하면서 이 계책을 끝내 현실로 만들어냈다는 점을 주목해야 한다. 우선 유비가 형주를 전격적으로 점령하는 계획을 채택하지 않은 상태에서 형주의 새 후계자 유종이 조조에게 항복해버린다. 이렇게 시작 단계부터 어긋나버린 천하삼분지계는 그 뒤에도 숱한 난관과 좌절을 겪어야 했다. 그러나 마침내 모든 장애물을 돌파했다. 제갈량이라는 걸출한 참모를 처음 만났을 때 한 치의 영토도 없던 유비는 삼분천하의 한 축을 장악하는 데 성공한다. 그리하여 형주와 익주를 근거지로 촉한 황제의 자리에까지 오른다. 참모 한 명의 능력으로 그야말로 '무에서 유가 창조된 것'이다.

유비의 놀라운 유언

게다가 참모 제갈량은 천하삼분지계를 시작으로 맺은 군신 관계를 죽을 때까지 멸사봉공의 자세로 지켜나간다. 아무리 뛰어난 참모라도, 명신이라도 그가 흑심을 품는다면 다 무슨 소용이 있겠는가? 그 땅이 어찌 주군의 자식에게 이어질 것이며, 천하가 어찌 더 유씨의 땅이 되리요? 사마의가 흑심을 품은 순간 조씨 천하의 주인은 바뀌었다. 아무리 조조가 잘났더라도, 아무리 그가 한나라 때 지방군권의 통수권을 그렇게 열심히 연구했더라도 천하의 주인이 사마씨로 바뀌는 것은 막지 못한다. 그런데 제갈량은 어떠한가?

유비는 죽어가며 공개적으로 이런 유언을 남긴다.

"그대의 재능은 참칭자인 조비의 열 배나 되오. 반드시 나라를 안정시켜 대사를 반석 위에 놓아줄 것이 틀림없소. 만약 내 아들 유선에게 보좌할 만한 재능이 없다면 그대가 스스로 그 자리를 차지하도록 하오."

이건 놀라운 유언이다. 그보다 700여 년 전 춘추시대에 오나라 왕 합려에 이어 등극한 부차가 선왕과 자신을 위해 공헌한 오자서에게 나라를 쪼개주려고 한 적은 있다. 하지만 왕이 진심으로 마음속으로부터 신하에게 아들 대신 즉위하라고 유언을 남긴 전례는 없다. 거기에 대해 정사 『삼국지』는 이렇게 적고 있다. '제갈량, 울면서 "신은 고굉(股肱)의 힘을 다하여 충절을 지켜나갈 것이며, 신이 뒤를 잇는 일 같은 것은 죽는 한이 있어도 없을 것입니다"라고 말했다.'

최고의 참모가 최고의 충신과 결합하고, 그들이 약소국을 위해 혼신의 노력을 기울이다가 쓰러지는 비극적 서사 구조……. 이에 대해 숱한 동양권 민중들은 1800여 년 동안 하염없는 애도와 함께 끝없는 사랑을 기울이는 것으로 보답한다.

왜 제갈량은 유비를 주군으로 선택한 것일까? 당시 최대 세력인 조조 역시 엄청난 열정으로 인재를 모으고 환대했으며, 손권 역시 인재를 등용하는 일에 대단히 적극적이었다. 제갈량 정도의 인재가 출사한다면 어디든지 갈 수 있었다고 보아야 한다. 연구자들은 조조를 선택

유비가 제갈량을 찾아가는 삼고초려 장면(왼쪽)과 오나라와의 전쟁에서 패배한 뒤 죽음을 맞는 유비(오른쪽). 이 자리에서 유비는 제갈량에게 아들 유선이 능력이 부족하다면 대신 황제에 오르라는 유언을 남긴다.

하지 않은 큰 이유 가운데 하나로 쉬저우 태생인 제갈량이 소년 시절에 조조군의 만행을 경험했기 때문일 것이라고 공통적으로 꼽는다. 쉬저우에서 쉬저우 군대의 호위를 받으며 이동하던 조조의 아버지가 갑자기 도적으로 돌변한 이들에게 살해당하자 격분한 조조가 보복 전쟁을 크게 벌인다. 이때 조조는 쉬저우 백성을 상대로 대단히 비이성적일 만큼 잔인하게 살육하고 파괴할 것을 지시해 '수만 명이 학살되고 그야말로 개 한 마리 살아남지 않을 정도'였다고 한다.

나아가 어느 정도의 부정을 용인하더라도 자유경제의 경쟁원리를 유지하는 것으로 생산성을 극대화하는 정책(둔전제 실시 등)을 편 조조에 대해 제갈량 같은 정부개입주의자 또는 도덕적 명분론자는 동의하기 어려웠을 것이다. 조조가 효율을 위해선 명분이나 기존 시스템도 뒤집을 수 있다고 보는 실질주의적 변혁론자인 데 반해, 제갈량은 역성혁명 같은 가치관 전복은 도저히 용납할 수 없는 법가적 고전주의자에 가깝다.

제갈량은 약소국인 촉나라를 강하게 만들고자 각종 발명에도 힘을 썼다. 촉나라에서 중원으로 나가는 좁고 험한 잔도에서 이용하기 위해 발명한 외바퀴 수송기구 목우의 모습.

손권의 오나라도 두루 인재를 찾고자 노력했지만, 이미 둔전제의 일종인 부곡제를 세습화함으로써 신참이 능력을 충분히 발휘하기 어려운 구조로 굳어지고 있었다. 나아가 이미 천하삼분지계의 대구상을 가지고 있던 벤처형 참모 공명에게는 역시 조조나 손권과 달리 기득권을 가지고 있지 않은 벤처형

주군이 가장 어울리는 상황이었다.

그렇다면 왜 제갈량의 능력이 있었는데도 촉나라는 천하를 통일하는 데 실패한 것일까?

그 이유는 기본적으로 엄청난 국력의 격차에서 찾을 수 있다. 특히 오나라에 형주를 빼앗긴 뒤 국력의 격차는 끔찍할 정도였다. 위나라가 통칭 3천만이 넘는 인구를 장악한 반면, 촉나라는 그 5분의 1 선인 600만에 지나지 않았다. 특히 천하삼분지계에서 기본 전제로 제시된 오나라와의 동맹이 여러 가지 요인에 의해 수차례 깨지면서 두 약소국의 국력이 서로 약화돼갔다는 점도 빼놓을 수 없다. 유비가 이끄는 70만 대군의 오나라 정벌이 그 대표적인 사례다.

오촉 동맹을 파괴한 근본 동인은 형주를 둘러싼 오나라와 촉나라의 갈등에서 비롯됐다. 그 구체적 계기는 촉나라 황제 유비의 의형제 관우가 제공했다고 볼 수 있다. 형주의 통치와 방어를 맡고 있던 그는 삼국의 갈등 지역인 형주를 잘 지키라는 제갈량의 방략을 어기고 결국 형주를 빼앗겼다. 제갈량에 대해 강렬한 경쟁의식을 가지고 있던 관우가 독자적으로 위나라 정벌에 나섰다가 오나라로부터 배후 공격을 받은 것이다. 결국 형주를 빼앗긴 채 관우 자신도 포로로 잡혀 죽는다. 사태는 여기서 그치지 않는다. 유비가 전군을 동원하다시피 해서 오나라를 전면적으로 공격하는 것으로 이어진다. 삼분지계를 실현시키기 위해서는 오나라를 계속 촉나라의 동맹국으로 남겨두어야 했는데도 말이다. 이 전쟁으로 두 나라의 국력이 크게 약화돼고(유비와 장비가 이 소용돌이 속에서 잇따라 죽음) 위나라와의 격차는 더욱 벌어진다.

제갈량은 시간이 흐를수록 근본적으로 인구와 국력의 격차가 심화되는 상황을 직시한다. 그리고 마침내 운명을 건 승부를 선택한다. 아니, 이 선택은 그토록 그가 헌신적으로 섬긴 주군 유비를 선택할 때부터 피할 수 없던 것일지도 모른다. 바로 유비 자신이 결정적인 순간에 계속해서 천하삼분지계를 망가뜨려온 것이다. 그 내용을 한번 정리해보자.

① 유비는 조조가 침공하기 전에 형주를 장악하는 그림에 동의하지 않았다. 그 결과 유종이 형주를 조조에게 바쳐버린다.

② 유비의 의형제 관우가 제갈량의 전략을 따르지 않고 위나라와 전쟁을 벌여 결국 형주를 빼앗기고 궁극적으로 천하삼분지계를 파탄시킨다.

③ 형주를 빼앗긴 뒤 유비는 제갈량의 거듭된 만류를 뿌리친 채 오나라 정벌전에 나선다.

어쨌든 형주 없이 익주 하나로 통일 전쟁의 막대한 전비를 충당하기란 애초부터 불가능했다. 제갈량은 남만의 오랑캐로 구성한 '비군'이나 서량의 기마병도 북벌에 동원하는 등 안간힘을 썼다. 그러나 그렇게 해봐야 촉나라가 동원할 수 있는 공격군 병력은 10만 명 수준을 넘지 못했다. 그에 반해 위나라는 방어군 병력으로 50만을 손쉽게 동원했다. 병력뿐만이 아니다. 제갈량은 북벌에 나서면서 항상 보급 문제로 골머리를 썩어야 했다. 그 결과 중원이 아닌 훨씬 서쪽 농서 지방의 농산물을 겨냥하는 작전도 아울러 지속적으로 벌인다. 따라서 출사표로 표현되는 다섯 차례의 북벌은 영웅의 죽음으로 마감하는 '중국판 그리스 비극' 같은 성격을 띤다고 할 수 있다. 더구나 위나라에는 제갈량을 이길 수는 없어도 제갈량을 막을 수는 있는 사마의가 버티고 있었다.

또한 제갈량은 삼국 가운데 가장 약소국인 촉나라를 강화하기 위해,

그리하여 촉나라가 옛 한나라의 수도 뤄양을 수복하고 천하를 통일하게 하기 위해 신상필벌의 엄격한 법치를 끝까지 관철했다. 인재가 얼마나 부족한 촉나라인가? 그런데도 눈물을 흘리면서 군령을 어긴 인재 마속을 벤 일(泣斬馬謖: 읍참마속)은 이런 고뇌의 결과이다. 그가 국력을 양성하기 위해 앞장서서 얼마나 근검절약을 실천했는지는 병이 깊어지면서 후주 유선에게 남긴 이런 글에도 잘 나타나 있다.

"지금 저에게는 성도에 뽕나무 팔백 그루가 있고 척박한 땅이나마 열다섯 경이 있으니 자식의 의식을 해결하기에는 넉넉합니다. ……제가 죽는 날 안팎으로 여분의 비단이나 재물을 지니지 않게 함으로써 폐하의 뜻을 저버리지 않도록 해주옵소서."

오늘날 의학의 관점에서 분석하면 제갈량의 죽음은 과로와 스트레스에서 비롯된 질병 때문이라는 견해가 설득력을 얻고 있다. 실제로 사마의는 제갈량이 적게 먹고 많이 일한다는 소문을 전해 듣고 회심의 미소를 짓는다. "앞으로 제갈량은 오래 살지 못할 것이다." 제갈량은 이렇듯 홀로 크고 작은 일을 숱하게 해내야 했다. 그가 남긴 문집을 보면 이율배반적으로 자신의 법가적 원칙에 어긋나는 사람들을 설득하고 잔류시키기 위해 얼마나 숱한 노력을 기울였는지 알 수 있다.

훗날 당나라의 시성 두보는 죽을 때까지 처절하게 살다 간 제갈량을 기려 이런 시를 남겼다.

삼고초려 이래 숱한 천하의 계책 내고(三顧頻繁天下計),
양조 열어 빚 갚는 늙은 신하의 마음이여(兩朝開濟老臣心).
출사해 이기지 못한 채 몸이 먼저 스러지니(出師未捷身先死),
영원히 영웅의 눈물 옷깃 적시게 하누나(長使英雄淚滿襟).

유비는 통일을 포기했나

삼국지 시대는 사실상 관우의 북벌로부터 제1차 정점을 향해 치닫는다. 그가 위나라 번성을 공격하다가 결국 오나라 여몽으로부터 불의의 기습을 당해 자신도 죽고 형주도 빼앗기는 일대 사건이 벌어진다. 여기까지는 있을 수 있는 일이 벌어진 것이라고 할 수 있다. 형주를 둘러싼 오나라와 촉나라의 갈등은 어떤 식으로든 해결될 수밖에 없는 성격을 띠고 있었기 때문이다. 그러나 그 뒤를 이어 유비가 곧바로 보복 전쟁에 나서 오나라 정벌을 결행하면서 사태가 급변한다. 왜 유비는 제갈량의 반대를 무릅쓴 채 오나라와 전면전을 벌인 것일까? 과연 그는 승리를 확신했던 것일까?

유비는 관우의 복수를 위해 오촉 동맹을 깨고 오나라를 침공한다.

이 의문은 대단히 중요하다. 결과적으로 보면 이 전쟁을 결행한다는 것 자체가 천하통일을 포기하는 성격을 띠고 있기 때문이다. 유비의 결정은 이성을 잃었다고 할 수 있다. 유비는 참모 제갈량의 진언을 대부분 수용한 데 반해 이 문제만큼은 양보하지 않았다. 그 중요도의 측면에서 보았을 때 제갈량의 진언을 받아들이지 않은 가장 큰 사건이 바로 이것이라고 할 수 있다. 유비는 이 결정적 상황에서 관우와 장비, 곧 의형제 그룹과 맺은 임협적 의리를 선택하고 말았다. 바꿔 말해 유비와 제갈량의 관계가 이성적 관계라면, 유비와 관우 그리고 장비의 관계는 더 근원적인 감성적 관계인 것이다.

유비는 오나라와의 전쟁에서 결국 승리할 것이라고 확신했을까? 개전 초기에는 구체적으로 확신하지 못했다고 할 수 있다. 보복에 대한 열망이 훨씬 강렬한 역사의 동인이 되었다. 그러다가 전투에서 연전연승하면서 차츰 승리를 확신한 듯한 성격이 짙다. 그러나 그 반대급부로 오나라를 가볍게

보다가 결국 육손의 계책에 말려 이릉 전투에서 참패하는 재앙을 맞이한다. 촉나라가 패배한 것과 관련해서 이런 배경을 주목할 필요가 있다.

① 전쟁을 이끈 장군들을 보면 오나라의 경우 장군들 대부분이 『삼국지』 중 『오서』에 나올 정도로 관록과 경험이 많은 데 반해 촉나라의 경우는 마량, 황권 정도에 지나지 않았다.

② 전쟁이 길어지면서 공격군의 예봉이 둔화되는 반면 수비군인 오나라는 갈수록 저력을 발휘하여 전세가 역전된다.

형주의 상실과 이릉 전투의 패전은 촉나라에 매우 심각하고 근본적인 문제를 야기했다. 무엇보다 전력 면에서 엄청난 손실을 가져왔다는 점을 빼놓을 수 없다. 형주를 상실함으로써 북벌을 위한 물적 구조를 안정적으로 수급하는 체제가 무너졌는가 하면, 북벌의 루트가 한중 한 곳으로 고정돼 길목 하나만 지켜도 되는 위나라의 방어 전략에 끌려가는 식으로 상황이 전개되기 시작했다. 만일 오나라와 촉나라가 이 전쟁에 투입한 모든 자원을 위나라를 북벌하는 데 집중했다면 결과는 달라졌을 것이다. 이런 점을 종합할 때, 유비는 오나라와 전쟁을 시작하면서 사실상 천하통일을 포기한다는 각오까지 한 게 아닌가 하는 추정도 가능하다.

이 과정을 지켜볼 수밖에 없던 제갈량의 심정은 참으로 비통했을 것이다.

부자들의 철학

빌 게이츠의 기업경영 비밀을 파헤쳐라 **정확한 통찰력을 바탕으로 개인용 컴퓨터에서 시작해 세계 1위의 부자로 뽑히다**

전쟁과 평화를 오가며 부를 이루다 **미국의 성장과 궤를 같이 한 듀폰가, 권력과 맺은 위태로운 공존 관계**

세계 10대 영향력 있는 재벌, 리자청 **제3세대 이동통신에 심혈을 기울이는 리자청 그룹, 훌륭한 2세가 미래산업을 준비하다**

빌 게이츠의 기업경영 비밀을 파헤쳐라

정확한 통찰력을 바탕으로 개인용 컴퓨터에서 시작해 세계 1위의 부자로 뽑히다

"2004년 7월 20일, 미국의 마이크로소프트사는 세계 증시 사상 최대 규모인 750억 달러의 배당금과 주식 재매입 계획을 발표했다. …… 이에 따라 마이크로소프트사의 빌 게이츠 회장은 올 한 해 동안만 39억 8400만 달러(한화 약 5조 원)에 육박하는 돈벼락을 맞게 됐다."

마이크로소프트사와 빌 게이츠. 세계에서 가장 강력한 기업과 세상에서 가장 부유한 사람이 만드는 뉴스는 전해지는 대로 사람들의 입을 떡 벌어지게 만들기에 충분하다. 최근 들어 마이크로소프트사의 성장 속도가 좀 느려지고 있다는 이야기도 나온다. '구글'이라는 이름의 신흥 강호가 디지털 천하를 대란의 소용돌이로 몰아넣고 있기도 하다. 그러나 마이크로소프트사는 여전히 한 해 120억 달러 정도씩 이익을 낸다. 게이츠는 그런 회사의 거래 주식 가운데 약 10퍼센트인 12억 주를 소유해 세계 최고 부자 자리를 12년째 계속해서 지키고 있다. 주식의 가격이 변동함에 따라 약간씩 차이가 있지만, 그는 500억 달러 정도의 자산을 보유해 세계 1위의 부자로 꼽힌다.

컴퓨터 산업의 공룡들 사이에서 힘을 키우다

컴퓨터의 우상, 빌 게이츠는 1955년에 미국 서부의 해안도시 시애틀

에서 태어났다. 그는 어려서부터 수학을 좋아하고 지적 욕구가 강했다. 이미 열아홉 살 무렵에 가정용 백과사전을 거의 다 읽어버렸다. 부유한 가정환경 덕에 빌 게이츠는 미국 서부에서 손꼽히는 명문사립학교 레이크사이드에 입학했다. 시애틀에 있는 이 학교는 당시 학부모들

인도의 에이즈 예방과 치료를 위해 거금을 기부한 빌 게이츠가 인도에서 기자들의 질문에 답하고 있다.

이 극성스럽게 압력을 넣어 학생들에게 비싼 컴퓨터 단말기를 제공하고 있었다. 지금 수준에서 보면 덩치만 크고 처리 속도나 능력은 형편없는 초기 개인용 컴퓨터였다. 하지만 게이츠는 이 새로운 세계에 급속도로 빠져 들어갔다. 그는 벌써 열세 살 때 개인용 컴퓨터 게임을 만들어냈다.

'컴퓨터 도사'로 통하던 게이츠는 열여섯 살 때 자기네 그룹이 만든 소프트웨어를 파는 일에 관심을 기울인다. 이 과정에서 자기보다 2년 선배이자 평생의 동료가 될 폴 앨런을 만난다. 그 뒤부터 빌 게이츠, 폴 앨런 그리고 또 다른 레이크사이드의 친구 켄트 에번스, 리처드 웨일랜드는 함께 모여 일하면서 밤을 지새우게 된다.

빌 게이츠가 날로 여위어가자 아들의 건강과 학업을 걱정하던 부모는 마침내 그의 도를 넘은 '취미 활동'을 규제하기 시작했다. 게이츠는 1년 동안 컴퓨터를 가까이 하지 못하게 되자 이번에는 미친 듯이 책 속으로 빠져들었다. 나폴레옹과 프랭클린 루스벨트 등 위인전을 시작으로 경영학 서적, 과학 서적, 소설 등을 읽어나갔다.

그 뒤 빌 게이츠는 고등학교 친구들, 동료 해커들과 함께 소프트웨어 회사를 설립하려 했다. 그러나 그 말을 들은 부모가 일단 대학에 들어가야 한다고 설득하는 바람에 그 계획을 포기했다. 명석한 두뇌와 일에 대한 엄청난 추진력을 갖춘 그는 하버드대학에 입학했다. 그리하여 아버지처럼 변호사가 되기 위해 학부에서 법학을 전공했다. 그러나 법학에는 거의 관심이 없었다. 그는 결국 1975년에 대학을 휴학하고 폴 앨런과 함께 마이크로소프트사를 설립하기에 이른다.

몇 달 전 불완전하나마 최초의 개인용 컴퓨터라고 할 수 있는 '앨테어(Altair)'라는 마이크로컴퓨터 완제품이 세상에 나온 것이다. 둘은 이

제품의 등장으로 앞으로 세상이 어떻게 변할지 상상하며 가슴을 졸였다. 때가 오고 있는 것이다. 그들은 이 마이크로컴퓨터를 위한 프로그래밍 언어를 개발하는 작업에 들어갔다. 책상머리와 마룻바닥에서 잠을 설쳐가며 오직 프로그래밍에 집중한 끝에 5주 만에 '베이식'(BASIC)을 완성해낸다. 게이츠가 채 스무 살이 되기 전의 일이다.

빌과 폴의 성공은 당시까지 초기 컴퓨터산업의 리더로서 공룡처럼 군림하던 아이비엠사(IBM, 국제사무기기회사), 그리고 매킨토시라는 놀랍도록 편리한 운영체계를 개발해 새로운 강자로 부상하기 시작한 애플사와 밀접한 관련을 맺고 있다. 1980년에 아이비엠사의 이사들은 자기네 회사 최초의 개인용 컴퓨터를 위한 운영체계를 개발하기 위해 시애틀에 있는 작은 소프트웨어 회사인 마이크로소프트사와 계약을 맺는다. 그들은 시간이 지난 뒤 '땅을 칠' 중대한 실수를 저지른다. 아이비엠사 쪽은 단순히 '비핵심 사업을 소규모 하청업체에 위탁해서

폴 알렌(왼쪽)과 빌 게이츠(오른쪽)의 마이크로소프트사 창업 시절 모습.

시간을 절약한다'는 정도로 생각하며 계약에 임했다.

그러나 마이크로소프트사의 빌 게이츠는 이 계약이 갖는 폭발력과 역사적 의미를 제대로 이해하고 있었다. 이 계약으로 마이크로소프트사는 자신들의 컴퓨터 운영체계인 '엠에스도스'(MS-DOS)를 세계 개인용 컴퓨터의 표준으로 정착시키는 계기를 잡는다. 시장의 선두주자인 아이비엠사의 개인용 컴퓨터에 장착한 값싼 마이크로소프트사의 엠에스도스 프로그램은 곧바로 대다수 개인용 컴퓨터 업체들이 채택하는 가장 일반적인 프로그램으로 부상했다. 엠에스도스에 대한 쏠림 현상은 시장이 커질수록 기하급수적으로 확산됐다.

아이비엠사가 마이크로소프트사를 위탁업체로 삼은 것은 새롭게 부상하고 있는 애플사의 비약적 성장 때문이었다고 할 수 있다. 마우스로 아이콘을 눌러 모든 걸 움직이는 매킨토시 운영체계를 채택한 애플사는 당시 1억 달러 매출을 올리는 대성공을 거두고 있었다. 위기감을 느낀 아이비엠사는 운영체계 쪽에 새로운 파트너가 필요하다고 판단했다. 근본적으로 그들은 운영체계야 다른 회사 것을 쓰더라도 컴퓨터 기기라는 하드웨어에서 압도적으로 강력한 자신들이 여전히 시장을 장악할 수 있다고 오산했다. 하드웨어를 중요한 것으로 인식하는 20세기적 구습에 빠져 있었던 셈이다.

성공 요인은 '시장 중심의 표준 운영체계'

마이크로소프트사의 빌 게이츠와 폴 앨런은 앞으로 컴퓨터 기기 자체의 가격은 극도로 싸질 것이고 기기 시장의 경쟁이 격화되어 결국 시장의 지배권이 소프트웨어, 즉 운영체계의 표준을 장악하는 자에게 돌아갈 것이라고 파악했다. 애플사의 경우도 매킨토시 운영체계를 업계의 표준으로 만드는 일이 결정적으로 중요하다는 인식까지는 조금도 나아가지 못하고 있었다. 그들은 자신들의 운영체계를 이용하려면 자신들의 컴퓨터를 사야 한다는 폐쇄주의를 고집했다. 게이츠의 팀은 다른 컴퓨터 회사들이 하나라도 더 많이 엠에스도스를 쓰도록 헐값에 제공하는 전략을 썼다. 이런 식으로 엠에스도스와 윈도즈(Windows)가 운영체계 분야에서 사실상 표준의 자리를 장악하자 승승장구하는 앞날이 열린다.

마이크로소프트사는 1988년에 '윈도즈 2.0'을, 1990년에 '윈도즈 3.0'을 출시한 데 이어 1995년에 저 유명한 '윈도즈 95'를 출시한다. 애플사의 매킨토시에 대항하기 위해 출시한 윈도즈 95는 2개월 동안 700만 개가 넘게 팔려나가는 대성공을 거둔다. 더욱 놀라운 것은 이 제품이 출시된 것을 계기로 마이크로소프트사가 전 세계 운영체계 시장의 90퍼센트를 장악해버렸다는 것이다. 사실상 세계 표준의 자리에 오른 것이다. 그 뒤 '윈도즈 NT'를 비롯해 XP 버전까지 잇따라 출시한다. 이와 함께 정보 서비스 분야와 엔터테인먼트 사업에도 진출해 마이크로소프트 네트워크(MSN), 엑스박스(X-Box), 내셔널 브로드캐스팅 등을 발매하고 있다. 그 결과 마이크로소프트사는 1990년대 중반에 미국 역사상 가장 강력하고 수익률이 높은 회사의 자리에 등극한다. 매출 이익률이 25%에 이른 것이다. 브리태니커 백과사전은 이 비율을 '경이적인 기록'(an astonishing record)이라고 표현했다.

빌 게이츠가 이런 대성공을 거둔 요인은 무엇일까? 『마이크로소프트의 비밀』을 지은 쿠스마노와 셀비는 대략적으로 다음과 같이 정리했다.

① 우수한 인재 찾기

② 창의성을 중시하고 소조직과 다원적 기능의 협동 추구

③ 시장 중심의 표준 운영체계 창조

④ 개발의 다원화와 협조

⑤ 계속적인 평가와 분배를 통한 개발

⑥ 미래 지향성

빌 게이츠의 '인재 찾기'는 창립 초기부터 현재에 이르기까지 열정적으로 계속되었다. 마이크로소프트사가 세계를 제패하는 데 결정적으로 공헌한 폴 앨런과, 역시 하버드 동창으로 경영에서 비상한 능력을 보인 스티브 발머를 찾아내고 함께 최고의 팀을 창조해낸 것만 보더라도 알 수 있다. 특히 자신이 만난 사람 가운데 최고의 인재들은 결코 놓치지 않았다고 할 수 있다.

나아가 이렇게 잡은 인재를 결코 놓치지 않기 위해 '분배의 계속성'을 보장하는 방식을 과감하게 적용했다. 폴 앨런에 대해 게이츠는 자신과 60대 40으로 지분을 분배하고 시작했다. 그 뒤 스티브 발머를 영입한 뒤 그의 조언에 따라 그런 식의 독점적인 파트너십 회사를 주식회사로 전환하며 주식을 푼다. 그 결과 새로운 회사의 주식은 빌 게이츠가 53퍼센트, 폴 앨런이 31퍼센트, 스티브 발머가 8퍼센트, 찰스 시모니가 1.5퍼센트, 켄트 에번스 등 초기 프로그래머가 1.5퍼센트 등으로 나눠 가졌다. 다시 마이크로소프트사는 발머의 조언에 따라 스톡옵션제도를 대대적으로 도입한다. 역시 인재들을 놓치지 않기 위해서다.

빌 게이츠의 경영파트너 스티브 발머. 그가 영입되면서 마이크로소프트사의 주식회사화, 스톡옵션 부여 등의 정책이 시행됐다.

이런 성공 요인 가운데 가장 결정적인 것은 무엇보다 '시장 중심의 표준 운영체계'라고 할 수 있다. 마이크로소프트사의 성공은 바로 표준 운영체계가 될 소프트웨어의 중요성을 철저히 인식하고 그것을 쟁취하기 위해 사활을 건 노력을 기울였다는 점에 있다. 사실상 운영체계 자체는 마이크로소프트사의 독점이 아니었다. 1980년에 마이크로소프트사가 아이비엠사와 개인용 컴퓨터 운영체계를 공급하는 계약을 맺을 때 운영체계는 여럿 존재했다. 그 중 선두주자인 애플사는 이미 훨씬 편리하고 탁월한 매킨토시로 초기 시장에서 두각을 나타내고 있었다. 아이비엠사 자체에도 이미 개발해놓은 운영체계가 있었다. 그러나 이런 조건에서 자기네 운영체계의 시장 점유율을 높이면 높일수록 결국 압도적 승리를 거두리라는 판단을 한 것은 빌 게이츠 팀밖에 없었다. 그 결과는 10여 년 뒤 하늘과 땅 차이로 벌어지고 만다.

빌 게이츠식 기업경영의 비밀 열 가지

만일 빌 게이츠 자신이 컴퓨터 기술자 이상의 탁월한 경영능력을 갖추지 못했다면 오늘날과 같은 성공을 거둘 수는 없었을 것이다. 《파이낸셜 타임즈》의 기자인 데스 디어러브는 빌 게이츠식 기업경영의 비밀을 다음과 같이 열 가지로 정리했다.

① 제시간에 제자리에 있어라.
② 기술을 사랑하라.
③ 어디에도 얽매이지 마라.
④ 똑똑한 사람들을 고용하라.
⑤ 살아남기 위해 학습하라.
⑥ 어떠한 칭찬의 말도 기대하지 마라.
⑦ 비전을 읽는 통찰력을 가져라.

⑧ 기초부터 철저히 다져라.

⑨ 바이트 크기의 사업으로 구축하라.

⑩ 결코 공에서 눈을 떼지 마라.

'제시간에 제자리에 있어라'라는 비밀이 맨 첫머리에 올라 있는 것은 매우 흥미롭다. 미래를 예견하고 있던 빌 게이츠 팀은 바로 그 기회라 할 수 있는, 아이비엠사의 개인용 컴퓨터에 자신들의 운영체계를 탑재하는 1980년의 계약과 부닥치자 이를 놓치지 않았다. 빌 게이츠는 이 계약을 성사시키기 위해 6개월 동안 밤낮으로 일했다. 그 기간 동안 그는 실제로 사무실에서 살았다. 나아가 마지막 협상 단계에서는 개발자금도 못 건지는 손실을 떠안으면서도 그 이후에 시장을 지배하겠다는 전략을 밀고 나갔다. 이와 달리 당시 마이크로소프트사의 경쟁 상대인 디지털 리서치의 핵심 책임자는 중요한 협상 단계에서 한 달 동안 휴가를 가버렸다.

'바이트 크기의 사업으로 구축하라'는 것은 소프트웨어로 승부한다는 마이크로소프트사의 강점을 극적으로 표현한 말이다. 마이크로소프트사는 내부적으로 최적의 창업가적 팀 환경을 유지하기 위해 가장 작은 단위로 분할하는 시스템 플레이를 보여준다. 이에 따라 마이크로소프트사 내부는 마치 매주 새로운 사업부가 생겨나는 것처럼 보일 지경이라고 한다. 그러면서도 이런 세부 단위가 늘 단순한 구조를 유지하도록 노력한다. 만일 의사소통 과정이 길어졌다거나 관할이 불분명해졌다고 느껴지면 주저 없이 조직구조를 단순화한다.

'결코 공에서 눈을 떼지 말라'는 원칙은 정상에 오른 이후에도 긴장을 늦추지 않겠다는 결의를 보여준다. 한순간이라도 방심하면 한순간에 정상에서 곤두박질칠 수 있다는 것을 아이비엠사나 애플사 등을 통

© Rex Features

미국 워싱턴 주 레드먼드에 있는 마이크로소프트 본사. '캠퍼스'라고 불리기도 한다.

해 너무나 잘 보았기 때문이다. 비록 지금 세계 1등이지만, 앞으로 언제 어떤 사태로 1등에서 밀려날지 모르는 광속도의 시대인 것이다.

빌 게이츠의 마이크로소프트사가 사실상 90퍼센트에 이르는 시장 점유율을 기록하는 사태는 당연히 독점을 금지해야 한다는 논쟁을 야기했다. 1997년 10월에 미국 사법부는 마이크로소프트사가 하드웨어 제조업체에게 윈도즈와 인터넷 익스플로러의 병합판매를 강요했다고 주장하면서 소송을 시작했다. '독점 금지법'에 해당하는 반트러스트법 위반으로 제소한 것이다. 그 해 12월에 워싱턴 연방 지방재판소는 사법부의 이런 주장을 대부분 인정했다. 마이크로소프트사에 결정적인 치명상이 올 수 있는 국면이었다. 그러나 그 이듬해 5월에 미국 연방 공소재판소는 이 판결을 번복해 병합판매를 인정하는 판결을 내렸다. 이로써 마이크로소프트사는 기적처럼 살아날 수 있었다.

'정확한 통찰력을 바탕으로 길목을 선점하고, 두고두고 돈을 받아낸다.' 이것이 마이크로소프트사와 게이츠의 핵심 전략이다.

마이크로소프트사의 독점 논쟁은 1910년대 록펠러가 이끄는 스탠더드 석유회사의 반트러스트 논쟁과 여러 면에서 비슷한 성격을 지닌다. 그러나 록펠러의 스탠더드 석유회사가 끝내 회사의 분할로 이어진 반면 빌 게이츠의 마이크로소프트사는 지금까지는 그 위기를 잘 헤쳐나오고 있다. 그 비결의 하나로 나눔경영의 요소를 빼어놓을 수 없다.

일찍부터 빌 게이츠는 록펠러와 달리 자신이 모은 부를 활발하게 기부함으로써 사회에 환원하는 전략을 구사해왔다. 최근의 사례만을 보자.

"2002년, 2003년 2년 연속 미국 최고의 자선가로 선정된 바 있는 빌 게이츠 회장은 지난 7월에 마이크로소프트사 사상 최대 규모의 주주 배당 계획으로 받게 될 배당금 33억 달러 전액(세금 제외)을 자신과 부인의 이름을 딴 '빌 앤드 멜린다 게이츠 재단'에 기부하겠다고 발표했다."

"게이츠 부부는 1994년부터 최근 10년 동안 모두 71억 달러를 기부했으며, 그 결과 100개국이 이 기부금의 지원을 받고 있다."

빌과 멜린다 부부는 재단을 설립한 뒤 에이즈와 말라리아, 결핵 등 질병의 퇴치와 연구 등 세계 보건의료와 교육 프로그램에 집중적으로 자금을 지원하고 있다. 게이츠는 재단을 설립하며 어떤 분야에 자선금을 집중할 것인지 전문가들을 고용해 심도 깊게 연구했다고 알려진다.

그 결과 미국인들에게 빌 게이츠와 마이크로소프트사는 1910년대의 록펠러와 비교할 수 없을 정도로 친근하고 좋은 이미지로 자리 잡고 있다. 그야말로 '비듬투성이에 청바지 차림의 컴퓨터광이 세상을 뒤집는 대성공을 거둔 뒤 그렇게 번 돈으로 엄청난 자선사업을 펼친다'는 이미지를 심어주는 데 성공하고 있는 것이다.

이런 이미지가 마이크로소프트사의 반독점 소송에서 어떤 영향을 미쳤을지는 쉽사리 짐작할 수 있다. 세계 최고의 부자 자리를 10년 이상 장기 집권하고 있는 빌 게이츠는 일찌감치 이렇게 선언하기도 했다.

"앞으로 자녀들에게 각각 1000만 달러씩만 유산으로 물려주고, 나머지 재산은 빌 앤드 멜린다 게이츠 재단에 기부하겠다."

AOL-타임워너에 맞서기 위해 마이크로소프트사는 월트디즈니사와 손을 잡았다.

1994년에 성인잡지 《플레이보이》와 한 인터뷰에서도 게이츠는 "유산을 2세들에게 남기는 것은 정신건강에 해롭다. ……번 돈의 95퍼센트를 사회에 내놓겠다"고 약속한 바 있다. 이에 따라 게이츠는 상속세의 존속을 강력히 지지하는 입장을 보이고 있기도 하다. 게이츠는 록펠러 1세 시대와 달리 이제 윤리경영 및 나눔경영의 요소가 대단히 중요하게 됐으며, 자신의 고객이 록펠러 1세 때의 독점체제 아래서 공급해주는 대로 군말 없이 소비하던 수동적인 고객과 달리 쌍방향 의사소통의 주력 부대인 네티즌이라는 점 등을 너무나 잘 파악한 것이다.

전쟁과 평화를 오가며 부를 이루다

미국의 성장과 궤를 같이 한 듀폰가,

권력과 맺은 위태로운 공존 관계

18세기 후반 프랑스에서 피에르 사뮈엘 뒤퐁(Pierre Samuel du Pont, 1739~1817)이라는 사람이 시계제조업자에서 경제학자로 변신해 이름을 날렸다. 그는 루이 16세의 재무장관이던 중농주의자 튀르고에게 발탁돼 재무보좌관으로서 재정을 개혁하는 데 혼신의 힘을 쏟았다. 중농주의와 자유무역주의를 신봉하던 뒤퐁은 그러나 루이 16세의 왕비인

듀폰사는 초기 미국 델라웨어 윌밍턴에 본사를 두고 시작됐다.

마리 앙투아네트의 낭비벽 등 프랑스 왕실이 재정을 방만하게 운용하는 점을 비판하다가 튀르고와 함께 해임됐다. 그 뒤 폴란드 왕자의 가정교사를 해서 번 돈으로 느무르의 장원을 구입해 독서 등을 하며 때 이른 은퇴생활에 들어갔다. 그런 그에게 갑자기 국왕의 명령이 떨어진다.

미국 역사와 함께한 흑색 화약 생산

"미국 독립전쟁의 전후 결산을 외교적으로 마무리하라. 영국으로부터 미국의 독립을 승인받는 교섭을 펼쳐라."

뒤퐁은 영국으로부터 미국의 독립을 승인받는 작업을 성공시켜 파리조약을 탄생시킨다. 이 공로로 그는 루이 16세로부터 프랑스 귀족 칭호를 받고, 다른 한편으로 신대륙 미국의 실력자로서 나중에 대통령이 되는 토머스 제퍼슨과 긴밀한 인간관계를 맺는다.

당시 사뮈엘 뒤퐁의 두 아들 가운데 작은아들 엘뢰테르 이레네 뒤퐁(1771~1834)은 화학자로서 왕립인 중앙화약공장에 근무하고 있었다. 유명한 화학자이자 친구인 앙투안 라부아지에가 이 공장의 책임자였다. 1789년에 프랑스 혁명이 일어난다. 곳곳에서 사람들이 체포되고 처형되는 사건이 꼬리를 물었다. 루이 왕조로부터 귀족 칭호를 받은 뒤퐁가도 언제 불똥이 튈지 모르는 상황에서 1797년에 당초 운영하던 인쇄소에 폭도들이 난입한다. 라부아지에도 끌려가 단두대에서 처형된다. 마침내 뒤퐁가는 미국 땅에 투자한다는 명목으로 투자자들에게 모은 돈을 가지고 1799년에 신천지로 가는 아메리칸 이글호에 오른다.

미국은 그들에게 처음부터 약속의 땅이 아니었다. 그곳으로 향하는 항해부터 지옥 같았다. 쥐를 잡아먹기도 했다. 간신히 로드아일랜드에 도착하자 지인인 제퍼슨이 토지 투기를 하지 말라고 말렸다. 그러나 이를 듣지 않고 돈을 잘못 투자해 투자금의 상당 부분을 날리고 말았다. 이 절체절명의 시기에 이레네 듀폰(미 대륙에 도착한 이후부터는 영어식 발음에 따라 '듀폰'으로 표기함)은 자기 전공기술인 화약이 신대륙에서 성공할 수 있는 가능성을 본다. 당시 미국에선 영국제 화약이 비싸 미국산 화약을 사냥총 등에 쓰고 있었는데 품질이 좋지 않았다. 불발률이 높고 파괴력도 떨어졌다. 프랑스로 잠시 돌아간 이레네 듀폰은 새로운 투자자를 구하는 한편 최신 화약제조장비를 사가지고 돌아왔다. 그리하여 1802년 7월에 델라웨어 주 윌밍턴의 브랜디와인 하천을 따라 화약공장을 세웠다.

듀폰가에서 생산한 흑색 화약을 맨 처음 주문한 곳은 바로 토머스 제퍼슨 가문이었다. 제품의 성능은 물론 좋았다. 제퍼슨은 거기서 그치지 않고 이 흑색 화약을 미국의 육군과 해군에 납품할 수 있도록 주선해주었다. 가족 모두가 화약을 생산하는 일에 매달렸다.

듀폰사를 창업한 이레네 듀폰의 스무 살 때 모습을 담은 초상화.

이레네는 사업의 기반을 잡았지만 엄청난 빚에 시달리다가 심장마비로 죽는다. 사업이 안 되어서가 아니라 돈을 버는 것 이상으로 공장을 키우고 사업을 확장해나갔기 때문이다. 게다가 초기에는 화약이 폭발하는 사고도 적지 않아 안전대책을 마련하는 데 상당한 돈이

들어갔다. 창립 초기에는 폭발사고로 한꺼번에 40명이 죽기도 했다.

회사는 2대째인 알프레드 듀폰과 헨리 듀폰을 거쳐 크게 확장되면서 수익성도 높아졌다. 특히 웨스트포인트에서 학급 수석을 차지하기도 했던 북군 장군 출신인 헨리 듀폰은 뛰어난 경영능력과 남북전쟁 이후의 서부개척 붐에 힘입어 회사를 비약적으로 발전시킨다. 헨리는 회사의 슬로건을 수익 개념 위주로 바꿨다. '더 빨리 더 싸게'로 만든 것이다. 나아가 서부가 개척됨에 따라 곳곳에서 도로와 운하가 건설되면서 매출이 크게 늘었다. 흑색 화약이 무기뿐만 아니라 산업용 및 건설용으로도 유용하게 쓰인 것이다.

그러나 시련은 끝나지 않았다. 나이 든 헨리 대신 경영을 맡은 화학자 출신의 조카 라못 듀폰이 쉰세 살 때 니트로글리세린 폭발사고로 죽은 것이다. 5년 뒤 헨리마저 죽자 회사의 경영을 맡아온 이사진들은 1902년에 회사를 팔기로 하고 매물로 내놓는다. 그리하여 경쟁 관계에 있는 화약 회사 가운데 즉시 매입액으로 1200만 달러를 제시하는 곳이 나오기도 했다. 그러나 회사 이름에서 '듀폰'이라는 이름이 영원히 사라질 수 있는 이 위태로운 상황에서 알프레드 듀폰이 증조부로부터 내려온 회사를 '매입하겠다'고 나선다. 이사회로부터 단 1주일의 시간을 얻은 알프레드는 켄터키에서 다른 사업으로 돈을 번 사촌 콜맨 듀폰에게 공동매입을 제안하고 결국 성사시킨다.

생활용품과 산업용품을 생산하는 체제로 전환

이런 우여곡절을 겪고 듀폰이라는 이름으로 남은 회사는 제1차 세계대전 덕에 비약적으로 성장한다. 대포와 소총용 화약은 물론 다이너마이트 등 연합군이 사용하는 폭약의 45퍼센트를 조달하는 규모로 커

창업자로부터 2대째 최고경영자인 화학자 출신의 라못 듀폰. 그는 폭발사고로 죽었다.

진 것이다. 이와 함께 각종 아크릴 섬유와 폴리에틸렌 섬유를 비롯해 염료와 페인트 등 다양한 제품을 개발 생산하면서 세계 최대의 화학제품 회사로 변신한다.

1918년에 창업자로부터 3대째 후손인 피에르 듀폰은 당시 미국 굴지의 자동차회사인 제너럴모터스사(GM) 이사진으로부터 '회장에 취임해 달라'는 요청을 받는다. 제너럴모터스사는 뷰익(Buick), 올즈모빌(Oldsmobile), 캐딜락(Cadillac) 등 25개가 넘는 독립 자동차 업체들을 흡수 합병해 포드 자동차회사와 미국 1, 2위를 다투고 있었다. 그러나 영업 부문이 약하고 방만한 경영으로 실적이 매우 좋지 않은 상태였다. 듀폰사는 이 제안을 받아들여 공개 시장과 개인으로부터 제너럴모터스사의 주식 28.7퍼센트를 4900만 달러에 사들여 대주주가 됐다. 듀폰사가 제너럴모터스사의 재정파트너로 참여하고, 피에르 듀폰이 최고경영자 회장으로 취임한 것이다.

제너럴모터스사를 지배하게 된 듀폰사는 전통적인 화학제품 생산 능력을 새롭게 각광받는 자동차산업과 결합시키는 모델로 발전시켜 나갔다. 고무, 플라스틱, 도료, 특수 합성소재 등 많은 자동차 관련 제품과 소재가 이 모델을 통해 세상에 나왔다. 듀폰의 제너럴모터스 지배는 그러나 1962년에 미국 정부가 반독점법을 발동함에 따라 제너럴모터스사의 지분을 처분하라는 명령이 내려져 40여 년 만에 끝난다.

만일 이 명령이 없었더라면 세계 기업의 판도가 달라졌을 것이라고 상상하는 것은 그다지 어렵지 않은 일이다.

듀폰사는 20세기에 들어와 전통적인 화약 중심의 사업구조에서 탈피해 각종 생활용품과 산업용품을 생산하는 체제로 지속적으로 전환해왔다. 신제품 개발에도 주력해 많은 세계적 히트 상품들을 개발했다. 총 2700만 달러를 들여 1940년에 출시한 나일론스타킹을 비롯해 합성고무 네오프렌, 합성섬유 다크론, 투명합성수지 루사이트, 냉방기용 프레온 가스, 특수섬유 라이크라, 마일라, 레이온, 오를론, 테플론, 케블라 등등 이루 헤아릴 수 없을 정도이다.

1970년대 이후 듀폰 가문은 더 이상 회사의 중역을 맡고 있지 않다. 다국적 기업으로 커진 회사를 종래의 가족 기업 같은 방식으로 경영하는 것은 위험하기 때문이라고 할 수 있다. 다른 한편으로는 유에스러버, 허큘리스, 벤딕스 등 화학 회사 및 기계 관련 기업의 주식을 사들이는 등 세계적인 규모로 기업 집단화를 계속하고 있다.

현재 듀폰사는 화학합성제품을 중심으로 2000종류가 넘는 제품을 제조해 미국을 비롯해 세계 150여 개국에 판매하고 있다. 그 제품과 기술은 전자, 섬유 및 패션, 자동차, 항공우주, 조선, 의약품 분야 등에 광범위하게 퍼져 있다. 2001년에는 매출 약 254억

초기 듀폰 화약 유사품 주의 광고.

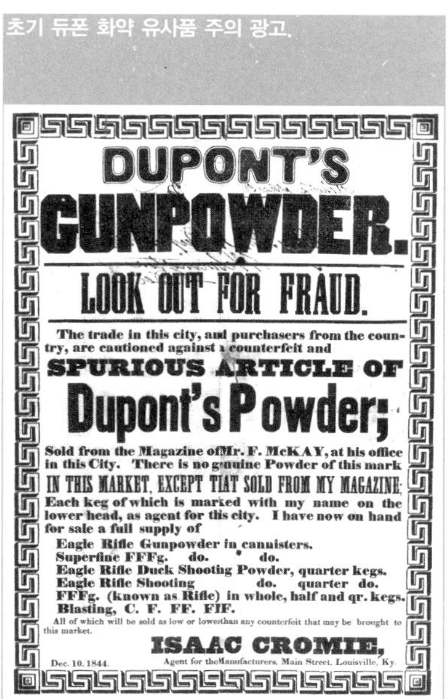

듀폰-셰브롤레 24호를 몰고 나스카 윈스턴 컵에서 네 차례 우승한 챔피언 제프 고든.

달러(한화 약 30조 원), 종업원 약 8만 명, 해외 진출 70개국 등을 기록했다. 그리하여 미국의 종합경제지 《포춘》이 선정하는 '포춘 500대 기업'에 매출액 기준으로 세계 172위, 세계 화학업계 4위에 올랐다.

그러나 이런 거대 다국적 기업의 부가 300여 명으로 추산되는 듀폰 가문 사람들에게 상당한 부분이 집중돼 있다는 점에서 듀폰 가문의 힘은 차별성을 갖는다. 공식적으로는 듀폰가 300여 명이 듀폰 주식의 15퍼센트, 약 100억 달러 어치를 보유하고 있는 것으로 추산된다. 하지만 실제 재산은 그보다 최대 5배 정도에 이를 것으로 보는 견해가 유력하다. 어느 면에선 듀폰 가문이 카네기 가문이나 록펠러 가문보다 재산이 더 많을 것이라고 보는 사람도 적지 않다.

부를 축적하는 과정의 특징

듀폰 가문이 오늘날과 같은 부를 축적하는 과정에는 몇 가지 특징들이 눈에 띤다. 그것을 정리하면 대략 이렇다고 할 수 있다.

① 사실상 독점 사업을 잡았다.

② 장기간에 걸쳐 부를 쌓아왔다.

③ 안전을 중요시했다.

④ 기술을 중요시했다.

⑤ 재투자에 철저했다.

⑥ 남의 돈으로 사업을 하는 수완이 뛰어났다.

⑦ 재산을 보존하거나 상속하는 노하우가 뛰어났다.

듀폰사의 독점 사업은 바로 화약이다. 이 화약은 전쟁 시기는 전쟁 시기대로, 평화 시기에는 평화 시기대로 미국의 성장과 궤를 같이했다. 미국의 발전에서 중대한 역사적 계기가 된 전쟁마다 듀폰의 제품이 거의 독점적으로 팔려나갔다. 남북전쟁, 미국–스페인 전쟁, 미국–멕시코 전쟁, 제1차 세계대전, 제2차 세계대전……. 또한 전쟁 이후의 평화는 바로 건설과 대량 소비로 이어졌고 그와 더불어 듀폰의 제품은 전쟁 때 못지않게 팔려나갔다.

듀폰사의 부는 2세기 이상 지나오면서 꾸준하게 쌓인 것이다. 엄청난 상속세를 물리는 미국 풍토에서 5대째 이런 부를 유지한다는 것은 놀랄 만한 일이다. 이런 점에 주목해 당대에 부를 축적한 마이크로소프트사의 빌 게이츠나 투자 귀재 워런 버핏과 차원이 다르다고 분석하는 이들도 있다. 게이츠나 버핏의 부는 몇 세대에 걸친 상속 및 보존이라는 시험을 거치지 않았기에 아직까지 '당대의 부자'일 뿐이지만, 듀폰 가문의 경우는 이미 '부호 가문'의 반열에 들어갔다는 것이다.

듀폰가는 초기부터 돈을 벌면 그 수익금을 사업에 재투자하는 전통이 강했다. 창업자인 이레네도 돈을 벌면 벌수록 공장을 증설하는 데 주력했다. 이렇게 재투자에 집중하는 전통을 통해 듀폰 가문은 오늘날과 같은 세계적인 다국적 기업으로 성장할 수 있었다.

여섯째 특징인 '남의 돈으로 사업을 하는 수완'은 대단히 주목할 만하다. 이런 방식은 어느 의미에서 오늘날의 선진적인 금융기법을 그대로 연상시키기까지 한다. 1902년에 창업자의 증손자에 해당하는 알프레드와 콜맨 그리고 피에르 사촌 3인방이 매각될 위기에 처한 듀폰사를 일으켜 세운 것은 다음과 같은 놀랄 만한 제안 덕분이었다.

"회사는 우리 듀폰가 사람들이 경영해야 한다. 우리가 경영과 재무 그리고 제조를 맡아 반드시 성공시킬 것이다. 그 대신 기존 투자자들에게 새롭게 발전할 회사의 주식을 주겠다."

대부분의 주주들이 듀폰 가문 사람들이었다는 특징도 있었지만, 회사의 사업구조 개편과 연구센터 설립 등 새로운 전망으로 설득하는 방식을 성공시킴으로써 이들은 거의 한 세기 이상을 앞서 갔다. 이 방식이 성공한 경험을 바탕으로 수년 뒤 이 3인방은 경쟁사인 라플린 랜드를 역시 주식을 주는 방식으로 인수하는 데 성공한다.

재산을 보존하고 상속하는 노하우가 뛰어났다는 것은 책 한 권이 될 정도의 주제일지도 모른다. 대략적으로 요약하면, 주식의 지배권에 절대로 소홀하지 않았으며, 필요하다면 재단으로 필요하다면 합병의 방식으로 지배권을 철저히 관리했다. 이와 함께 가능하면 가문의 주식이 밖으로 흘러나가지 않도록 '가문 집중 원칙'에 충실했다. 현재도 듀폰가 사람들은 개인이나 신탁 또는 재단, 기금, 증권 회사 등 다양한 방식을 통해서 듀폰사의 주식을 대량으로 보유해 지배권을 유지하고 있다.

'언론에 노출되지 말라'

듀폰 가문은 그 엄청난 독점 기업적 성격과 막대한 재산 때문에 종종 사회적 비판의 소용돌이에 휘말리곤 했다. 역사적으로는 미국 반독점법의 견제를 가장 여러 차례 받은 가문에 들어간다. 듀폰사는 1912년에 화약사업 부문 일부를 넘기라는 명령을 받았으며, 1962년에 제너럴모터스사의 지분도 끝내 매각해야 했다. 1930년대에는 대공황의 장기화에 따라 비판여론이 비등하는 가운데 부자 기업으로 집중 공격을 받아 상원의 감사를 받기까지 했다. 당시에 공식적으로 내건 혐의는 '싼값에 무기를 제조해 미국 정부를 속이고 비싼 가격에 납품했다'는 것이다. 이런 공식적인 혐의 이외에 '죽음의 전쟁상인'이라는 여론재판식의 공격도 집중적으로 받았다.

듀폰 가문은 이렇게 여러 차례 권력의 견제를 받기도 했지만, 상대적으로 잘 알려지지 않은 가문에 속한다. '언론에 노출되지 말라'는 가문의 철칙이 있다고 전해진다. 심지어 '태어날 때, 결혼할 때, 죽을 때 세 차례 말고는 언론에 아예 거론되지 말라'고 한다는 이야기도 있다.

이런 철칙과 달리 창업자의 4대째 후손인 피에르 듀폰은 델라웨어 주지사 경력을 바탕으로 1988년에 '포스트 레이건'을 노리고 공화당 대통령 후보 지명전에 뛰어들었으나 실패한 바 있다.

현재 창업 3세기째를 맞는 듀폰사는 ① 유전자 조작 등을 통한 식량산업, ② 석유 관련 산업, ③ 전자 소재 산업 등을 새로운 미래전략으로 육성시키려는 의지를 보이고 있다. 듀폰은 1999년에 77억 달러라는 거액을 동원해 유명한 종자 회사인 바이오니아 하이브리드 인터내셔널을 합병했다. 유전자 조작을 통해 콩 등 곡물을 생산하는 분야에서 다른 화학회사보다 앞서 가려는 시도인 것이다. 바로 이 점 때문에 앞으로 환경단체 등과 갈등이 벌어질 가능성도 엿보인다. 이와 함께 1980년대에 콘티넨털 석유회사를 매입하는 등 원유를 기반으로 한 연료와 윤활유 사업에도 관심을 쏟고 있다. 전자산업의 액정 화면기술 등에도 깊은 관심을 기울여 2001년에 '3D OLED LLC' 라는 이름의 합작 벤처회사를 출범시키기도 했다.

미국 최강의 권력자 대 최고의 부자 가문

듀폰 가문은 프랭클린 루스벨트 대통령과 팽팽한 긴장 관계를 유지한 역사로도 유명하다. 미국 역사에서는 드물게 프랑스계로서 세계적인 거부가 되기도 했지만 반면 많은 대가를 치르기도 한 셈이다. 듀폰 가문은 실제로 여러 번 권력으로부터 견제와 비난을 받았다.

이 가운데 루스벨트 대통령과는 '미국판 로미오와 줄리엣'을 연상시키는 특별한 에피소드까지 연출하는 등 곡절이 많다. 비록 제2차 세계대전이라는 대단히 위중한 시기라고는 하지만, 미국 역사에서 유일하게 네 번 연속하여 집권하는 등 탁월한 정치력을 지닌 루스벨트는 듀폰 가문에 대해 이렇게 혹평하기도 했다.

"나는 미국 국민의 절반에 이르는 노동자들이 피땀을 흘려 일해서 소수의 특권층이 배불리 먹는 현실을 결코 방관하지 않을 것이다."

비록 루스벨트가 '대중주의자'로서의 성격도 가지고 있다고 하지만, 듣는 쪽으로선 대단히 심각하고 무시무시한 이야기가 아닐 수 없다. 루스벨트는 이런 식으로 대재벌을 공격하는 것이 대중들의 정서에도 맞고 대중들의 자신에 대한 지지를 결속시켜준다고 판단한 것으로 보인다. 그러나 필요 이상으로 공세를 퍼부은 경향도 엿보인다. 이에 대응해 듀폰 가문은 '아메리칸 리버티 리그'(The American Liberty League)라는 반루스벨트 정치단체에 참여하고 적극적으로 지원했다. 미국 최강의 권력자와 최고의 부자 가문이 맞붙은 셈이다. 양쪽의 대립 관계는 오랫동안 지속됐다.

이런 대립 관계는 1936년에 듀폰가의 한 아가씨와 루스벨트의 아들이 결혼하는 것으로 한 차례 전기를 맞는다. 일종의 소강 상태에 들어가는 데 성공한 것이다. 당시 듀폰사의 최고 경영자인 이레네 듀폰 주니어는 결혼식 만찬에서 루스벨트에게 이렇게 말한다.

"저는 각하의 숙적입니다. 하지만 보시다시피 저는 뿔 달린 흉측

한 악마가 아닙니다. 오늘만은 친구로 대해주시기 바랍니다."

'숙적'이니, '악마'니……. 얼마나 맺힌 것이 많으면 그런 식으로 말했을까 싶다. 어쨌든 셰익스피어의 비극과 달리 루스벨트 가문과 듀폰 가문은 현실 속에서 위태로운 공존 관계를 유지할 수 있게 된다.

한편 제2차 세계대전이 벌어지자 루스벨트 대통령은 듀폰사에 원자폭탄 제조를 의뢰했다. 독일과 일본이 원자폭탄을 제조할 가능성이 심각하게 제기되고 있었기 때문이다. 애초 듀폰사는 이런 제안을 조금도 달가워하지 않았다. 이전에 나이 의원이 상원에서 개최한 청문회에서 '전쟁상인'이라는 식의 공격을 워낙 호되게 했기 때문이다. 공연히 이런 계획에 참여해 또다시 전쟁 이미지로 물드는 일은 절대로 피하고 싶었을 것이다. 그러나 사안은 듀폰 가문의 애국심을 실험하는 성격도 있었다. 국가의 명운이 걸린 사안이기에 끝까지 사양할 수 있는 일이 아니었다.

결국 이 제안에 따라 듀폰 쪽은 총 3억5천만 달러를 들여 플루토늄 제조공장을 건설한다. 그러나 그에 대한 비용은 전혀 받지 않았으며, 사후 수익이나 권리도 모두 포기해버렸다.

한편 2005년 8월 말 허리케인 카트리나가 듀폰사의 근거지라 할 수 있는 미국 루이지애나를 강타하자 듀폰사는 발 빠르게 100만 달러(한화 약 10억 원)에 상당하는 돈과 물품을 기부하는 한편 '듀폰 허리케인 카트리나 기금'을 만들었다. 듀폰사는 구조 및 재건에 투입될 이 기금의 모금액에 대응하는 기부금을 다시 100만 달러까지 낼 것이라고 약속했다.

세계 10대 영향력 있는 재벌, 리자청

제3세대 이동통신에 심혈을 기울이는 리자청 그룹, 훌륭한 2세가 미래산업을 준비하다

2004년 2월에 미국의 경제잡지 《포브스》는 '2003년 세계 최고 갑부 명단'을 통해 홍콩 창장 그룹의 리자청(李嘉誠) 회장이 총 124억 달러(한화 약 14조4000억 원)의 자산을 보유해 세계 19위라고 발표했다. 마이크로소프트사의 빌 게이츠를 1위로 올린 이 명단에 리자청은 아시아 사람으로선 유일하게 20위 안에 올라 있다. 34억 달러로 140위에

2002년 5월 허치슨/MRC 리서치 센터를 개관하는 리자청 회장.

오른 삼성전자 이건희 회장이 소유한 재산의 네 배 정도인 것이다.

"사람의 마음과 현장 경제를 잘 읽어내라"

외형적으로 보더라도 리자청 회장의 재력은 세계 으뜸이라고 하기에 전혀 부족함이 없다. 지주 회사인 창장 실업을 비롯해 세계적인 항만회사인 허치슨 왐포아(Hutcheson Whampoa) 그룹, 부동산회사인 창장 개발, 홍콩 전력, 홍콩 텔레콤, 에어캐나다 등 세계 41개국 460개 기업이 그의 지배 아래 있다. 그가 운영하는 전 세계 기업의 총자산을 합치면 600억 달러(약 69조5000억 원)에 달한다. 재벌로 치면 세계 5위 재벌에 해당한다. 전 세계에 퍼져 있는 그룹의 총고용 인원만 해도 모두 16만 명에 이른다.

특히 파나마 운하의 양쪽 항구 운영권을 25년간 확보해놓고 있으며, 상하이항, 템스항, 로테르담항, 부산항 등 세계 주요 항구의 컨테이너 부두를 손에 쥐고 있는 항만 재벌이기도 하다. 《포브스》는 나아가 리자청이 거느린 그룹의 기업 규모, 정치적 영향력, 사회 공헌도 등을 높이 평가하면서 '세계 10대 영향력 있는 재벌'에 선정하기도 했다.

리자청의 개인사를 추적하다 보면 우선 적어도 네 가지 부분에서 놀라게 된다.

① 이런 세계적인 경영자가 초등학교밖에 안 나왔다.

② 거의 완전히 빈손에서 시작해 당대에 이런 부를 일궈냈다.

③ 나름대로 나쁜 방법을 거의 쓰지 않고 성공한 것으로 평가받고 존경받는다.

④ 경제적 손실을 무릅쓰고 애국적 관점에서 사업을 하는 등 '손해를 볼 줄 아는' 큰 경영을 했다.

리자청은 1928년에 중국 광둥 성 차오저우(潮州) 시에서 삼 남매 가운데 장남으로 태어났다. 중일전쟁 때문에 중학교 1학년 때 중퇴하고 더 이상 학교에 가지 못하게 된다. 일가족이 일본군의 침략을 피해 홍콩으로 탈출해 피난살이를 했다. 아버지가 폐결핵에 걸리고 자신도 폐결핵에 걸린 상황에서 리자청은 사실상 소년가장이 됐다. 만 열세 살인 그가 생업전선에 뛰어들어 맨 처음 한 일은 찻집의 심부름꾼이었다. 하루 열 시간씩 일하며 늘 피곤한 상태였으나 그는 광둥어를 배우고, 영어를 공부했다. 아버지의 당부 때문이었다.

"그때는 잠을 자면서 걸어가기도 했어요. ……영어 단어장을 만들어 손님의 주문이 없을 때는 기둥에 기대어 공부하고요."

그가 다른 1세대 화교 거상과 달리 직접 외국 상인과 영어로 유창하게 상담하고 협상하며 사업의 규모를 세계 시장 차원으로 발전시킬 수 있던 밑거름이 이때 한 영어 공부에서 나온 것이다. 열다섯 살 되던 해에 아버지가 세상을 뜨자, 그는 직종을 바꿔 철물점 판매원, 시곗줄 외판원, 플라스틱 혁대 외판원 등 영업 전선에 뛰어든다. 스물두 살 때인 1950년에 독립해서 완구와 비눗갑 등 가정용 플라스틱 제품을 만드는 작은 공장을 설립한다. "창장 강(長江)은 크고 작은 시냇물을 가리지 않는다"는 뜻을 담아 공장 이름을 '창장 플라스틱'이라고 했다.

1950년대에 플라스틱 조화의 상업성에 일찍 눈뜬 그는 직접 이탈리아까지 간다. 그리고 거기서 취업해 기술을 익힌다. 그리고 돌아와 본격적인 생산에 나선다. 사업은 크게 성공해 1958년 한 해에만 매출액 1000만 홍콩달러, 순이익만 100만 홍콩달러를 기록한다. 그는 일약 '플라스틱 대왕'이라는 별명으로 유명해진다.

이 무렵 리자청은 부동산 개발 쪽으로 눈을 돌리기 시작했다. 그리하여 1960년대 후반에 부동산 경기가 침체됐을 때 부동산을 본격적으로 사들인다. 이와 함께 부동산 전문 회사인 창장 실업을 설립하고 주식 시장에 상장한다. 1970년대 석유파동으로 부동산 시장이 냉각됐을 때도 리자청은 공격적 경영에 나선다. 주식을 추가로 발행하여 확보한 거금으로 건물 부지를 대량으로 사들였다. 캐나다 자금까지 끌어들인 리자청은 홍콩 외곽의 값싼 땅이나 중심가의 노른자위 땅을 골라 사들인다. 그리고 고층 오피스텔, 대형 빌딩, 아파트 단지 등을 지어 고가에 분양한다.

리자청은 이 여세를 몰아 1977년에 홍콩 중심가의 노른자위인 금종-중환 간 지하철 개발권을 두고 벌인 입찰 경쟁에서 영국계 거대 기업 자딘메디슨 그룹을 누르고 이긴다. 이 개발사업의 성공으로 7억 홍콩달러의 이익을 얻는다. 일찍부터 밑바닥 생활을 하며 홍콩 사람들의

리자청은 홍콩에 모두 6만 건 이상의 부동산을 가지고 있다.

마음을 잘 읽는데다가, 다양한 직장생활로 현장경제를 누구보다 잘 읽어내는 장점이 결합한 것이다. 창장 실업은 홍콩뿐만 아니라 중국과 캐나다 등지까지 사업영역을 확대해나갔다. 그 결과 2003년 말에 홍콩에서만 모두 6만2000건에 달하는 부동산을 소유한다.

준비된 작전의 승리

리자청은 1979년에 허치슨 왐포아를 전격적으로 인수해 세계 재벌로 도약하기 시작한다. 이 회사는 1828년에 설립된 영국계 대기업으로 당시 시가총액 62억 홍콩달러에 이르는 거대 공룡이었다. 그런 공룡을 전 자산이 6억9000만 홍콩달러에 지나지 않는 리자청이 인수해버린 것이다.

'돌로 하늘을 부수어 사람을 놀라게 하다.'

'뱀이 코끼리를 삼키다.'

홍콩의 언론들은 이렇게 대서특필했다. 홍콩인을 비롯한 중국인들은 열광했고, 영국 등 서구인들은 경악했다. 당시 허치슨 왐포아는 홍콩의 주식 대란과 부동산 시장의 폭락 그리고 세계적 유가 파동 등으로 크게 고전하고 있었다. 여기에 경영 부실까지 겹쳐 2년 연속 2억 홍콩달러의 적자를 기록했다. 그러나 많은 토지와 부동산을 가지고 있고, 안정된 수익을 올리는 소매업도 가지고 있었다. 앞으로 발전할 수 있는 잠재력이 매우 컸다. 허치슨은 당시 후이펑 은행(HSBC)으로부터 구제금융을 받는 대신 주식을 양도한 상태였다. 따라서 후이펑 은행이 최대 주주였다. 리자청은 후이펑 은행이 허치슨 주식을 결코 장기간 보유하지 않고 매각할 것이라고 정확히 예측했다. 그는 일찍부터 은행 수뇌부 쪽에 비밀작업을 벌이면서 소리 없이 자금을 비축해나갔다. 마침내 후이펑 은행이 시세의 절반 가격에 허치슨 주식의 22.4퍼센트를 시장에 내놓자마자 그는 재빨리 매입해버린다. '준비된 작전의 승리'인 것이다. 그 뒤로도 그는 허치슨의 주식을 계속 매수해 총 39.6퍼센트까지 장악한다. 그리고 허치슨의 이사회 의장에 취임한다.

이 과정에서 리자청이 중국 최고 지도부로부터 지원을 받았다는 소문이 따라나왔다. 아무리 그가 후이펑 은행의 회장과 관계가 좋더라도 결정적인 지분을 시세의 절반 가격에 인수할 수는 없다는 추정 때문이다. 게다가 후이펑 은행은 주식 대금 가운데 1차적으로 20퍼센트만 현금으로 받는 방식까지 동의해주었다. 엄청난 특혜를 준 것이다. 리자청은 여기서 한걸음 더 나아가 영국계 기업 자딘매디슨이 홍콩이 대륙에 반환되는 것이 두려워서 일찌감치 매각한 홍콩 내 자산마저 사들이는 데 성공한다. 이런 성공으로 리자청은 1985년 무렵이면 사실상 홍콩 최대의 재벌로 떠오른다.

그 뒤 리자청은 순풍에 돛을 단 듯 사업을 대대적으로 확장하기 시작한다. 원래 항만회사였던 허치슨 왐포아를 기반으로 영국 최대의 항만기업인 필릭스 스토어를 인수하고, 미얀마, 인도네시아, 중국, 바하마, 파나마 등의 항만운영사업에도 진출한다. 1999년에는 네덜란드 로테르담항의 화물터미널 주식 50퍼센트를 인수해 유럽 최대의 항만운영업자가 된다. 특히 중국의 무역 물동량이 대대적으로 미국 동부로 진출할 것을 예견해 파나마 운하 양끝 도시의 운영권까지 확보한다. 허치슨 왐포아는 뉴욕항 컨테이너터미널 개발 및 운영권의 확보에도 깊은 관심을 기울이는 것으로 알려져 있다.

리자청은 1980년대 말부터 본격적으로 통신 시장에도 진입하기 시작한다. 전통적인 산업 분야에서 성공을 거둔 것을 바탕으로 첨단 정보기술산업에도 진출한 것이다. 1989년에 영국의 이동통신사인 오렌지를 5억 달러에 매입해 수십억 달러를 투자한 뒤, 유럽 최대의 휴대전화 통신사업자인 독일 만네스만과 연합해 대형 인수 · 합병을 성사시킨다. 이와 함께 오스트레일리아, 유럽, 미국 등지에서도 휴대폰과 인터넷 서비스사업을 펼치고 있다.

그는 돈만 아는 경영자가 아니다. 캐나다의 허스키 석유회사를 인수했을 때의 일이다. 계속되는 적자로 허스키 석유회사에서 손을 뗄 수밖에 없었다. 이때 그에게 한 통의 서명문이 날아온다.

"우리의 선조들은 캐나다 철로 공사판에서 일했습니다. 많은 중국인이 죽었습니다. ……당신이 허스키 석유회사 같은 대기업의 대주주가 되고, 1000명이 넘는 서양인 직원을 거느리고 있어 우리는 늘 긍지를 가지고 있었습니다. ……이번에 캐나다에서 사업을 철수하려 한다니 매우 슬픕니다. 바라건대 재고해주십시오."

캐나다에 사는 중국계 학자들의 서명이 든 이 편지를 보고 리자청은 캐나다에 투자를 확대하는 쪽으로 선회한다. 허스키 석유회사의 주식을 95퍼센트까지 매입했으며, 에어캐나다의 지분 31퍼센트까지 매입했다.

그는 통이 큰 경영자이기도 하다. 홍콩의 중국 반환을 앞두고 많은 화교 기업인들이 캐나다나 오스트레일리아로 옮겨갔다. 리자청은 이 중대한 시기에 중국을 통치하는 덩샤오핑 부주석을 만나 다짐을 받는다.

"중국 정부는 홍콩이 반환된 이후에도 홍콩을 직접 통치할 의사가 전혀 없으며, 1국 2체제를 유지할 것이다."

불확실한 미래 때문에 투자자 가운데 상당수가 투자자금을 회수해 가는 바람에 당시 리자청의 자금 사정은 좋지 않았다. 그러나 그는 덩

덩샤오핑을 만나고 있는 리자청. 그는 덩샤오핑으로부터 홍콩을 절대로 직접 통치하지 않겠다는 확약을 듣고, 홍콩 잔류와 대대적인 대륙 투자를 결정한다.

샤오핑의 약속을 확신했다. 그리고 홍콩에서 사업을 더욱 확대하는 한편 중국 본토에 더 적극적으로 투자하기로 결정한다. 덩샤오핑과 이렇게 해서 형성한 상생 관계는 그 뒤 장쩌민 주석과의 관계로 연결 · 확대된다. 리자청은 아예 "재산의 25퍼센트 정도를 대륙에 투자하겠다"고 확약하기까지 한다.

2세를 잘 교육시킨 기업가

현재 리자청 그룹은 점차 신경제-미래산업 쪽으로 사업 비중을 옮기고 있다. 가장 심혈을 기울이는 분야는 제3세대 이동통신이다. 그래서 단말기나 전화번호를 바꾸지 않고도 여러 나라에서 사용할 수 있는 휴대전화 시스템 '지쓰리'(G3)를 개발했다. 이 사업을 위해 리자청 그룹은 유럽 시장에서 대대적인 투자와 판촉 공세를 계속하고 있다. 그러나 앞으로도 수백억 달러가 추가로 들어가야 하는 등 아직 전망을 정확하게 가늠하기는 어렵다. 만일 이 사업이 성공한다면 리자청 그룹은 마이크로소프트사의 신화를 능가하는 세계 경제의 빅뱅을 주도할 가능성이 높아진다.

리자청은 두 아들을 잘 교육시킨 기업가로 꼽힌다. 큰아들 빅터 리(리쩌쥐 李澤鉅)는 미국 스탠퍼드대학에서 토목공학 석사과정을 우수한 성적으로 마친 엘리트로 창장 실업 사장, 창장 기건 사장 등을 역임했다. 현재는 퍼시픽 센추리 사이버 웍스(PCCW)의 대표를 맡고 있다.

형보다 더 공격적이고 도전적인 차남 리처드 리(리쩌카이 李澤楷)는 스탠퍼드대학 전자공학과를 3학년 때 중퇴하고 스타티브이를 설립한 뒤 매각하고, 피시시더블유와 톰닷컴(www.tom.com)을 설립하는 등 신경제 분야에서 도전과 실패를 거듭한 뒤 지금은 사이버 포트 사업을 지휘하고 있다. 아이디어가 뛰어나고 추진력이 강해 창장 그룹의 미래를 실질적으로 책임질 것이라는 관측도 적지 않다. 아버지의 후광에서 독립하려는 욕구가 강해 리자청과 가끔씩 갈등과 긴장 관계를 형성하는 것으로 알려진다. 그는 미국에서 유학할 때 자신이 대부호의 아들이라는 것을 숨긴 채 맥도날드에서 야간 아르바이트를 하고 골프장에서 공을 줍는 일도 했다.

리자청의 둘째 아들 리처드 리. 미국 유학 때 신분을 숨기고 맥도날드에서 야간 아르바이트를 하기도 한 인물이다.

리자청은 두 아들에게 자신의 경영 철학을 계속 전수하고 있다.

"사람들에게 해로운 사업은 아무리 돈이 많이 벌리더라도 하지 말라."

"너무 드러내지 말라."

"일석일조에 승부하는 것을 경계하라."

리자청의 생활은 대단히 검소하고 소탈하다. 매주 월요일 자식과 손자 들을 집으로 불러 함께 식사를 하는데, 반찬 네 가지와 국 한 그릇씩이 전부라고 한다. 양복도 같은 것을 10년씩 입을 정도이며, 때를 덜 타게 하기 위해 대부분 검은색이다. 구두는 깁고 창을 갈아서 신을 수 있을 때까지 신는다. 담배도 피우지 않고 술도 마시지 않으며 도박도 하지 않는다.

배짱경영과 지식경영의 조화

리자청은 기본적으로 동양적인 가치관에 충실하다. 또한 배짱과 지식을 모두 갖춘 경영을 지향한다. 따라서 위기나 고난이 닥쳤을 때 대응하는 방식도 매우 독특하다.

성공만을 거듭하던 리자청에게 1997년 말에 헤지펀드의 아시아 공격과 함께 외환 위기가 밀어닥쳤다. 당시 그의 주력 사업은 부동산이었다. 홍콩의 부동산 가격이 직격탄을 맞고 60퍼센트 이상 떨어졌다. 그의 주력 기업인 허치슨 왐포아의 자산도 334억 달러에서 204억 달러로 39퍼센트나 줄어들었다.

이 위기 상황에서 리자청은 거꾸로 치고 올라갔다. 공격경영에 나선 것이다. 1998년 2월에 홍콩 정부가 금융 위기 이후 처음으로 토지경매를 실시했을 때 그는 과감하게 투자에 나섰다. 사람들은 놀라면서 고개를 갸우뚱거렸다. 그러나 그는 외환 위기가 수그러들면 다시 부동산 경기가 좋아질 것이라고 확신했다. 그는 한편으로 '돈을 벌 기회 앞에서 결단을 내리는 배짱경영'을, 다른 한편으로는 '철저히 준비하고 대비하는 지식경영'을 잘 조화시킬 줄 아는 경영자였다. 그는 이런 말까지 한 적이 있다.

"나는 특히 사업에 관한 한 완벽한 준비를 한 다음에야 착수한다. 아침 뉴스에서 분명히 날씨가 맑을 것이라는 기상 통보관의 말을 들었다고 해도 문을 나설 때는 다시 한번 나 스스로에게 질문한다. '만약 5분 뒤 태풍이 불어오면 어떻게 할 것인가?' 이 물음에 자신 있게 대답할 수 있어야만 나는 집을 나선다."

사전에 철저히 검토한 끝에 결단하는 배짱경영으로 1998년 말에 그는 세계 최대의 화교 재벌이라는 자리를 지켜내는 데 성공한다. 또한 그가 소유한 4개 기업이 세계 화교 기업 순위 10위 안에 진입한다.

그가 사업이 아닌 가족의 일로 심각한 위기를 맞은 적이 있다. 장남 빅터 리가 1995년에 홍콩의 조직폭력배 대부호파에게 납치된 것이다. 당시 리자청은 납치범들의 요구대로 10억3800만 홍콩달러(한화로 1천억 원 상당)라는 거금을 주고 아들부터 구해냈다. 그리고 범인들의 요구대로 경찰에 신고하지 않았다. 이 사건은 피해자인 리자청 가문 내부에서 처리했기 때문에 상당 기간 동안 세상에 알려지지 않았다. 어쨌든 나중에 사건이 알려지고 홍콩 언론은 연일 대서특필했다. 이런 소용돌이 속에서 이 사건의 후유증으로 빅터 리가 더 이상 사회 활동을 못 할 것이라는 소문까지 퍼져나갔다.

그러나 빅터 리는 그 뒤 에어캐나다를 인수하는 사업을 훌륭하게 지휘해 이런 소문을 깨끗하게 날려보낸다. 리자청이 지도하여 치밀하게 준비해 장남의 재기전을 성공시킨 것이다. 납치범들은 나중에 중국 당국에 의해 체포돼 사형에 처해졌다. 이 때문에 리씨 가문이 홍콩 경찰을 젖히고 중국 최고위층에 부탁했다는 소문도 떠돌아다녔다. 과연 그렇게 한 것일까? 확인할 길은 없다. 하지만 사건이 이런 식으로 마무리되면서 리씨 가문은 반대급부로 많은 것을 얻었다.

① 앞으로 또 있을 수도 있는 범죄 집단의 공격을 사전에 막는 효과를 거둠.

② 조용하지만 확실한 해결방법을 가지고 있다는 것을 세상에 각인시킴.

③ 어떤 위기라도 극복하면서 사업을 해내는 책임 있는 가문이라는 이미지를 구축함.

이처럼 리자청은 위기를 기회로 만드는 능력도 뛰어났다.

역사를 만드는 길

동서양이 평등할 때 꽃핀 길 **인류의 문명을 풍부하게 증폭시킨 실크로드, 힘의 균형이 깨질 때는 전쟁과 학살의 길로 돌변하다**

현대 유럽을 만든 로드무비 **375개 간선도로를 지닌 제국 대동맥 로마 가도, 2천 년 동안 문명의 자양분을 공급하다**

동서양의 운명을 바꾼 길 **실크로드의 한계를 뛰어넘은 몽골의 길, 중세 유럽의 성벽 너머로 화약과 나침반을 전파하다**

국경 없는 바다의 실크로드 **기원전 3천 년 전부터 개척된 바닷길, 종교전쟁의 위기에 직면한 세계 최대 원유 수송로**

동서양이 평등할 때 꽃핀 길

인류의 문명을 풍부하게 증폭시킨 실크로드,
힘의 균형이 깨질 때는 전쟁과 학살의 길로 돌변하다

8세기 중국의 장안, 세계에서 가장 크고 풍요한 이 국제도시는 놀랍게도 서역풍이라 불리는 페르시아 양식에 흠뻑 빠져 있었다. 저마다 페르시아식 모자를 쓰고, 페르시아식 신을 신고, 페르시아식 옷을 입은 채 온종일 꽃구경을 하며 보냈다. 석양 무렵이면 귀족의 자제들이 백마에 올라탄 채 '호희'(胡姬)라 부르는 페르시아계(이란계) 여성들을 찾아 술집으로 몰려다녔다. 남색 아이섀도로 요염하게 화장한 호희들은 서역의 음악과 노래 그리고 춤으로 장안의 남자들을 유혹했다.

문명의 대동맥, 실크로드

중국적 호방함으로 후세에 '시선'(詩仙)으로 추앙받는 이백조차 서역풍의 강렬한 매력을 거침없이 받아들인다.

어디서 그대와 이별하면 좋을까,
장안의 동문인 청기문일세.
호희는 하얀 손을 내밀어 손짓하여 부르고
손님을 잡아끌며 금잔으로 취하게 하네.

— 이백, 「송배십팔도남귀숭산」(送裴十八圖南歸嵩山)에서

당나라 시대 또 다른 명시인 백거이에 이르면 호희는 한층 더 원색적이면서 짙은 정염마저 느껴지는 존재로 부상한다.

호선녀(胡旋女), 호선녀,

마음은 비파소리에 따라 감응하고 손은 북소리를 따라 움직이네.

비파소리, 북소리 하나가 되면 날렵하게 양 소매 올려 감으며

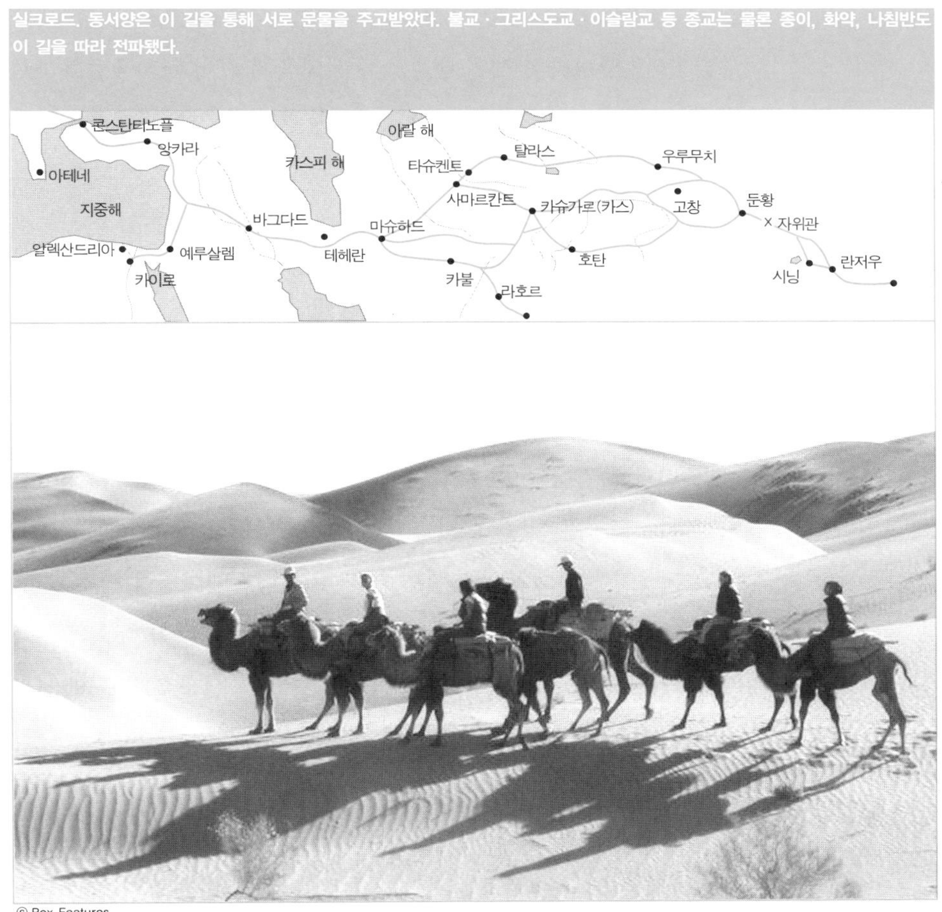

실크로드. 동서양은 이 길을 통해 서로 문물을 주고받았다. 불교 · 그리스도교 · 이슬람교 등 종교는 물론 종이, 화약, 나침반도 이 길을 따라 전파됐다.

ⓒ Rex Features

바람에 날린 눈 구르듯 광야에 흐트러지듯 춤추네.
좌로 돌고 우로 돌아도 지칠 줄 모르고
수만 번 돌면서 그칠 줄 모르네.
사람 사는 세상 이에 비할 바 있으랴,
달리는 마차바퀴도 회오리바람도 이보다 느릴진대.

— 백거이, 「신악부」의 '호선녀'에서

그뿐인가? 당나라 황제인 태종조차 서역풍에 깊이 빠져들었다. 「책부원귀」에 따르면 태종은 서역의 고창국을 원정해 얻은 마유포도라는 우수한 포도 종자를 궁궐의 뜰에 심어 재배했다. 그리고 포도가 익으면 스스로 여덟 가지 포도주를 담갔다. 이 '황제의 포도주'를 신하들에게 직접 하사하곤 했다. 황제가 앞장서서 서역풍에 심취한 채 유행에 박차를 가하는 판에 감히 누가 거스를 수 있단 말인가.

1300여 년 전 당나라의 수도 장안은 이처럼 서양의 문물이 한껏 꽃피고 있었다. 바로 실크로드 때문이었다. 실크로드를 통해 동양과 서양이 문명과 물자를 서로 주고받으며 인류의 지평을 넓혀온 것이다. 실크로드는 문명과 문명이, 사람과 사람이, 물자와 물자가 만나고 충돌하고 뒤섞이는 거대한 생명체였다. 문명의 대동맥이었다.

이런 실크로드가 21세기에 들어 다시 인류 문명의 주역 가운데 하나로 새롭게 부상하고 있다. 유럽과 아시아를 잇는 실크로드를 따라 곳곳에서 개발의 불도저가 굴러가고, 개방의 회오리가 몰아친다. 나라마다 꼬리를 물고 열리는 경제협력회담……, 동서남북의 외국으로부터 꼬리에 꼬리를 물고 밀려드는 대형 화물트럭과 화물열차들……. 중앙아시아 곳곳에서 일어나고 있는 이러한 변화는 실크로드의 부활을 알린다. 과거 인류 문명사를 수놓은 실크로드의 영화가 이제 다시 찾아온 듯하다. 그런데……, 모든 것이 다 좋은가?

아니다. 빛이 있다면 그림자가 지게 마련인가? 어쩐지 이번의 변화는 예사롭지가 않다. 동서간 문명의 교류를 통해 상호 평화와 이익을 증진시켜온 긍정적인 과거사와는 사뭇 다르다. 왠지 불안정하고 불길하기만 한 갈등과 전쟁의 그림자가 무겁게 드리워져 있기 때문이다. 미국의 제2차 이라크 침략전쟁(2003년 3월~현재) 이래 실크로드의 무대는 새로운 난기류에 휘말려 들고 있다. 실크로드는 과연 이 도전을 평화롭고 슬기롭게 헤쳐나갈 수 있을 것인가? 인류의 미래 운명과 직접적으로 이어져 있는 중대한 물음 앞에 실크로드는 놓여 있는 것이다.

역사적으로 실크로드의 존재를 가장 먼저 기록에 남긴 역사가는 그리스의 헤로도토스(기원전 484~425)이다. '역사의 아버지'라는 별명으로도 불리는 그는 『역사』(Historiai) 제4장에서 스키타이 민족의 교역로에 대해 기술하면서 돈 강 하구로부터 볼가 강과 우랄 강을 건너 동북쪽으로 산재한 많은 민족을 묘사한 기록을 남겼다. 동양에서는 사마천(기원전 145~86)이 『사기』의 「대완열전」, 「흉노열전」, 「서남이열전」 등을 통해 중국 서쪽의 이민족에 대한 지식과 정보를 상당히 풍부하고 극적으로 전하고 있다.

실크로드라는 이름이 인류 문명사에 공식적으로 등장하기 전부터 동양권과 서양권은 이 길을 통해 갖가지 형태로 교류해왔다. 그 사례만 하더라도 한두 가지가 아니다.

① 비너스상: 스페인의 피레네 산맥으로부터 시베리아의 바이칼 호에 이르는 지역에서 비너스상이 출토됐다. 놀랍게도 고고학자들은 이 비너스상들이 대부분 1만 년 전쯤 것이라고 추정한다. 발견된 지역이

유라시아 대륙 20여 군데이다. 특정한 지역의 우연한 현상이 아니다.

② 채색도기(채도): 중국 허난 성과 간쑤 성 등에서 출토된 채색도기와 만리장성 지대에서 출토된 수많은 청동제품 등의 존재는 모두 실크로드를 빼놓고는 설명할 수 없다. 홍적세 인류인 베이징 원인이 발견되기도 한 중국 북방의 황토 지대는 원래 회도 문명이 중심이었다. 그런데 이 지역에서 그보다 더욱 발전하고 다양한 색채의 채도가 많이 발견되고 있는 것이다. 중국 쪽의 채도는 대체로 기원전 2500년부터 500년 사이의 제품으로 추정된다. 이에 반해 메소포타미아 지역에서 발견되는 오리엔트 채도는 대략 기원전 5000년에서 2000년 사이로 추정된다. 중국학자들은 채도의 중국기원설을 주장하기도 하지만, 동양전래설이 학계에서 널리 인정받고 있다.

③ 옥제품: 유라시아 대륙 각지에서 옥제품이 공통적으로 출토된다. 고고학자들은 중앙아시아 타림 분지의 호탄을 비롯해 쿤룬 산맥(곤륜산맥)의 자합국(아스간사르 강 유역), 파미르 고원의 타슈쿠르간에서 난 옥이 동으로는 중국으로, 서로는 중동 지역으로 이동했다고 추정한다. 그 결과 중국에서는 신석기시대부터 옥기가 활발하게 제작되었다. 중국에서 신석기시대와 청동기시대에 제작된 옥제품의 원료는 남방의 티베트나 미얀마에서 생산되는 경옥(jadeite)이 아니라 호탄에서 생산되는 연옥(nephrite)이었다. 이 옥을 수송한 '옥의 길'이 나중에 실크로드로 발전했다는 추정이 유력하다.

실크로드라는 용어 이전에 이미 실크로드는 실체로서 지구 동편과 서편의 인류를 이어주고 있었다. 동양과 서양이 서로를 이었다가 끊기도 하고, 끊었다가 다시 잇기도 하면서 실크로드는 점점 굵고 튼튼해진다. 그리고 점차 인류의 삶 속에 광범위하게 영향을 미친다. 역사의 시간이 흐르면서 실크로드는 중국의 장안에서 시작해 만리장성을 따라 서북쪽으로 전진해 자위관에 이른 다음 타클라마칸 사막을 지나 파미르 고원에 이르고, 다시 아프가니스탄과 이란을 거쳐 소아시아에 이르는 총길이 6400여 킬로미터의 대장도로 완성돼갔다. 당시 동양 문명의 중심인 중화 문명과 서양 문명의 중심인 로마 문명을 잇는다는 성격을 반영해 한반도의 경주(당시 이름 금성)로부터 이탈리아 반도의 로마까지 1만4750킬로미터로 확장시키는 견해도 있다.

서양에서 실크로드를 완성하는 데 가장 크게 공헌한 사람으로 먼저 알렉산더 대왕을 들 수 있다. 그는 기원전 334년부터 323년까지 11년 동안 벌인 동방원정을 통해 실크로드 서쪽 방면의 도로망을 사실상 완성했다. 그리스의 마케도니아를 출발해 오늘날의 터키와 시리아를 거쳐 이스라엘과 이집트까지 정복한 그는, 다시 페르시아를 석권한 다음 동쪽의 인도와 히말라야를 향해 전진한다. 원정은 멀리 힌두쿠시 산맥과 인더스 강에까지 이어진다. 곳곳에 자신의 이름을 따서 '알렉산드리아'라는 첨단도시를 70여 개나 건설한 그의 공로로 히말라야로부터 그리스에 이르는 서쪽 지역의 도로망이 대부분 틀을 잡는다.(오늘날 아프간 사태로 유명해진 헤라트와 칸다하르 등이 모두 이때 알렉산드리아라는 이름으로 건설된 도시들이다.)

알렉산더는 나아가 많은 그리스계의 식민을 단행해 실크로드가 비약적으로 발전하는 데 크게 기여한다. 인도 불교미술에 큰 획을 긋는 간다라 미술에 섬세한 불상과 화려한 신전을 닮은 사찰이 등장한 것도 그리스계 식민의 영향을 받았기 때문이다. 그리스 헬레니즘의 '사람 몸에 대한 관심과 사랑'이 인도 간다라의 불상으로 이어지고 그 영향이 다시 중국과 신라까지 이어지는 구조가 되는 것이다.

동양에서는 통일왕조 진나라와 한나라가 서역을 지속적으로 경영하며 실크로드를 활성화하는 데 결정적으로 이바지했다. 특히 직접 서역로를 여행하고 기록을 남긴 장건과 중앙아시아 지역을 정복해 중국판 실크로드 연결망을 이룩한 반초의 공로를 빼놓을 수 없다. 기원전 139년에 장건은 자원해서 흉노의 후방에 있는 유목민족 대월지국과 동맹을 맺기 위해 초원으로 진입한다. 적대 관계에 있는 흉노를 치기 위한 한나라의 외교전략이었다. 그러나 그는 흉노에 두 차례나 체포돼 장기간 억류되는 고초를 겪는다.

그 뒤 장건은 13년 만에야 흉노인 아내와 함께 중국의 장안으로 돌아온다. 서역 국가에 대한 그의 보고를 바탕으로 한나라는 적극적으로 서역 경영에 나서 마침내 흉노 세력을 간쑤 성 일대에서 몰아내고, 하서4군을 설치하기에 이른다. 특히 서역의 명마에 심취한 무제는 좋은 말을 얻기 위해 한나라의 사자들을 끊임없이 서쪽으로 파견했다. 그 규모에 대해 사마천은 이렇게 기록했다.

"사절단이 길에서 서로 마주칠 정도로 빈번하게 오갔다. 사절단의 규모가 큰 것은 수백 명, 작은 것은 백여 명이었다. ……사절단이 많을 때는 한 해에 수십 회, 적을 때도 5~6회씩 파견됐다."

서방의 상인들도 중국의 한나라로 계속 몰려들었다. 명마와 함께 빛나는 보석과 향료, 약품, 동물 등이 장안 성에 넘쳤다. 서방 상인들은 비단과 칠기, 금 등 중국의 특산품을 서방으로 가지고 갔다. 물자뿐만이 아니었다. 다양한 학문과 지식, 이국적인 예술과 생활 양식까지도 활발하게 교류됐다. 역사가 시작된 이래 가장 다양한 문명과 물자가 광범위하게 뒤섞이기 시작한 것이다. 실크로드는 그 뒤 역대 왕조들이

나침반이 설치된 방위계기(왼쪽). 이런 나침반이 실크로드를 통해 서양에 전해졌다. 만리장성의 서쪽 끝인 자위관(오른쪽). 여기서부터 실크로드는 타클라마칸 사막으로 뻗어간다.

성쇠함에 따라 발전하거나 쇠퇴하는 등 부침을 자주 겪는다.

그러다가 당나라가 세계 제국을 건설하면서 다시 한번 크게 융성하게 된다. 당나라가 타림 분지에까지 안서도호부를 설치하고 물자와 사람의 교류를 적극 장려했기 때문이다. 이백과 백거이가 노래하던 장안 성의 서역풍은 이때 절정을 이룬다. 서역풍과 함께 숱한 서역의 종교와 사람 들도 장안 성으로 몰려온다. 이슬람교, 마니교, 그리스도교의 일파인 네스토리우스교 등이 당나라에 들어왔다. 당이 외국인을 관직에 중용하고 국제 교역을 활성화하는 등 개방 정책과 국제주의를 적극적으로 펼친 결과, 동서 약 10킬로미터, 남북 약 8.5킬로미터의 장안 성은 한족을 비롯해 위구르인, 페르시아인, 투르크인, 소그드인, 아랍인, 티베트인, 신라인, 일본인 등 갖가지 민족이 몰려드는 세계 최대의 국제도시이자, 민족 전시장이 됐다. 장안은 세계 종교의 집산지이자,

세계 패션의 쇼윈도였다.

그러나 동방과 서방 양쪽에서 정세가 크게 변하면서 실크로드는 또다시 활기를 잃는다. 소아시아 지역을 지배하던 로마 세력이 점차 영토를 잃고 대신 아랍인 세력이 커지면서 유럽과 중국의 교역로가 막힌 것이다. 동쪽에서도 당이 안녹산의 난 등으로 큰 혼란을 겪어 실크로드에 신경 쓸 겨를이 없었다. 이런 교착 상태는 13세기부터 14세기 사이에 몽골이 융성해지면서 해소되기도 하나, 19세기 서세동점의 시기 때까지 대체로 이어진다.

실크로드는 인류에게 어떤 영향을 남긴 것일까? 그 역사적 성격을 정리하면 대략 다음과 같다.

① 동서양 문명의 대동맥: 동서양 문명은 2천 년(최대 1만 년) 이상 실크로드를 통해 교류하면서 서로의 발전에 심대한 영향을 미쳤다. 갖가지 문명이 뒤섞여 더욱 탄력적이고 유용한 문명양식으로 진화할 수

실크로드의 아시아 서쪽 끝인 이스탄불. 대상을 통해 중국에서 날라온 비단이 이곳에서 배를 통해 유럽으로 들어갔다.

있었다. 나아가 각 문명권 지역에서 독자적으로 해결할 수 없던 의식주상의 결핍을 실크로드의 교역을 통해 부분적이나마 서로 보완했다고도 할 수 있다. 실크로드는 인류 문명의 대동맥으로서 결정적으로 기여한 것이다.

② 인류의 생활양식에 결정적으로 필요한 요소의 교류: 무엇보다 제지술이 이 실크로드를 통해 중국에서 서양으로 전래됐다는 점을 빼어놓을 수 없다. 이를 통해 인류의 지적 문화는 대폭발을 경험한다. 이와 함께 문자와 십진법, 화약, 나침반 등등 이루 헤아릴 수 없이 중요한 문물들을 주고받았다.

③ 세계 종교의 전파: 불교를 비롯해 그리스도교 · 이슬람교 · 마니교 · 조로아스터교 등이 모두 이 길을 따라 동양과 서양으로 퍼져갔다. 인류의 정신문명이 이 길을 통해서 전파되고 교류함으로써 더 풍부해지고 탄력적으로 변모해갔다고 할 수 있다.

④ 인류 전체의 생존 역량을 강화시킴: 의학적 관점에서 보면, 오랜 시간에 걸쳐 아시아와 유럽 그리고 아프리카가 교류한 결과 인류의 상호 면역력이 증대했다고 할 수 있다. 나아가 더 다양하고 새로운 종족들과 결혼이 빈번해짐으로써 치명적인 유전병 인자들이 발생할 수 있는 빈도를 크게 줄일 수 있었다. 결국 이 실크로드를 통해 인류의 총체적인 생존 역량이 장시간에 걸쳐 비약적으로 높아졌다고 할 수 있다.

활발한 '21세기판 실크로드' 구상

현재 실크로드에는 두 가지 중대한 변화의 동인이 뒤섞인 채 작동하고 있다. 하나는 '실크로드 르네상스'를 지향하는 움직임이라고 할 수 있다. 그 옛날 평화로운 시절에 크게 번영한 실크로드의 역사를 교훈삼아 다시 21세기에 새로운 르네상스를 이뤄보려는 노력이 그것이라고 할 수 있다. 여러 나라들이 바다와 하늘에 빼앗긴 과거 실크로드의 영광을 재현하려는 다양한 계획들을 구체적으로 제시하고 있다. 중국의 신장웨이우얼과 파키스탄을 고속도로로 연결하려는 판아시안하이웨이 계획을 비롯해 러시아의 시베리아 철도를 남북한과 중국에 연결하려는 계획 등은, 모두 이 같은 '21세기판 실크로드' 구상이라고 할 수 있다. 실크로드에 포함되는 나라들이 서로 협력해 평화과 번영의 길을 새롭게 부활시켜보자는 것이다.

물론 이 나라들이 추진하는 번영의 시나리오가 모두 긍정적인 것만은 아니다. 개발의 반대급부로 벌어질 수 있는 환경 문제를 비롯해 번영의 과실을 어떻게 나누고 활용할 것인가 하는 분배와 사회정의의 문제 등등. 그래도 크게 보아 이 방향은 평화와 대화, 협력을 바탕으로 풍요를 꿈꾼다는 성격이 강하다.

다른 하나는 '힘에 의한 실크로드의 재편'이라고 할 수 있다. 특정강대국의 이익을 힘으로 관철시키려는 움직임이다. 이 강대국 가운데 가장 공세적으로 주도권을 잡고 있는 나라는 미국이다. 미국은 이라크 제2차 침략전쟁 이후 유라시아의 실크로드 회랑 지역에 대해 거침없이 군사적 · 경제적 · 외교적 진출을 감행하고 있다. 중국과 러시아를 겨냥해 두 나라의 후방을 장악하려는 전략이 실크로드 회랑 지역의 여러 나라들에서 치열하게 진행됐다. 어떤 때는 무력을 동원하고, 어떤 때는 경제적 지원을 약속하는 식으로 키르기스스탄, 우즈베키스탄, 아프가니스탄, 그루지야 등에 미군기지가 들어섰다. 중국과 러시아는 이에 대한 반발로 합동 군사훈련을 벌이는 등 군사상의 공동전선을 노골화해가고 있다.

과연 실크로드는 이 두 가지 변화의 갈림길에서 어떤 길로 가게 될 것인가? 과연 판아시안하이웨이나 실크로드 철도는 번영을 위한 교역로가 될 것인가? 아니면 대규모 살상무기와 군대, 피난민을 실어나르는 전란의 길이 될 것인가?

역사의 교훈은 이렇다. 실크로드는 서로 혜택을 공유하는 호혜평등의 원칙을 지킬 때 평화와 번영으로 이어졌다. 그 원칙이 깨질 때, 힘의 균형이 깨질 때 실크로드는 평화와 번영의 길이 아니라 전쟁과 학살의 길로 돌변했다. 실크로드 1만 년의 역사는 우리에게 이 사실을 경고하고 있다.

왜 '비단길'인가

중앙아시아를 관통하는 교역로를 통해 오고 간 수많은 물자 가운데 특히 비단의 이름을 따서 이 길의 이름을 붙인 사람은, 19세기 말 독일의 지리학자 프레디난트 파울 리히트호펜이다. 그가 독일어로 비단길인 '자이덴 슈트라센'(Seidenstrassen)이라는 조어를 만들어내자, 이는 곧 세계에 널리 전파됐다. '실크로드'는 이 독일어 표현에서 비롯된 영어식 표현이다.

이처럼 서양인에게 실크, 곧 비단은 가장 중요한 교역품이자 최고의 명품이었다. 역사적으로도 비단은 기록에 남아 있는 동서양 사이의 최초 교역상품이기도 하다. 비단의 인기는 기원전 1세기 로마에서 치솟기 시작했다. 당시 로마의 비단 열풍은 대표적인 철학자이자 저술가인 세네카의 『행복론』에서도 그대로 확인된다.

"비단옷은 신체를 보호할 수 없으며, 부끄러움조차 가릴 수 없다. 그 옷을 한번이라도 입어본 여성이라면 마치 자신이 벌거벗고 있는 게 아닌가 하고 느꼈을 것이다. 침실에서조차 남편에게 자신의 몸을 보여주기를 꺼리는 로마의 부인네들이 공공연하게 자신의 몸매를 드러내기 위해 바로 이 천을 그토록 열광하며 찾는다. 막대한 돈을 들여가며 상인을 부추겨 먼 미지의 나라에서 구해오도록 하는 것이다."

로마인들은 이 비단을 '세리카'(serica), 중국인을 '세르인'이라고 불렀다. 한자 '사'(絲)의 중국식 발음 '쓰'가 동양과 서양의 숱한 중계상을 거쳐 로마에 전해지면서 세리카로 정착된 것으로 보는 견해도 있다. 그러나 2세기 로마인은 비단을 어떻게 만드는지 전혀 모르는데다가 세레스 사람에 대한 인식도 중국인의 실제 이미지와 너무나 다른 수준에 머물러 있었다.

비단옷을 입은 그리스 신화의 무녀 메나드의 그림. 비단의 제조방법이 그리스에 전달된 것은 6세기 이후이므로 이 무녀도의 비단옷은 중국산일 가능성이 대단히 높다.

비단이 처음 서쪽으로 향할 때는 그리 비싼 편이 아니었다. 흉노 등 중앙아시아의 유목민족과 거래하며 중국인은 유목민의 좋은 말 한 필에 비단 40필로 계산했다. 여기에 먼 거리를 수송하며 위험 경비와 관세가 계속 덧붙고 중간 상인들의 폭리까지 더해져 가격이 폭등했다. 특히 로마에서 비단에 대한 폭발적인 열풍이 불었기 때문에 값이 더 뛰었다. 로마인들은 지나친 비단 수입에 따른 재정 적자를 우려하는 여론에도 아랑곳하지 않고 사치 풍조를 멈추지 않았다.

한편 실크로드의 서쪽 상권을 장악하고 있던 파르티아인들은 비단에 대한 중계 무역의 권리를 독점하기 위해 비단에 관한 정보를 계속 비밀에 붙였다. 그리고 갖가지 방법으로 중국과 로마가 직접 접촉하는 일을 막으려 했다. 중국 후한 때의 역사를 기록한 『후한서』「서역전」에 이렇게 기록돼 있다.

"이 나라(로마) 왕은 한나라에 사신을 보내려고 했으나, 안식(파르티아)이 한나라의 증채(繒綵, 비단)를 가지고 이 나라와 교역하려 해서 한나라와 차단돼 스스로는 얻을 수가 없었다."

또 파르티아의 배꾼들은 97년에 한나라 서역도호 반초의 명령으로 로마로 가기 위해 시리아까지 온 중국 관리 감영에게 "바다가 넓어서 건너는 데 순풍이면 3개월, 역풍을 만나면 2년이나 걸린다"는 식으로 속이기도 했다. 파르티아인들은 또한 비단과 중국에 대해 신비화하는 설화 등을 만들어 서양에 유포했다. 비단 무역의 중개상 지위를 독점하려는 파르티아의 상술이 중국과 동양에 대한 서양의 신비주의적 인식을 형성하는 데 적잖은 영향을 끼친 것이다.

현대 유럽을 만든 로드무비

375개 간선도로를 지닌 제국 대동맥 로마 가도, 2천 년 동안 문명의 자양분을 공급하다

"모든 길은 로마로 통한다."

유럽인들은 끊임없이 하나의 유럽을 꿈꾼다. 비록 유럽연합(EU) 헌법에 대한 국민투표가 2005년 봄에 프랑스와 네덜란드에서 잇따라 부결되는 바람에 잠시 그 꿈이 좌초돼 있는 상태이다. 그러나 유럽을 하나의 운명공동체로 인식하고 하나의 문화권, 하나의 경제권, 하나의 화폐를 거쳐 하나의 정치공동체로까지 승화시키려는 꿈은 쉬지 않고 계속된다.

전 유럽을 하나로 묶어준 로마 문명이, 전 유럽을 하나로 연결시키는 거대한 네트워크 로마 가도가 완전히 무너지거나 단절되지 않는 한 유럽인들은 이 운명을 부정하지 못한다. 지난 2천 년 동안 민족의 이름으로, 도시의 이름으로, 종교의 이름으로, 계급의 이름으로 서로 그렇게 숱하게 치고받고 죽이고 살려온 그들이지만, 이제는 안다. 하나의 유럽으로 뭉치지 않으면 앞으로 제1차, 제2차 세계대전을 훨씬 능가하는 참혹한 살육이 닥칠 수 있다는 것을. 그래서 유럽인에게 이제 '하나의 유럽'은 '운명'이 돼버렸다.

17세기 프랑스의 시인 라퐁텐(Jean de La Fontaine)이 『우화시』(Les Fables)에서 "모든 길은 로마로 통한다"라고 표현한 것은 역사적으로

나 현재적으로 전혀 과장이 아니다. 쉬운 이야기로 그의 조국 프랑스야말로 로마 제국 시대에 로마 이외의 지역에서 가장 로마화한 지역이었다. 지금도 프랑스 곳곳이 로마의 유적을 그대로 보존한 채 각국의 관광객을 끌어 모으고 있지 않은가? 오늘날 루마니아의 언어가 유럽의 정반대편에 있는 프랑스의 언어와 억양이나 단어 면에서 아주 비슷한 느낌을 주는 것을 로마의 언어문자 라틴어를 빼놓고 도대체 어떻게 설명할 수 있을까? 로마 문명이 프랑스에 가장 로마화한 지역이라는 세례를 주었으며, 라틴어가 프랑스어와 루마니아어에 똑같이 풍부한 자양분을 준 것이다.

로마 전성 시대의 로마 가도 연결망. 이탈리아는 로마 시대부터 부르던 이름이고, 아시아는 터키 지역을 일컫던 지명이다. 로마 시대의 지명이 오늘날 어떻게 반영됐는지 이해를 돕기 위해 영문 지도를 그대로 실었다.

라 퐁텐이 로마 시대에 살았다면 그는 어떤 식으로 로마에 갔을까? 당시에는 파리라는 도시가 존재하지도 않았다. 일단 그 근처에 살았다고 치면, 그는 맨 먼저 자기가 사는 곳에서 가장 가까운 대도시 아우구스토두눔(Augustodunum)으로 가야 한다. 로마 시대에 갈리아로 부르던 프랑스를 정복한 사람은 아우구스투스의 양아버지 가이우스 줄리우스(또는 이울리우스) 카이사르다. 카이사르가 죽은 뒤 권력자의 자리에 오른 아우구스투스는 기원전 27년에 갈리아 일대를 순방한다. 이 순방을 기려 도시 이름을 아우구스토두눔으로 지은 것이다. 라퐁텐은 이 도시에서 남쪽으로 로마 가도를 타고 아렐라테(Arelate)까지 내려간다. 이곳은 오늘날 프랑스 남부의 도시 아를(Arles)에 해당한다. 다시 라퐁텐은 '비아 이울리아 아우구스타'라는 이름의 도로를 따라 동쪽으로 향할 것이다. 앞에 '비아'(Via)라는 단어가 들어 있는 것으로 봐서 이 도로는 수도 로마를 벗어난 지역에서 도시와 도시를 잇는 대형 도로라는 것을 금세 알 수 있다. 또한 이울리우스 아우구스타, 곧 카이사르가 이 도로를 건립하는 데 크게 기여했을 것이 틀림없다.

어쨌든 이 도로를 따라 알프스에 닿으면 이제부터는 '이탈리아'다.(로마 시대에는 오늘날의 이탈리아 반도 일대를 이탈리아로 불렀다. 따라서 이탈리아라는 나라 이름은 로마 제국의 쇠락과 축소라는 역사를 그대로 반영하고 있다.) 이탈리아에서 다시 비아 아우렐리아를 따라가면 곧 로마에 도착하는 것이다.

로마 가도는 로마인의 실용주의가 반영된 최고의 걸작품이라고 할 수 있다. 그리스 출신의 유명한 지리학자이자 역사학자로 『지리지』를 쓴 스트라보는 이렇게 기록했다.

"로마인들은 그리스인들이 전혀 신경조차 쓰지 않던 세 가지를 제공했다. 길, 수도, 하수도가 그것이다."

실제로 로마인들은 새로운 길을 여는 것을 해외 전쟁에서 승리를 거두는 것이나 중요한 정치적 결정을 내리는 것에 뒤지지 않는 대단한 공적으로 평가했다. 이 때문에 황제나 집정관 들은 도로를 건설하는 일에 경쟁적으로 달려들었다. 이에 따라 새로운 도로와 도시에 이를 건설한 지도자들의 이름을 붙이는 것이 유행처럼 제국을 휩쓸었다. 초기 귀족정 시대의 유서 깊은 귀족 가문인 '아우렐리우스', '발레리우스', '에밀리우스', '지우릴리우스' 같은 이름이라든가, 강력한 황제인 '아우구스투스', '클라우디우스', '베스파시아', '도미트리우스', '트라야누스', '하드리아누스' 등의 이름이 지금껏 많이 남아 있는 것은 다 이런 영향 때문이다. 물론 도로 이름에는 이런 가문이나 황제의 이름이 일종의 형용사형으로 바뀌어 붙는다. 예컨대 아우렐리우스 황제가 건립한 길은 '비아 아우렐리아'라고 하는 식이다.

초기에 가도는 제국의 발원지인 로마의 일곱 언덕에서 비롯됐다. 그 뒤 수도인 로마 내부에 도로망이 갖춰지자 곧 밖으로 뻗어나가기 시작했다. 로마를 벗어난 대형 도로를 가리키는 '비아'는 맨 처음 동맹도시와 연결하기 위해 건설되기 시작했다. 이어 해안의 염전 지역과 로마를 연결하는 도로 같은 것도 건설됐다. 로마와 동부 아드리아 해의 염전도시를 연결하는 가도에 '비아 살라리아'(Via Salaria)라고 이름 붙인 것이 그 대표적인 예이다. 길을 나타내는 '비아'와 소금(salt)의 형용사형 표현인 '살라리아'를 합친 이름이다. 즉 '소금길'인 것이다. 서양에서 급여를 샐러리(salary)라고 하는 것은 바로 로마군에게 급여를 소금으로 지급한 데서 유래한다.

가도는 로마인에게 매우 친근한 존재다. 그리하여 로마인들은 가도를 따라 자신들이 좋아하는 고대의 신을 모시는 갖가지 시설물들을 세워놓았다. 로마 시내의 가도는 초기에 시민들의 반대 때문에 폭이 좁은 형태였다. 길이 좁아야 자기들이 다니는 길에 그늘이 들 수 있다는 것이 그 이유였다. 폭이 넓은 길은 그늘이 지지 않아 땡볕이 바로 내리쬐므로 다닐 때 고생스럽다는 것이다. 그런 판이라 제국이 팽창되는데도 로마 시내는 동시에 마차 두 대가 다니기에도 어려운 길을 그대로 놓아둘 수밖에 없었다. 또한 시민들은 아무렇지도 않게 집안의 쓰레기를 길 위에 그대로 던지곤 했다. 쓰레기를 그냥 창문 밖으로 내던지는 식이다. 가도 주변에 가족묘지 등 묘지를 둔 것도 이런 친근감의 표현이었다. 한편 문화사적으로 본다면 로마인에게 무덤이나 죽음은 두려움이나 공포의 존재가 아니었음을 말해주기도 한다.

가도는 또 정치적 선전장으로 이용되기도 했다. 기원전 71년에 노예 검투사 스파르타쿠스의 반란을 진압한 뒤 로마군은 사로잡힌 노예 6천 명을 로마 제국의 1번 도로라 할 수 있는 '비아 아피아'(아피아 가도)를 따라 십자가에 매달아 세우고 처형했다. 스파르타쿠스 자신은 전장에서 죽은 것으로 추정되지만, 다른 포로들은 이렇게 잔인하게 죽었다. 로마의 권력자들은 이러한 심리적 선전전을 통해 노예들이 다시 반란을 일으키지 못하게 했다. 로마 가도 가운데 가장 유명한 도로가 바로 이 비아 아피아라고 할 수 있다. 로마에서 남동 지역의 주요 항구인 타렌툼(오늘날의 타란토)을 잇는 길이 261킬로미터의 도로로, 기원전 312년 당시 감찰관 아피우스 클라우디우스 카에쿠스가 건설했다. 로마인들은 이 도로를 '모든 길의 황후'(레지나 비아룸)라고 부를 정도로 중요시했다.

"모든 길은 로마로 통한다"라는 표현은 반대로 로마에서 모든 곳으로 진출했다는 말이 된다. 로마는 이탈리아 반도를 통일한 뒤 국력을 밖으로 급격히 분출해나갔다. 유럽은 물론 아시아, 아프리카 3개 대륙으로 제국을 넓혀가는 과정에서 로마 가도는 제국의 대동맥으로서 결정적인 역할을 했다.

맨 처음 뻗어나간 곳은 동쪽이다. 로마 제국 초기의 발달 단계에서 가장 선진화된 문명이 그리스였기 때문이다. 따라서 동쪽이 가장 중요한 진출 방향이 될 수밖에 없었다. 비아 아피아의 종착지인 타렌툼이 바로 그리스를 향한 거점 항구였다. 심지어 이 항구도 그리스인 식민자들이 건설했다. 비아 아피아는 다시 북쪽에 있는 아드리아 해의 항구 브룬디시움(오늘날의 브린디시)까지 확장돼 연결된다. 브룬디시움에서 배로 아드리아 해를 건너면 항구도시 아폴로니아에 닿는다. 거기서 바로 '비아 아에그나티아'가 이어진다. 기원전 130년 무렵 건설된 이 가도는 디라키움(오늘날의 알바니아 두러스)을 거쳐 마케도니아를 종단해 그리스 북부 항구 살로니카에 도착한다.

살로니카는 2004년 아테네 올림픽 당시의 중계방송으로 우리에게도 익숙한 이름이 된 테살로니키다. 이곳에서 다시 필리피를 거쳐 트라키아 해안을 따라가면 마침내 비잔틴(오늘날의 이스탄불)에 이르게 된다. 역사적으로 이 지역 하나하나는 모두 다 흥미로운 땅이기도 하다. 테살로니키의 경우 『신약성서』「데살로니가서」의 무대다. 사도 바울이 데살로니가(테살로니키)의 교회에 보낸 편지가 바로 「데살로니가 전서」와 「데살로니가 후서」인 것이다. 필리피는 카이사르를 암살한 브루투스가 안토니우스-옥타비아누스(훗날의 아우구스투스) 연합군과 싸워 패배해 자살한 곳으로 영어식으로 표현할 때는 '필리파이'로 발음한다. 트라키아는 노예 검투사 스파르타쿠스의 고향이다. 비잔틴은 동로마 제국의 수도이기에 더 말할 필요도 없으리라.

동서 로마를 잇는 대동맥이 완성되자 로마인들은 서쪽으로 눈길을 돌렸다. 기원전 120년 무렵 알프스를 넘어 갈리아 쪽으로 진출한 로마인들은 맨 처음 피레네 산맥으로 향하기 시작했다. 알프스-피레네 사이의 도로는 당시 '비아 이울리아 아우구스타'로 불렸다. 이 가도가 만들어짐에 따라 오늘날의 아를, 님, 앙티브, 엑상프로방스, 생레미 등이 생겨났다. 프랑스 남부에 있는 주요 도시들의 골격이 정해진 셈이다.

이어서 피레네 산맥을 넘어 오늘날의 스페인인 이베리아 반도로 진출한 로마인은 남쪽으로 전진해나갔다. 그 결과 아우구스투스가 기원전 14년에 죽기 전까지 이베리아 반도에 건설한 로마 가도는 총길이가 2천 킬로미터에 이른다. 나중에 그 길이는 7천 킬로미터까지 늘어난다. 끊임없이 도로망이 갖춰지면서 이베리아의 로마화가 급속도로 진행된 것이다.

이 과정에서 오늘날 스페인의 주요 도시들이 건설됐다고 해도 지나치지 않다. '비아 도미티아'(로마 가도의 이름을 짓는 방식을 어느 정도 이해한 사람은 이 도로를 누가 건설했는지 짐작할 수 있을 것임)에 연결된 '비아 아우구스타'의 건설로 등장한 오늘날의 도시는 바르셀로나(로마명 바르키노), 타라고나(타라코), 발렌시아(발렌티아), 사군토(사군툼), 카르타헤나(노바 카르타고) 등이다.(카르타고는 로마와 포에니 전쟁을 벌인 로마의 초기 라이벌이다. 거기에 '새로운'이라는 의미를 지니는 라틴어 '노바'를 붙인 것으로 보아 이곳이 과거 카르타고의 식민지였음을 짐작할 수 있다.) 로마 가도는 다시 이베리아 반도의 내륙 쪽으로 진출해 코

106년에 로마인이 스페인에 건설한 알칸타라 다리. 오늘날에도 그 정교함이 느껴진다.

르도바, 라코루냐 등에까지 이어진다.

갈리아 쪽으로 진출한 로마 가도는 아를에서 론 강을 따라 올라가 리옹을 거쳐 도버 해협까지 이른다. 도버 해협을 건넌 로마 가도는 다시 런던(로마명 론디니움 Londinium)을 거쳐 웨일스, 스코틀랜드 접경까지 나아간다. 갈리아 중부에서 동쪽으로 나아가는 로마 가도는 라인 강을 거쳐 다뉴브 지역까지 퍼져나가 중부 유럽과 동부 유럽을 거의 망라하는 규모로 펴져나간다. 유럽을 가로세로로 연결해 로마 문명의 모든 것을 유럽 전 지역으로 공급하고 전달하는 유럽의 대동맥이 완성됐다고 하면 지나칠까?

속도전과 개방, 그리고 시스템

이처럼 역사적으로 중요한 의미를 지니는 로마 가도의 특징은 대략 이렇다.

① 현대 유럽의 탄생: 로마 가도의 확장은 사실상 유럽의 형성과 맥을 같이한다. 오늘날 유럽 국가들이 로마 제국 당시 로마 속주의 이름을 국가명의 어원으로 삼고 있다는 점만 보더라도 그렇다. 영국 지역을 가리키는 브리타니아, 스페인 지역을 가리키는 히스파니아, 마케도니아 지역을 가리키는 마케도니아 등이 모두 로마 당시의 지명을 그대로 쓰고 있는 경우다. 사실상 로마 제국의 팽창은 곧 유럽의 팽창이라고 할 수 있다.

② 서구 문명의 대동맥 역할: 단순히 영토적 의미에서의 통합이라면 로마 제국이 붕괴한 뒤 유럽은 동일한 정체성을 가질 수 없었을 것이다. 그러나 제국의 가도를 통해 문자와 종교, 로마법, 통화, 건축술, 과학, 예술, 군사학, 의술, 패션, 사상, 발명품 등 최고급 문명이 거의 그대로 전 지역에 동일하게 전파되었다. 유럽 문명의 동질성은 사실상 이렇게 해서 유지될 수 있었다. 로마 제국 이후로도 이 로마 가도를 따라 서구 문명의 갖가지 요소가 활발하게 교류하고 경합하면서 서구 문명은 동질적 발전 단계를 밟아나갔다.

③ '속도전 · 개방 · 시스템'의 삼박자: 제국의 팽창에 따라 로마인은 선택을 강요받는다. 개방이냐 방어냐의 선택에서 그들은 개방을 선택했다. 통일된 특정 지역을 밖으로부터 보호하기 위해 성벽을 쌓기보다 속도전 개념에 입각한 신속이동 배치전략을 선택한 것이다. 그들은 제국의 군대를 가장 빠른 시간 안에 가장 효율적으로 변환하여 배치할 수 있도록 도로망을 연결하고 이것을 하나의 시스템으로 완성해 가동했다. 그 결과 로마는 가장 짧은 시간 안에 가장 효율적으로 정복을 이뤘을 뿐만 아니라 가장 오랫동안 제국을 유지할 수 있었다.(바로 이 점에서 로마의 개방-공유형 가도 문명과 중국의 폐쇄-방어형 장성 문명의

차이를 구별하는 이론이 발전했다. 최근 중국에서 이 이론에 대한 반작용으로 장성이 폐쇄형이 아니라 문명과 물자의 교류에 크게 기여하는 도로의 기능을 수행했다는 주장이 나오고 있다.)

④ 평등사회로의 지향성: 로마는 비록 노예제 사회로 운영되었지만, 도로에 대한 관점에서는 대단한 평등성을 지향하고 있었다. 특히 다른 고대 제국들의 도로에 관한 통치 철학이 보여주는 폐쇄성과 비효율성을 아예 시작부터 극복하고 있다. 황제부터 노예까지 로마 안에 있는 모든 자들이 이 도로를 이용하도록 했다. 군인, 순례자, 병자, 사상가, 학자, 창녀, 사기꾼, 범죄자 들이 모두 이 도로를 통해 이동했다. 심지어 침략자들조차 이 도로를 이용할 수 있는데도 로마인은 자신감을 가지고 밀어붙였다.

⑤ 정보-기록의 중요성 재확인: 로마 가도는 건축물 자체로서 현대인을 놀라게 하기에 충분하다. 나아가 그에 따른 기록 분야도 더하면 더하지 떨어지지 않는다. 로마 가도는 로마의 도로원표에 43개 속주 여러 도시의 거리를 정확히 기록해놓았다. 뿐만 아니라 약 1.6킬로미터마다 이런 거리표를 기록한 기둥(이 기둥이 '칼럼'임. 이 기둥에 글을 써놓았다는 데서 오늘날의 신문 칼럼이 유래된 것임)을 세워놓았다. 아울러 이 도로를 중심으로 제국 전체의 실상을 정확히 기록한 갖가지 분야의 정보를 빠짐없이 기록해놓았다. 도로를 건설한 사람의 이름을 비롯해 그의 업적, 나아가 도시에서 방향에 따라 뻗어나간 도로의 거리, 마을, 주요 지형 · 지물 등등이 기록으로 전해지고 있다. 로마인들이 로마 가도와 로마 가도를 둘러싼 역사 및 정보를 얼마나 중요시했는지는 도로의 포장석재와 그 석재에 적힌 기록이 '영구적으로 유지돼야 한다'고 법으로 아예 규정한 점만 보아도 알 수 있다.

로마 가도는 주요 간선도로만 모두 375개, 총길이 8만 킬로미터에 이른다. 일부 간선도로는 지금까지도 유용하게 활용되고 있다. 특히 지리적으로나 지형적으로 반드시 필요한 지점에 교량을 설치해놓아 오늘날까지 쓰임새가 매우 많다.

로마 가도는 이처럼 방대한 연결망을 후세에 전해 오늘날 유럽의 기초를 이루었다. 나아가 지난 2000년 동안 유럽의 모든 지역에 로마 문명의 헤아릴 수 없는 자양분을 공급하는 대동맥으로 힘차게 고동쳤다.

제국의 도로, 로마에서 인도까지

로마뿐만 아니라 유명한 고대 제국들은 모두 대형 도로를 건설했다. 로마인들에 훨씬 앞서 이집트의 파라오들과 중동 지역의 절대군주들도 그런 역사를 이룩해놓았다. 흥미로운 것은 문명권마다 도로에 대한 지배자들의 생각이나 철학이 매우 달랐다는 점이다. 파라오들은 도로를 절대자인 자신과 자신의 군대만이 사용할 수 있도록 제한했다. 파라오의 권위를 과시하는 제사나 행사, 군사 행진 등을 위해 도로를 건설한 것이다. 이와 달리 고대 페르시아인들은 도로를 상업용으로만 사용할 수 있었다.

한편 중국의 도로는 진나라 시황제의 대역사를 보면 그 쓸모를 이해할 수 있다. 진나라는 흙을 다져서 강도와 내성을 강화하는 공법인 판축공법을 사용했다. 이 판축공법으로 도로뿐만 아니라 만리장성도 만들었다. 시황제는 나아가 전국시대에 각 나라마다 천차만별로 다르던 수레바퀴의 폭을 진나라식 하나로 통일하는 등 표준화에 심혈을 기울였다. 당시 중국의 여러 나라들은 수레바퀴가 잘 구를 수 있도록 수레바퀴 폭에 맞춰 지표면에 좁고 긴 도랑을 파는 식으로 도로를 운용했다. 천하를 하나의 시스템으로 묶는다는 시황제의 이런 관념은 후대로 내려가면서 전란이 빈번해지자 크게 후퇴한다. 도로망 역시 침략자에게 악용된다는 생각이 팽배해 결국 도로망을 정비하지 않는다는 통치관으로 바뀐다. 조선왕조가 도로방치 정책을 쓴 것도 같은 맥락이라 할 수 있다.

고대 제국 가운데 도시 안의 도로망이 가장 발달한 곳은 인도라고 할 수 있다. 기원전 4세기 무렵 알렉산더 대왕이 동방원정에 나서 인도까지 쳐들어갔을 때 알렉산더 군대는 그곳에 건설돼 있는 도로를 보고 깜짝 놀란다. 당시 마케도니아인들이 상상할 수 없을 정도로 석재 도로망이 완비돼 있던 것이다. 이 점과 관련해 오늘날 도로를 나타내는 영어 단어 'way'의 어원을 보면 매우 재미있는 사실을 발견하게 된다. 'way'는 중세 영어 'wey'에서 유래하는데, 라틴어 'veho'('I carry'의 뜻)의 파생어라고 한다. 이 'veho'는 또 그 어원이 인도 산스크리트어 'vah'('carry', 'go', 'move'의 뜻)라고 한다. 이 단어와 알렉산더 원정군이 목격한 인도 도로가 직접적으로 연관이 있는지는 확인하기 어렵지만, 매우 흥미로운 일이 아닐 수 없다.

로마인들이 도로를 건설하는 모습의 상상도.

한편 현대의 차량용 도로를 나타내는 영어 단어 'road'는 고대 영어 단어 'rad'('to ride'라는 뜻)와 중세 영어 단어 'rode'('a mounted journey'의 뜻. 탈 것을 이용하는 이동이나 여행)에서 유래한 것이라고 한다.

동서양의 운명을 바꾼 길

실크로드의 한계를 뛰어넘은 몽골의 길,

중세 유럽의 성벽 너머로 화약과 나침반을 전파하다

몽골이 다시 깨어나고 있다. 칭기즈 칸의 대제국 이후 700년 동안 역사의 망각 속에 내팽개쳐진 몽골이 그 지정학적·군사적 중요성을 다시 인정받기 시작한 것이다. 실크로드의 동단 지역을 압박하는 전략적 중요성에다가 그 전성기 때 이른바 '몽골의 길'(몽골리안 로드)을 효율적으로 운영해 인류 문명이 발전하는 데 크게 기여한 몽골……. 그러나 21세기 몽골의 재부상은 700년 전 대제국 시절의 영광과는 사뭇 거리가 있다. 무엇보다 전쟁의 냄새를 물씬 풍긴다. 더더구나 관련 주역들이 저마다 세계 최강의 군사력이라고 해도 충분할 정도여서 그 긴장감이 이만저만이 아니다. 외신 보도 등을 빌려 상황을 재구성하면 대략 이런 그림이 된다.

"2005년 8월 말을 기점으로 미군과 몽골군이 군사연합적 단계로 진입한다. ……군사연합적 관계는 먼저 미군 태평양사령부 소속 병력 250~500명이 괌과 하와이에서 몽골로 이동해 연합훈련을 벌이는 것으로부터 시작한다. ……특히 이 훈련은 몽골을 둘러싸고 있는 군사강대국 중국과 러시아의 군사연합적 관계를 겨냥한 미국과 몽골의 반격이라는 점에서 엄청난 폭발력을 지닌다. 훈련계획조차 중국과 러시아가 8월 하순 산둥 반도에서 1만 명 규모에 최첨단 무기를 대대적으로 투입해 '평화의 사명 2005'라는 이름으로 중러연합 군사훈련을 벌이고 있는 상황에서 긴박하게 발표됐다. ……이로써 최강대국 미국은 중국과 러시아 두 나라를 동시에 겨냥할 수 있는 전략적 요충지 몽골에 군사적 거점을 마련하기 시작한 것이다."

도대체 몽골에서 무슨 일이 벌어지는 것일까? 미국과 몽골, 중국과 러시아가 뒤얽혀 벌이는 이런 군사적 합종연횡은 어떤 결과로 이어질 것인가? 일단 그 배경을 보면 이런 추론이 가능하다. 역사적으로 몽골 제국 시대를 빼놓으면 중국과 러시아에 대해 늘 심각한 피해의식을 가질 수밖에 없는 몽골이 미국과 손잡는 것에 민족의 생존을 걸었다는 성격을 띤다. 몽골은 그 결단의 결과로 미국의 무기체제를 도입하고, 미국에 소규모 군사기지 같은 성격의 시스템을 제공한다. 유엔의 평화유지작전에 적극 참여한다는 명분으로 미군 무기편제를 도입하는 한편, 몽골 안에 '평화유지군 훈련센터'를 둬 몽골군을 훈련시킬 미군이 상주할 길도 연다.

또한 2005년 가을부터는 이라크에 대대병력을 평화유지군으로 파병한다. 이건, 뭔가와 닮았다. 바로 '트로이의 목마'가 아닌가? 몽골은 중국과 러시아를 겨냥한 '트로이의 목마'가 되려는 것이다. 역사적으로는 12~13세기에 세계 최강의 군사대국이던 몽골이 21세기 최강의 군사대국인 미국과 동맹을 맺는 격이다. 몽골 제국과 미국의 연합군인 셈이다.

여기서 과거에 몽골 제국이 '몽골의 길'을 통해 인류 문명에 기여한 영광의 궤적을 살펴볼 필요가 있다. 어쩌면 거기에 21세기 인류를 위한 해답이 있을지 모르기 때문이다. 역사는 늘 현재를 위한 훌륭한 스승이 아니던가?

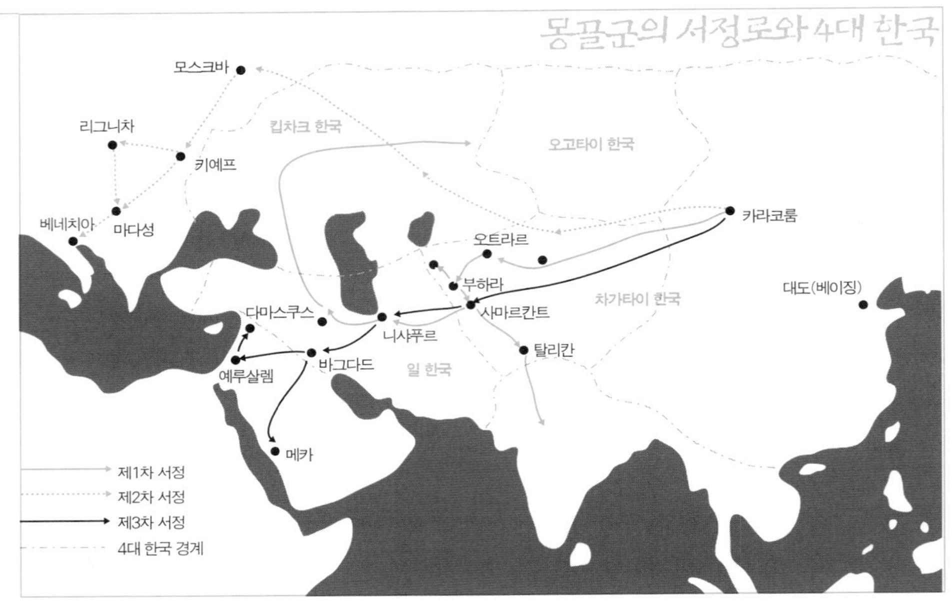

'릴레이 연결형'에서 '풀코스 완주형'으로

대칸의 사자가 칸발리크(베이징)를 출발하면 어느 길을 택하든지 40킬로미터마다 '잠'이라고 부르는 역을 만난다. '잠'은 역사(驛舍)라는 뜻이다. ……어떤 역사에는 말 400마리가 사절용으로 언제나 준비돼 있다. ……길도 제대로 없고 민가도 여관도 없는 외딴 시골에 가더라도 어디나 역사가 있다. 단지 그 간격이 좀 길어져서 하루 동안 이동하는 거리가 40~50킬로미터가 아닌 56~72킬로미터 가량으로 멀게 잡혀 있는 점이 다를 뿐이다. ……정말 이 제도만큼 대규모로 갖춰진 것은 일찍이 볼 수 없었다. ……전령과 갖가지 사절단이 사용하기 위해 (몽골의) 역참에는 모두 30만 마리 이상의 말이 배치돼 있다.

13세기 말엽 베네치아인 마르코 폴로는 25년에 걸친 길고 긴 동방여행을 마치고 서양인에게 그때까지 본 적도 들은 적도 없는 이야기를 전하기 시작했다. 폴로는 아시아 동쪽 끝에서 동유럽까지, 역사상 가장 큰 땅을 지배한 몽골인들이 놀라운 통신 시스템을 가지고 있었다고 밝혔다. 폴로의 『동방견문록』에 따르면, 이 시스템은 단지 사람을 이동시킬 뿐 아니라 아시아 · 아프리카 · 유럽의 3대 구대륙에서 당시 생산되고 유통되던 다양한 물질적 · 정신적 자원을 활발하게 이동시키고 교류시켰다. 철도망과 체신망을 결합한 것과 비슷한 이 놀라운 역체(驛遞) 시스템으로 몽골 제국은 역사상 가장 역동적으로 문명을 교류시켰다. 역체 시스템은 바로 몽골 제국의 대동맥이었다.

몽골 제국 이전 시기에 인류는 실크로드를 통해 동서양을 연결해왔다. 그러나 실크로드는 몇 가지 점에서 제약을 받고 있었다. 첫째, 중국의 장안에서 동로마 제국의 콘스탄티노플이나 시리아 지역에 이르는 방식은 '풀코스 완주형'이 아니라 '릴레이 연결형'이었다. 한 특정 대상이 실크로드의 처음부터 끝까지 갈 수는 없었다. 한 팀이 일정 구간만을 가고, 다시 다른 팀이 다음 구간을 떠맡아 이동하는 식이었다. 둘째, 동서양 사이에 강력한 이슬람 세력이 등장해 여러 가지 사정에 따라 실크로드가 연결되거나 끊기는 등 불안정하게 운용됐다. 사실상 아랍과 페르시아가 실크로드의 주도권을 잡고 간섭하거나 방해하는 일이 빈번하게 일어났다.

그런 상황에서 몽골 제국이 등장하기 시작한다. 칭기즈 칸의 서방원정을 시작으로 몽골 제국은 팽창에 팽창을 거듭해 마침내 4대 한국을 건설하기에 이른다. 몽골인이 지배하는 제국은 유라시아 대부분 지역을 망라하는 규모로 확대된다. 몽골 제국의 깃발 아래 유교 문명, 불교 문명, 힌두 문명, 이슬람 문명, 페르시아 문명, 그리스도교 문명, 슬라브 문명 등 거의 모든 동서양의 문명이 공존하면서 활발하게 교류했다. 특히 오고타이 한국(알타이 산맥 일대), 차가타이 한국(중가리아 분지와 타림 분지 그리고 아무다리야 강 동쪽 지역), 킵차크 한국(동유럽 지역), 일 한국(페르시아와 터키 지역)의 4대 한국이 각각 서로 다른 문명권에 기반을 두고 건설됐다는 사실은 새로운 시스템이 만들어지리라는 신호와도 같았다. 몽골족 형제 국가끼리의 통일성을 유지하고 교류를 강화하면 할수록 각 문명간 교류는 저절로 이뤄지는 것이 아닌가?

그 결과 몽골 제국의 판도 아래 획기적인 동서양 교류가 가능해진다. 몽골 제국의 길은 실크로드의 한계를 이렇게 극복한다.

① 동서양 교통로의 비약적 확장: 과거 실크로드는 중국의 장안에서 동로마 제국의 콘스탄티노플 또는 로마까지 연결됐다. 이제 몽골 시대에 이르러 그 영역은 동쪽으로는 베이징까지 그리고 거기서부터 다시 남쪽의 국제적인 항구도시 항저우에까지 연장되고, 서쪽으로는 로마를 넘어 중부 유럽까지 넓어진다. 인류의 지평이 사실상 그만큼 확장됐다고 해도 지나치지 않다.

② 안전의 증대: 더 중요한 것은 동서양이 훨씬 안전하게 교류할 수 있게 됐다는 점이다. 과거에는 실크로드의 도로망 전체를 효율적으로 지배하고 관리하는 단일한 제국이 없었다. 그 때문에 구간마다 과도한 관세를 붙이는 제국이나 영지가 많은가 하면, 도적의 공격으로부터도 안전하지 못했다. 이슬람권의 과도한 간섭과 방해도 빼놓을 수 없었다. 그러나 이제 몽골 제국 아래 동서양이 안전하게 교류할 수 있었다.

③ 풀코스 완주형의 작동: 이제 동서양을 완주하는 사람이 드물지 않게 등장한다. 마르코 폴로도 그 가운데 하나다. 아랍 문명권의 대표

몽골의 역체제도를 본격적으로 발전시킨 오고타이 칸.

적 여행가 이븐 바투타를 비롯해 교황의 특사였던 카르피니 신부, 프랑스 국왕의 종교사절인 기욤 드 뤼브룩 등이 동양여행을 할 수 있게 된 것도 모두 이 시기에 들어서다.

④ 동서양 상시 교통 시스템: 몽골의 역체 시스템은 동서양의 상시 교류를 가능하게 했다. 비록 정기편은 아니었지만, 역참마다 갖춰진 상비시설과 안정적인 운영 인원 그리고 운송 수단(말) 등에 힘입어 상시적으로 이동할 수 있었다.

⑤ 바닷길의 병행 발전: 몽골 제국 아래 동서양을 잇는 바닷길도 함께 발전한다. 육로가 발전함에 따라 지리상의 지식이 팽창한 결과다. 몽골 제국은 송나라 때 이룩한 조선술과 항해술 그리고 해양 운영 경험을 더욱 발전시켰다. 그 결과 중국권에서 이때 처음으로 '동양'과 '서양'이라는 관념이 제시된다. 무엇보다 유라시아 전역에 퍼진 4대 한국과 활발하게 교역하기 위해서도 바닷길의 발전은 필연적으로 요구됐다.

⑥ 동서양 단일 시장의 맹아 탄생: 이런 변화의 최종적인 귀결은 사실상 동서양 단일 시장이라고 해도 지나치지 않다. 몽골 제국은 한인 중심주의에 사로잡혀 수구화되곤 하던 종래의 중국 왕조와 달리 인적·물적 교류에 대단히 개방적이고 적극적이었기에 대외 교역에서

도 눈부신 업적을 이룰 수 있었다.

⑦ 단일 화폐의 통용 시작: 제국이 팽창되고 교통이 발달하면서 단일 화폐의 필요성이 높아진다. 그 결과 '교초'(지원통행보초)라는 지폐와 차가타이 화폐가 제국에서 널리 통용되기에 이른다. 그 이전 남송 시대인 1170년에 지폐가 처음 등장하기는 했어도 이처럼 광범위한 지역에서 광범위한 규모로 통용된 것은 몽골 제국 때부터다. 유럽보다 400년이나 앞서 지폐를 통용시킨 것이다.

이 모든 것은 사실상 동서양 교통로의 획기적 발전이 없었더라면 불가능한 일들이었다.

'급체포'라는 특급 서비스

몽골 제국의 뛰어난 역체 시스템은 초기 몽골 지배자 가운데 상대적으로 가장 인덕이 많았다고 평가받는 오고타이 칸에서 비롯됐다. 오고타이라면 야율초재의 진언을 받아들여 중국 카이펑의 학살을 피한 칸이기도 하다. 『원조비사』는 오고타이 칸의 말이라며 이렇게 기록해놓고 있다.

> 그동안 사신이 왕래할 때에 백성들의 지원을 받도록 했다. 그 결과 왕래하는 사신은 여행이 늦어지고 백성도 고통스럽기 일쑤였다. 이제 우리는 이렇게 결단하기로 한다. 여러 고장의 천호(千戶, 행정 · 군사적 단위 집단)에서 참호(站戶, 역참 일을 보는 집)와 마부를 공출해 역참일을 보게 한다. 사신들은 아주 중요한 때를 빼고는 이 역참을 이용해서 오가도록 한다.

이런 역참은 크게 두 가지로 갈라졌다. 일반적인 종류의 역참으로는 육로를 이용하는 육참과 선박을 이용하는 수참이 있었다. 육참의 교통 수단으로 가장 널리 이용한 것이 말이지만, 낙타 · 소 · 당나귀 · 양 등도 이용했다. 개를 이용하기도 했다. 몽골 제국 전역에서 이런 역참이 얼마나 많이 운용됐는지 정확히 알기는 어렵다. 기록에 따르면 중국 서쪽 끝인 간쑤 성 주취안에서 대도인 베이징까지 모두 99개가 있었으며, 중국 경내에만 1400여 개가 있었다고 한다.

일반적인 역참과 별도로 특급 서비스도 운용되고 있었다. 급체포(急遞鋪, 몽골말로 '찌데뽀')라는 것으로서 조정과 지방행정기관 사이에 긴급문서를 운송하는 특수 역참이었다. 일종의 행정행낭제도라 할 수 있는데, 송나라 때의 비슷한 제도인 급각체(急脚遞)를 본받아 발전시킨 것이다. 급체포는 10리나 15리, 20리마다 설치하고, 급체포 10개마다 우체국장이라 할 수 있는 우장(郵長) 1명과 포졸(鋪卒) 5명을 배치했다. 급체포를 이용할 경우 하루 밤낮에 400리를 주파하는 것이 원칙이다. 이런 특급 서비스를 이용하면 일반 역참의 경우 6일 이상 걸리는 거리를 3, 4일 만에 주파했다. 나아가 마르코 폴로를 뒤이어 원나라에 온 이탈리아 프란체스코파 선교사 오도리코 다 포르데노네는 그의 저서 『동방기행』에 이렇게 적고 있다.

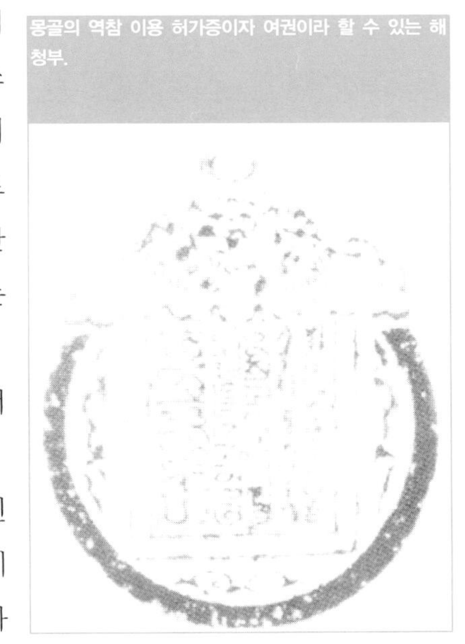
몽골의 역참 이용 허가증이자 여권이라 할 수 있는 해청부.

"급체포를 통해 황제는 30일 여정 거리에서 일어난 사태를 하루 만에 보고받았다."

이런 경우에 해당하는 지방의 반란 같은 긴급사태 때에는 그야말로 분초를 다투는 릴레이 경주처럼 운용됐다. 첫 포졸이 역참에서 가장 힘세고 괄괄하고, 안장이 있는 말 가운데 한 마리를 골라 타고 전속력으로 달린다. 다음 역사에 이 포졸의 허리춤에 달려 있는 방울이 울리는 소리가 멀리서부터 들려오면 역시 최상의 상태인 포졸과 말이 이어받아 달린다. 밤에는 횃불을 든 길잡이까지 앞세워 달려 하룻밤 또는 하루낮에 240킬로미터에서 320킬로미터를 단숨에 달린다.

이 역체제도를 안전하고 합리적으로 이용하기 위해 '패'라고 하는 패스포트가 등장했다. 일종의 신분증이자 역참 이용 허가증이라고 할 수 있는 패는 크게 금자원형패부, 은자패부, 해청부, 원패 네 가지가 있었다. 해청부는 다시 금패, 은패, 철패 세 가지로 나뉘었고, 원패는 금자와 은자로 구분됐다.

몽골의 길은 서양에 광범한 영향을 미쳤다. 왜냐하면 당시까지만 해도 동양 문명이 서양 문명을 압도하고 있었기 때문이다. 유럽인들은 몽골의 길을 통해 이전까지 아랍인을 통해 간접적으로 전해 받던 중국 4대 발명, 곧 제지술 · 인쇄술 · 나침반 · 화약을 직접 받아들일 수 있었다. 특히 화약이 유럽에 대대적으로 전파되면서 종래까지 난공불락이던 중세 봉건영주들의 성이 격파되어 유럽 지역에 통일국가들이 출현하게 된다. 나아가 나침반의 전래가 유럽 국가들의

마르코 폴로 형제의 대상을 집어넣어 만든 카탈루냐의 세계 지도.

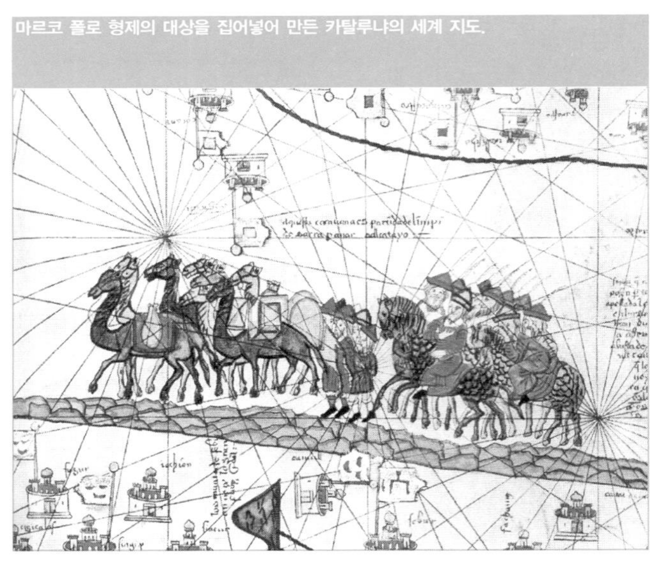

항해술을 비약적으로 발전시켜 서구인에 의한 지리상의 발견 등을 이끌었음도 빼놓을 수 없다. 몽골의 길은 어느 의미에서 동서양의 운명을 역전시켰다고 할 수 있다.

다시 우리는 현실로 돌아온다. 그리고 동아시아와 몽골에서 벌어지는 '어둠의 묵시록'을 본다. 아직 이 묵시록이 펼쳐지지는 않았다. 하지만 펼쳐지기 시작하면 그 결말이 매우 불길하리라는 것을 우리 모두가 안다. 과연 인류는 이 묵시록을 열어젖힐 것인가? 아니면 과거 몽골의 길이 밝힌 '평화와 번영의 묵시록'을 되살려낼 것인가? 선택은 21세기 우리들에게 달려 있다.

마르코 폴로와 선교사들

몽골의 길은 서구인에게 중국의 존재와 위치를 정확하게 인식시키는 계기로 작용했다. 로마인들은 중국을 비단이 나는 지역으로 처음 알았다. 그래서 비단, 곧 '세리카'가 나는 나라라고 해서 '세르'라고 불렀다. 다른 한편으로 로마인들은 동쪽에 있는 큰 나라 중 하나를 '티나이'라고 인식하고 있었다. '티나이'라는 이름은 중국을 통일한 진나라에서 유래한 것이다. 그러나 로마인들은 이 세르와 티나이를 서로 다른 나라로 알고 있었고, 이런 흐름은 로마의 영향을 받아 유럽에서 거의 1천여 년 동안 이어진다.

13세기 말엽에 마르코 폴로가 그런 중국을 향해 본격적인 여정에 나선다. 폴로는 페르시아어와 몽골어, 터키어, 아랍어에 능통한데다 총명하기까지 해서 몽골 쿠빌라이 칸에게 총애를 받는다. 그래서 17년 동안 쿠빌라이의 신하로 봉직하기도 한다. 그는 양저우의 총독을 지내기도 하고, 캄보디아 · 티베트 · 인도에 파견되기도 했다.

『동방견문록』은 마르코 폴로의 25년 여정이 맺은 결실로, 그가 구술하고 루스티첼로 드 피세가 받아적은 것이다. 이 기술(記述)을 통해 폴로는 유럽인의 동양관을 획기적으로 바꿔놓는다. 그가 이 책에서 묘사한 나라가 중국의 왕조 가운데서도 가장 크고 강대한 원나라였기 때문이다. 게다가 마르코 폴로는 몽골 최고 권력자를 가까운 거리에서 관찰할 수 있는 절호의 기회도 잡을 수 있었다. 당연히 이야깃거리가 더 많을 수밖에 없었다. 그러나 이러한 마르코 폴로조차 중국을 화북과 화남으로 기술하는 등 세르와 티나이를 구분하는 로마의 전통에서 완전히 벗어나지 못한다.

칭기즈 칸 초상이 들어 있는 몽골 화폐의 대형 포스터 앞을 현대 몽골 여성이 지나가고 있다.

이런 한계를 한걸음 더 극복하고 발전시킨 사람이 마르코 폴로와 비슷한 시기에 프랑스 국왕의 사절로 몽골 제국을 방문한 프란체스코파 신부 기욤 드 뤼브룩이다. 그는 『몽골 제국 여행기』에서 중국의 실체를 좀더 분명하게 밝힌다. 최초로 '카타이'(티나이)와 세르가 같은 나라라고 주장한 것이다.(여기서는 중국의 표기가 시황제의 진나라를 가리키는 '티나이'에서 거란족을 의미하는 '카타이'로 변화돼 있다. 그러나 유럽인들은 티나이와 카타이가 같은 나라라는 것을 잘 알고 있었다.) 뤼브룩은 이와 함께 중국으로 가는 도중에 거친 여러 민족들의 정보를 자세히 기록한다.

그의 저술이 발표된 후 유럽에서는 선교사들을 중심으로 중국행이 계속 이어진다. 이런 점에서 뤼브룩은 '서양판 삼장법사'와 비슷한 이미지로 볼 수 있다. 650여 년 전 중국 당나라의 삼장법사

(현장)도 불경을 가지러 중국에서 인도까지 다녀온 뒤 『대당서역기』를 남겼다.

뤼브룩과 여러 선교사들 그리고 마르코 폴로 등의 경험과 기록을 거치면서 유럽인의 동양에 대한 인식은 점차 정확해진다. 동시에 비단 등 온갖 진귀한 물품의 산지로서 중국에 대한 관심도 높아진다. 결국 동양에 대한 이런 관심과 이해관계가 지리상의 발견을 촉발하는 계기로 작용한다.

국경 없는 바다의 실크로드

기원전 3천 년 전부터 개척된 바닷길,

종교전쟁의 위기에 직면한 세계 최대 원유 수송로

운송은 문명이다.(Transportation is civilization.)

— 러디어드 키플링(1865~1936)

1980년에 중동의 오만 정부는 고대 바다의 실크로드를 재현하는 프로젝트에 돌입했다. 옛날 아랍인들이 사용하던 범선과 똑같은 배를 제작해 중국의 광저우까지 항해하는 여정이었다. 165일 만에 완성된 27미터 길이의 옛 범선은 '수하르'라고 명명됐다. 페르시아 만의 주요 항구로서 당시의 출항지인 수하르(Suhar)를 기리기 위해서다. 실제로 수하르는 10세기 무렵에도 아랍권에서 가장 크고 번성한 항구다. 이미 기원전 2500년 전부터 주변에 구리광산이 발달해 교역의 중심지로 성장해왔다.

범선 수하르호는 1981년 1월에 페르시아 만의 항구를 떠나 7월 11일에 광저우에 도착했다. 6개월 만에 총 9656킬로미터를 항해한 것이다. 놀랍게도 수하르는 옛 기록과 거의 일치하는 항해를 한 것으로 확인됐다. 이로써 고대 아랍인들의 항해술과 바다에 대한 정보가 사실 그대로였음이 입증된다.

동양과 서양을 이으려는 인류의 시도는 먼저 육지를 통해 이뤄졌다고 할 수 있다. 실크로드가 그 대표적인 예다. 그러나 인류가 바다를 그대로 두었을 리가 없다. 늘 도전과 모험으로 미지와 암흑을 헤쳐온 그들이 아닌가? 사실 바다는 상대적으로 훨씬 더 위험하다. 침몰하면 모조리 몰살이다. 간신히 목숨을 건진다 해도 그 중요한 물품들이 모조리 수장될 수밖에 없지 않은가? 그러나 그 위험의 반대급부로 매력도 컸다.

① 물동량을 극대화할 수 있다.

② 화물을 안전하게 운송할 수 있다.

③ 중간에 통행세나 관세를 내는 비효율성을 크게 줄일 수 있다.

④ 도적이나 약탈자를 만날 가능성도 줄일 수 있다.

유럽의 갤리 선단. 16세기 이후 유럽의 선박 제조술이 급속히 발달하자 동서양의 역전이 일어난다.

생각해보라. '도자기를 낙타 등에 싣고 유라시아 대륙의 실크로드를 간다?' 이건 자살 행위다. 중간에 모두 깨져버리고 말 것이다. 그러나 바다는 도자기를 안전하게 나를 수 있지 않은가? 우리나라 신안 앞바다에서 발견된 고려시대 송나라의 무역선(신안 해저 유물선, 14세기 추정)의 주요 화물 역시 도자기였다는 사실을 상기할 필요가 있다. 이처럼 문명의 길, 바다의 실크로드는 우리가 생각하는 것보다 훨씬 더 오래전부터, 훨씬 여러 방면에서 인류를 유혹해왔다. 진취적 기상을 지닌 사람들이 명예를 위해, 정복을 위해, 더 큰 이익을 위해, 자기 공동체의 발전을 위해 기꺼이 거칠고 위험한 대양 속으로 뛰어들었다. 그리고 수천 년 동안 이어질 위대한 서사시를 남겼다. 호메로스의 『오디세이』는 이런 서사시의 시작을 알리는 걸작이라고 할 수 있다.

일부 학자들은 이미 기원전 3000년 무렵에 오늘날의 이라크 지역에 해당하는 바빌로니아와 저 멀리 인도가 바다를 통해 직접 교류한 흔적이 있다고 밝혀냈다. 무려 5천 년 전까지 거슬러 올라가는 셈이다. 도대체 그들은 어떤 방법을 이용한 것일까?

학자들은 대체로 초기의 주역이 이집트인으로서, 그들이 기원전 2500~3000년 무렵에 이집트에서 홍해를 따라 내려가 오늘날의 소말리아 지역인 푼트에 이르는 항로를 개척한 것으로 추정한다. 이집트인들은 육로보다 이 항로가 훨씬 유리하다는 사실을 잘 알고 있었음에 틀림없다. 그리하여 아프리카 연안을 따라 곳곳에 무역기지와 보급기지를 건설한 것이다. 그 유적과 흔적이 지금껏 곳곳에 남아 있다.

이집트의 배들은 나일 강의 동쪽 지류를 따라 비터 호를 경유해 홍해로 빠져나갔다. 그리고 다시 푼트까지 내려가서 금, 상아, 흑단, 가구용 목재, 향, 계피, 가죽 따위를 싣고 나일 강의 항구로 되돌아왔다.

나중에 알렉산더의 후계자들이 이집트에 세운 프톨레마이오스 왕조 때 대양 항해는 더욱 발전하게 된다. 알렉산더 대왕 때를 기점으로 본격적으로 이집트에서도 활동하던 그리스 상인들이 홍해의 항구로부터 아라비아 해안을 거쳐 인도까지 항해하는 데 성공한 것이다. 그리스 상인들은 지중해에 이어 인도양에서도 개가를 올렸다.

로마 제국의 등장은 이러한 고대 인도 항로의 비약적인 발전에 크게 기여한다. 특히 기원전 1세기 중엽에 로마 항해사 히팔루스가 아라비아해의 계절풍을 이용해 안정적이고 정기적으로 인도로 항해하는 방식을 개발해낸다. 상인들은 7월에 이집트를 출발해 계절풍을 타고 9월 말에 인도의 항구에 도착한다. 그리고 다시 11월 말에 인도에서 귀로에 올라 2월이면 알렉산드리아로 돌아올 수 있었다. 동서를 잇는 항로가 발전할 수 있는 결정적인 계기를 잡은 것이다.

서기 160년 무렵까지는 이 동방항로가 중국까지 이어진다. 당시 비단은 여전히 육지의 실크로드를 통해 로마로 들어가는 방식이 주류를 이루고 있었다. 그러나 향수, 향료, 후추, 보석, 약, 진주, 상아, 면화, 무명, 가죽, 티크목재 등 인도산 물품들은 바닷길을 통해 서구 지역으로 갔다. 아직 인도 남방의 물품을 육상의 실크로드로 잇는 도로망이 건설되지 못했을 뿐만 아니라, 설사 있었더라도 그 위험성이 매우 높았기 때문이다. 어쨌든 인도산 물품은 바닷길을 통해 먼저 이집트나 이라크 지역으로 들어간 뒤 다시 로마로 운송됐다.

어찌 서쪽에서 동쪽으로 오려는 움직임만 있었겠는가? 동쪽에서 서쪽으로 진출하려는 시도 역시 줄기차게 이어졌다. 이미 1세기 무렵이면 중국의 내륙으로부터 바다의 실크로드를 거쳐 이집트와 중동 지역으로 나아가는 항로가 활성화되고 있었다. 첫째 길은 '중국 남부내륙 루트'라 할 수 있다. 뤄양으로부터 쓰촨 성 성도로 나아간 뒤 양쯔 강을 타고 윈난으로 가서 다시 미얀마의 이라와디 강을 거쳐 인도까지 진출한다. 인도나 실론에서는 다시 아라비아 해를 건너 홍해로 진입해 알렉산드리아로 가는 것이다. 둘째 길은 '남중국해 루트'에 해당한다. 중국의 광둥 지역에서 베트남의 하노이를 거쳐 수마트라의 팔렘방을 경유해 말라카 해협을 돌파한 뒤 인도로 가는 길이다. 인도에서는 다시 아라비아 해를 건너 페르시아 만으로 진입해 페르시아 지역으로 가거나, 유프라테스 강을 타고 올라가 바그다드까지 간다. 중국 역사서 『후한서』에 나오는 '대진국왕(大秦國王, 로마 황제) 안돈(安敦, 안토니우스)이 바친 상아'라는 것도 바로 이 항로를 거꾸로 거쳐 중국까지 들어온 것으로 추정된다. 일부는 중국 남부내륙 루트를 이용했을 것이다.

동과 서를 잇는 이런 바닷길들을 통해 중국에서 로마로 수출하는 비

명나라 정화 함대가 아프리카에서 기린을 싣고 돌아오는 모습을 그린 상상도(왼쪽). 승선한 사람 중에 여자도 보인다. 1634년에 유럽에서 제작된 항해용 세계 지도의 아시아 부분(오른쪽).

단을 비롯한 가죽, 계피, 대황 등이 이동했다. 로마로부터는 유리, 모직물, 아마포, 진주, 홍해산 산호, 발트 해의 호박, 상아, 코뿔소 뿔, 대모갑, 석면, 향유, 약품 등이 중국으로 밀려온다.

도자기와 향신료의 길, 종교와 문명의 길

바다의 실크로드는 일찍부터 도자기와 향신료의 교역로였다. 특히 운송 과정에서 파손될 위험이 높고 중량도 무거운 도자기를 나르는 데는 배만큼 좋은 운송수단이 없었다. 9세기 무렵 아랍 지역에 중국 송나라의 도자기가 전해지기 시작한 이래 바닷길은 도자기의 주요 수송로로 확고하게 자리 잡는다. 또한 해상로를 이용하면서 아랍과 유럽으로 수출되는 도자기의 물동량이 비약적으로 늘어났다. 중국의 취안저우, 룽취안, 더화, 징더전에서 생산된 청자와 백자가 바다를 통해 세계로 퍼져나갔다. 그 결과 중국산 청자와 백자는 인도, 시리아, 이집트 및 유럽 여러 나라에서 명품으로 최고의 인기를 누렸다.

전 세계를 휩쓴 향신료의 인기도 바다의 실크로드를 발전시키는 원동력이 됐다. 인도와 동남아 일대에서 생산되는 향신료는 아랍과 유럽 지역은 물론 중국 등 동아시아의 음식 문화에 일대 혁명적 변화를 가져왔다. 삶은 양고기나 찐 감자 수준에 머물던 단순하고 맛없는 음식에 신기한 동양산 향신료가 더해지자 유럽인들은 열광했다. 나아가 후추 등은 방부 효과까지 있어서 최고의 히트 상품이 된다. 인도 및 동남아산 향신료로 맛을 낸 요리를 중국산 명품 청자 식기에 담아 먹는 것, 그것은 유럽 왕족과 귀족의 빼놓을 수 없는 자기과시 수단이었다. 이런 향신료를 아랍과 유럽은 대량으로 빨아들였다. 점점 더 많은 배와 좋은 항구가 필요했다. 특히 열대와 아열대에서 생산되는 향신료는 육상 수

필리핀 해역의 침몰선에서 인양한 중국 도자기.

송의 위험과 복잡함 때문에 거의 전적으로 바닷길에 의존해야 했다. 이처럼 바다의 실크로드는 처음부터 '도자기의 길'이자 '향신료의 길'이었다.

바다의 실크로드는 또한 '종교의 길'이자 '문명의 길'이기도 하다. 이 길을 통해 먼저 불교계의 많은 고승과 순례자 들이 오가면서 인류 정신문명의 지평을 넓혔다. 5세기 초 중국 동진의 승려 법현은 육상의 실크로드로 인도에 들어갔다가 바다의 실크로드를 통해 중국에 돌아와 『불국기』를 남겼다. 671년에는 당나라의 승려 의정이 뱃길로 인도에 들어간 뒤 25년 만에 역시 뱃길로 돌아와 여행기 『남해기귀내법전』(南海寄歸內法傳)과 『대당서역구법고승전』(大唐西域求法高僧傳) 두 권을 남겼다.

이슬람교도 이 바닷길을 이용해 전파됐다. 처음 중국까지 진출한 아랍 상인들은 경유지인 동남아시아 일대에서 포교 활동을 시작했다. 말라카 해협 일대는 태평양과 대서양을 연결하는 중계지이기도 했지만, 범선들이 무역풍의 엇갈림을 이용하기 위해 해마다 12월부터 3개월 동안 휴식을 취하는 지역이었기 때문에 매우 중요했다. 따라서 아랍인들이 이슬람교를 포교하기에 안성맞춤인 지역이었다고 할 수 있다. 그 결과 마르코 폴로의 『동방견문록』 시대인 13세기 말에 이르면 오늘날 인도네시아 지역인 수마트라 북부도 이미 이슬람화된다. 그로부터 1세기 뒤 말레이 반도 서안의 말라카 왕국도 이슬람화되고, 15세기 말부터 16세기 말에 이르는 100여 년 동안 말레이 반도의 파타니 왕국과 케다 왕국, 보르네오 북부의 브루나이 왕국, 필리핀 남부의 수르 왕국과 민다나오 왕국, 자바 서부의 반탐 왕국, 수마트라 북부의 아체 왕국 등이 잇따라 이슬람화된다. 오늘날 인도네시아를 중심으로 말레이시아와 보르네오, 필리핀 일대에 퍼져 있는 이슬람교 지대는 이처럼 바다의 실크로드가 낳은 산물이며, 그 바탕에는 무역풍이라는 자연 요소가 깔려 있다.

바다의 실크로드를 무대로 한 동양의 활약이 15세기 중엽 명나라 제독 정화의 일곱 차례에 걸친 대항해로 절정을 이룬 뒤, 포르투갈 · 스페인 · 네덜란드 등 유럽 국가의 동양 진출이 이어진다. 동서양의 역전이 일어난 것이다.

1498년에 바스코 다 가마의 포르투갈 함대가 아프리카 남단 희망봉을 돌아 인도의 캘리컷에 도착하고, 다시 1519년부터 1522년까지 마젤란의 스페인 함대가 남아메리카, 동남아시아, 인도를 거쳐 유럽으로 돌아가는 데 성공했다. 이어 포르투갈과 스페인이 본격적으로 아시아에 진출하여 곳곳에 두 나라의 중계기지와 식민지를 만들었다. 포르투갈은 희망봉과 페르시아 만의 아시아 서부 지

예수를 묘사한 중국 청대의 청화자기. 아래에 알파벳 글자도 그려져 있다.

역, 인도, 티모르, 중국, 일본 등지로 급속도로 세력을 팽창해나갔다. 스페인은 스페인대로 필리핀을 식민지로 삼고 중국으로 진출하고자 했다.

영국과 네덜란드, 아시아를 삼키다

그러나 서구 세력의 아시아 진출 다툼에서 최종적으로 승리한 세력은 영국이라고 할 수 있다. 아시아의 신항로가 열린 지 80여 년이 지난 1586년의 통계를 보자. 당시 100톤 이상 되는 배는 스페인이 104척, 포르투갈이 92척을 가지고 있는 정도였다. 이에 반해 1582년에 잉글랜드의 각 항구에는 이미 이러한 배가 177척이나 등록돼 있었다. 당시 스페인은 왕가나 국민들 모두 라틴아메리카의 금광과 은광에서 쏟아져 나오는, 거저 얻다시피 하는 부에 눈이 팔려 있었다. 금은 모든 산업과 기술의 시작일 뿐인데도 그들은 그것을 종착점으로 간주한 셈이다. 하지만 잉글랜드 쪽은 달랐다. 영국인들은 강력한 상인의식으로 무장한 채 장기적으로 이익을 창출하고자 노력했다. 그들은 금 대신 전략적 효율을 추구한 셈이다. 잉글랜드는 쉼 없이 해군력과 재정력을 키웠다. 그리고 곧 힘이 역전되는 상황이 일어난다. 잉글랜드는 대포와 재화의 힘을 바탕으로 다른 경쟁자들을 따돌리고 독보적 지위를 확립하기에 이른다.

또한 네덜란드도 ① 해양국가로 발전하는 데 유리한 지리적 이점, ② 현명한 상술, ③ 교묘한 금융기법, ④ 지나칠 만큼의 욕심에서 나오는 도전의식 등에 힘입어 아시아 교역에서 두각을 나타냈다. 그 결과 영국과 네덜란드는 동인도 회사를 거점으로 아시아로 진출하는 데 박차를 가해 다른 나라를 압도한다.

이처럼 제국주의 시대에 바다의 실크로드는 유럽 국가에 부와 번영을 가져다주었다. 하지만 아시아 국가에는 고통과 분노의 원천이 됐다. 오스만투르크의 소아시아 반도로부터 한반도에 이르기까지 대부분의 아시아 국가들은 서구 제국주의의 수탈이나 식민 지배를 경험한다. 그리고 그에 저항하는 민족-민중투쟁이 곳곳에서 벌어진다. 아시아는 바다의 실크로드를 매개로 반제국주의의 최전선에 선 것이다.

20세기 들어 바다의 실크로드는 새로운 의미를 지닌다. 세계적 교역로로서 과거에 누린 영광을 회복하는 한편, 세계적 원유 수송로라는 새로운 전략적 중요성이 더해진 것이다. 세계의 공장으로 부상한 동아시아의 막대한 에너지 수요를 충족시키기 위해 엄청난 양의 중동산 원유가 이 항로를 통해 이동한다. 40억 아시아인을 위한 에너지의 대동맥이 된 것이다. 현재 바다의 실크로드는 세계에서 양적으로 가장 많은 원유와 물동량이 통과하는 항로 가운데 하나다.

한편 미국의 두 차례에 걸친 이라크 침략의 반작용으로 바다의 실크로드는 역사상 처음으로 '대폭발의 위기 국면'에 들어서고 있다. 전 세계적으로 심화·확대되는 종교전쟁의 주요 전장으로 변모하고 있는 것이다. 총 6천여 킬로미터에 이르는 바다의 실크로드 구간 가운데 가장 좁은 호르무즈 해협과 말라카 해협이 제일 먼저 테러리즘의 위협 아래 놓일 가능성이 높다. 호르무즈 해협을 압박하고 있는 이란은 현대 세계에서 가장 강력한 이슬람 혁명과 신정국가를 경험한 나라이고, 말라카 해협을 압박하는 인도네시아는 세계에서 단일 국가로는 가장 인구가 많은 이슬람교 국가이다. 현재 두 해협에 대한 위협은 테러리스트 등 소규모 집단의 성격을 띠고 있지만, 강력한 이슬람 정권의 등장 등 새로운 변수에 따라 크게 달라질 가능성도 있다. 전부터 세계 뉴스에서 심심치 않게 거론돼온 '해협 봉쇄'라는 극단적 상황이 21세기를 강타할지도 모른다. 두 해협 가운데 하나라도 봉쇄되는 상황이 벌어진다면 유가는 순식간에 배럴당 100달러선을 뛰어넘는 등 최악의 시나리오가 현실로 나타날 수 있다.

과연 바다의 실크로드는 이런 종교전쟁의 위기를 벗어나 평화와 번영의 상징이었던 과거의 찬사를 누릴 수 있을까? 미국의 시인 월트 휘트먼(1816~1892)은 자신이 바라는 바다의 꿈을 이렇게 노래했다.

"오, 바다여, 세계 모든 나라의 깃발을 나부껴라!"

흑산 열도에서 양쯔 강까지!

바다의 실크로드를 여행한 우리 민족 인물들에 대한 첫 기록은 7세기 말에서 8세기 초까지 거슬러 올라간다. 당시 배를 이용해 천축(인도)을 방문한 당나라의 승려 의정이 『대당서역구법고승전』에 이들의 이름을 기록했다. 책에는 '아리야발마'(阿離耶跋摩), '현진'(玄進), '현태'(玄太), '현각'(玄恪), '혜륜'(慧輪), '현유'(玄遊), '혜업'(慧業) 등 신라와 고구려의 구법승 여덟 명이 나온다. 이들은 모두 당시 불법의 진리를 찾아 목숨을 걸고 인도로 가서 수도하던 승려들이다. 이 가운데 이름을 알 수 없는 신라의 승려 두 사람에 대해선 이렇게 기록돼 있다.

"이들은 중국의 광둥에서 배편으로 교주(베트남의 하노이)를 거쳐 수마트라에 갔고, 다시 수마트라 동남방인 팔렘방에서 배편으로 그 서방인 파로사국에 이르렀는데 불행히도 병사했다."

이와 달리 고구려 승려인 현유는 스승인 승철 선사를 따라 동남아시아 항로를 이용해 천축의 불교 성지를 두루 순례하고 실론에서 출가했다고 한다. 아직 재가신자로 있다가 성지순례를 한 뒤 출가를 결심한 것으로 추정된다.

그 직후 신라의 승려 혜초가 바다의 실크로드를 여행한다. 그는 바닷길로 천축까지 들어가 불교 성지를 순례하고 육로로 파미르를 넘어 당나라로 돌아온다. 그 여행기가 『왕오천축국전』이다.

통일신라시대 이후 바다의 실크로드는 전보다 더 현실적인 존재로 우리 민족의 삶 속으로 들어온다. 먼저 통일신라시대 중반에 생활고 등으로 신라를 떠나온 사람들이 중국 양쯔 강 유역의 국제항 양저우 등지에 밀집해 살면서 '신라방'이 형성된다. 양저우의 경우 당나라 당시 바다의 실크로드에서 동쪽 종착역이었다. 외국 상인이 빈번하게 오가는 대항구인데다, 계절풍을 타면 우리나라 흑산 열도까지 사흘이면 충분했다. 신라인이 활발하게 진출할 수밖에 없는 조건을 갖추고 있던 셈이다.

일본 아리타에서 만든 청화자기. 동인도 회사를 나타내는 알파벳 'VOC'가 새겨져 있다.

한편 이슬람 상단과 장보고의 청해진 무역 선단이 활발히 활동함으로써 신라의 청해진과 울산도 바다의 실크로드에 본격적으로 편입된다. 아랍과 페르시아 상인들이 빈번하게 오가는 국제도시로 변모한 것이다. 이 무렵에 동서양을 잇는 바다의 실크로드 동단 지역에 대해 우리 민족의 주도권이 확보됐다고 할 수 있다. 당시 지어진 「처용가」의 주인공 처용이 아랍인이라는 주장은 이런 배경과 맥을 같이한다. 이 무렵 아랍과 페르시아 학자 17명이 쓴 20여 권의 책에 신라에 대한 기록이 나온다. 신라가 바다의 실크로드에 그처럼 깊숙이 포함돼 있었다고 할 수 있다.

우리 민족의 해양국가적 전통은 장보고 시대를 거쳐 나중에 왕족까지 나서 해양 활동을 장려한 고려시대까지 이어진다. 그러나 쇄국주의 기조를 유지한 조선조부터 그 맥이 끊긴다. 조선의 해양 폐쇄 정책은 ① 조선의 국가이념으로 유학이 새로 채택된 점, ② 조선의 중국 쪽 카운터파트인 명나라가 펼친 해금 정책의 영향 등에 따른 것으로 추정된다.

수도의 탄생

상처 없는 영광이 어디 있으랴 **베이징과 런던, 파리는 어떻게 세계사의 운명과 영욕을 함께하며 도시로 성장했는가**

침략자의 발 아래서 단단해지다 **조국의 생존을 위해 희생물이 되기도 했지만 끝내 부활한 모스크바와 워싱턴**

계획된 천도만이 빛난다 **계획 천도의 극과 극을 보여준 장안과 도쿄, 국가의 운명을 가장 극적으로 끌어안은 베를린**

천도, 통합과 분열의 두 얼굴 **외세 극복 투쟁의 상징이 된 터키의 앙카라, 통합론자들의 현명함이 깃든 캐나다의 오타와, 통일과 단절의 하모니를 이룬 브라질의 브라질리아**

상처 없는 영광이 어디 있으랴

베이징과 런던, 파리는 어떻게 세계사의 운명과 영욕을 함께하며 도시로 성장했는가

『구약성서』는 도시학의 선구적 자료라고 해도 지나치지 않다. 「창세기」에 따르면 여러 민족의 조상인 아브라함이 칼데아의 우르(Ur)에서 하란을 거쳐 가나안으로 들어간 것으로 돼 있다. 이 지명들은 도대체 어디를 말하는 것일까? 한번 추적해볼 필요가 있다. 먼저 우르는 이라크 유프라테스 강 중류에 있는 도시로, 지금의 텔엘무카이야르(Tell el-Muqayyar)에 해당한다. 텔엘무카이야르는 아라비아어에서 온 것으로 '타르로 덮인 언덕'이라는 뜻이다. 그리고 하란은 터키 남부, 가나안은 이스라엘에 해당한다. 아브라함이 맨 처음 살았다는 우르는 수메르 문명을 일으킨 수메르인의 말 '우루'(uru)에서 온 것이다. 그 뜻은 문자

ⓒ 변재성

ⓒ GAMMA

그대로 '도시'라고 한다. 영어로 도시의 명사형인 'urb', 형용사형인 'urban'이 바로 이 우르에서 파생한 것이다. 그러니까 아브라함은 도시민(urban citizen)이었다는 결론에 이른다.

도시는 그 자체로 하나의 생물체

인류학이나 도시학에서 제시하는 전통적인 도시 발달 과정은 대략 다음과 같다.

'사냥과 군집→농업→마을 형성→도시 발생→국가 출현'

역사적으로 보면 우르가 번창할 무렵 메소포타미아 지역에는 이곳 말고도 많은 고대형 도시가 있었다. 현재 주요한 도시의 유적이 발견된 곳만 하더라도 에리두, 우르, 우루크, 라르사, 라가시, 움마, 니푸르, 키시 등 적지 않다. 학자에 따라선 이런 도시가 생겨난 때를 기원전 4000~6000년 전까지 거슬러 올라가기도 한다.

사람들은 왜 그토록 일찍, 그토록 발전한 도시들을 만들기 시작한 것일까? 일반적으로 학자들은 다음과 같은 여러 가지 요인이 서로 결합해 도시를 탄생시키고 성장시켰다고 추정한다.

ⓒ 손홍주

베이징은 2300여 년의 역사를 지닌 최대 인구 국가의 수도다. 런던은 로마 점령군의 작은 요새로부터 시작됐다. 이름조차 그들이 지어준 '론디니움'에서 따왔다. 파리는 로마 점령 이전부터 독자적인 문화를 지닌 갈리아족이 살고 있었다(사진 왼쪽부터).

① 대규모 관개와 치수를 위한 통치적 필요성

② 장거리 상업 및 교역의 활성화에 따른 새로운 경제적 기회

③ 농업이 발전함에 따라 잉여농산물이 안정적으로 그것도 충분하게 생겨나게 된 상황

④ 왕정과 그 통치기구의 제도적인 발전 지속

⑤ 대규모 종교 행위 및 제례 행위의 증대에 따라 이전과 비교할 수 없을 정도로 큰 공동체를 지속적으로 유지할 수 있게 된 결과

⑥ 자연과 외부 침략자에 대한 방어 필요성의 증대

⑦ 격심한 인구 증가나 급격한 인구 감소 등 인구와 관련된 압력에 대처해야 할 필요성의 증대 등

메소포타미아의 도시, 좀더 엄밀하게 말해 고대 바빌론의 도시들을 살펴보면 왜 이런 식으로 도시 발전의 동인을 정리했는지 고개를 끄덕이게 된다.

먼저 바빌론 문명 자체가 비옥하지만 물이 부족한 토양에 유프라테

수메르의 고대 도시 우르의 군대 깃발. 『구약성서』의 짧은 묘사와 달리 대단히 발달한 문화였음을 알 수 있다.

스의 강물을 대대적으로 공급하면서 발전했다. 현재 발견된 바빌론 관개수로의 유적은 말 열 마리가 나란히 걸을 수 있을 정도로 큰 규모를 자랑한다. 또한 지금까지 비교적 온전하게 보존된 우르의 지구라트(높게 건조한 신전) 유적이라든가, 영국 대영박물관에 보관돼 있는 우르의 군대 깃발이 나타내는 문명의 규모는 현대인들도 입이 떡 벌어질 정도다. 군대 깃발에 나타난 그림만 보더라도 "이게 과연 6000년 전 인류의 모습이란 말인가?" 하고 놀랍기만 할 뿐이다.

실제로 바빌론은 그 문명과 물자의 풍요로움 때문에 주변 국가들로부터 지속적으로 침략을 받는다. 그러나 방어 시스템을 효율적으로 활용해 그런 도전들을 숱하게 물리쳐냈다. 기록에 따르면 전성기 때 건립한 바빌론 성벽은 높이 48미터에 길이 15~18킬로미터에 이른다. 당연히 기원전 225년에 그리스의 필론이 '세계 7개 불가사의'에 이 거대한 성벽을 넣지 않을 수가 없던 것이다. 역사학자들은 당시 중동 지역의 대형 침략군이 기병 1만 명, 전차 2만5000대, 1000명 단위로 편성된 보병연대 120개에 이르는 규모였을 것으로 분석하고 있다. 사실 이런 대군을 수백 년 동안 끄떡없이 막아내려면 이 정도 성벽은 돼야 했을 것이다.

이런 요인 때문에 이른바 인류 4대 문명 지역에 고대 도시들이 집중적으로 발달한다. 먹고사는 문제를 해결하기 위해 농업을 발전시키고, 그렇게 하기 위해 대규모 관개-치수작업을 해야 하고, 다시 그런 식으로 농업이 발전하고 더불어 문명이 꽃피면 외적이 침략해오고, 그런 외적을 막기 위해 거대한 성곽 도시를 세우고, 이 모든 과정을 매끄럽게 진행시키기 위해 종교적 교의의 국가 독트린이 성립하고, 법률체계를 세우고, 노예를 두고……, 꼬리에 꼬리를 문다. 어쨌든 이런 고대 도시가 발달함에 따라 인류의 문명도 화려하게 꽃핀다.

이런 고대 도시는 모두 사라졌을까? 아니다. 현대 여러 국가의 수도 가운데 일부는 바로 이런 고대 도시에서 발전한 곳들이다. 가장 많은 신민들을 복속시켜온 중국의 수도 베이징(北京)은 2300여 년 전 전국 시대 때 연나라의 수도에서 비롯됐고, 한때 '해가 지지 않는 나라'라고 뻐기던 제국주의 국가 영국의 수도 런던 역시 2천여 년 전에 로마군이 브리튼에 진주하면서 쌓은 성곽을 그 모태로 하고 있다.(식민지 신세에서 비롯된 런던이 나중에 다른 나라들을 수없이 식민지로 삼았다는 사실은 묘한 느낌을 준다.)

도시는 그 자체로 하나의 생물체라고 할 수 있다. 각 나라의 도시 가운데 가장 으뜸 되는 도시를 가리키는 수도는 그 나라의 운명과 영욕을 함께하면서 다른 어느 도시보다도 더욱 격심한 변동과정을 거친다. 특정 왕조나 정치 세력에게 버림받았다가 다시 오뚝이처럼 부활해 과거보다 훨씬 강대해지는가 하면, 영원히 흔적도 없이 사라지기도 한다. 그것이 수도의 운명이다. 수도는 거기 살고 있거나 살던 사람들 그리고 앞으로 살아갈 세대들의 욕망과 탄식의 총합보다 훨씬 더 크고 격정적일 수밖에 없다.

가장 길고 역동적인 역사를 지닌 베이징

오늘날 주요 국가의 수도 가운데 가장 길고 역동적인 역사를 가지고 있는 도시는 베이징이라고 할 수 있다. 이 도시는 5만 년 전으로 거슬러 올라가는 '베이징 원인'(Sinanthropus pekinensis)의 이름에서 알 수 있듯이 인류학적 연원을 지닌 곳이기도 하다. 바꿔 말하면 역사가 긴 만큼 할 말도 많은 도시라고 할 수 있다. 역사적으로 기원전 11세기에 연나라가 그곳에 봉해지면서 역사적 실체로 자리매김한다. 그 뒤 전국시대 7웅의 하나로 성장한 연나라가 이 일대를 수도로 삼음으로써 처음으로 수도의 자리에 오른다. 연나라의 수도가 된 이후 베이징이 겪은 역사는 파란만장, 그 자체라고 해도 지나치지 않다. 먼저 기원전 3세기에 진나라로부터 공격을 받아 도시가 크게 파괴되고 연나라는 멸망한다. 베이징을 수도로 삼은 나라 가운데 첫 번째로 망한 왕조가 나온 것이다.

진나라 이후 한나라에 복속된 베이징은 '연'으로 불렸고 과거와 비교할 수 없을 정도로 쇠퇴한 도시로 축소된다. 게다가 남부의 한족과 북부의 선우족(흉노족)이 서로 맞서는 최전선의 군사도시라는 운명에 휘말린다. 북쪽으로 얼마 떨어지지 않은 곳이 바로 한족과 북방 유목민족의 경계 지역이었기 때문이다. 연(베이징)은 경계선을 넘어 쳐들어오는 유목민족의 공격에 지속적으로 시달렸다. 그 결과 4세기 초부터 6세기 말까지 거의 3세기 동안 오늘날의 베이징을 포함해 연 지역은 유목민족의 지배를 받아야만 했다.

당나라가 이 지역을 유목민족으로부터 수복하고 '유주'라고 부르기 시작한 이후, 한족은 물론 유목민족도 본격적으로 그 전략적 가치를 알아보았고 이 지역을 점령하고 개발하는 데 심혈을 기울인다. 그리하여 유목민과 한족이 번갈아 주인이 되는 사태가 이어진다. 한족의 지배를 받던 베이징은 10세기 초에 거란족의 요나라가 이곳을 점령하고 세 개에 이르는 자신들의 복수 수도 가운데 하나로 삼으면서 운명이 바뀐다. 요나라의 '남경'(南京)이 된 것이다. 당시 요나라는 베이징에 높이 10미터의 성벽을 약 23킬로미터 길이로 쌓았다. 모두 여덟 개의 문을 설치하고 안에는 화려한 황궁도 세웠다.

12세기 중엽에는 다시 주인이 바뀐다. 만주 북부에서 일어난 여진족의 금나라가 요나라로부터 베이징을 빼앗았다. 베이징을 수도로 삼은 두 번째 왕조가 멸망한 것이다. 금나라는 이곳을 수도로 삼고 '중도'(中都)라고 불렀다. 그러고는 요나라보다 더 화려한 황궁들을 지었다.

13세기 초에 다시 베이징의 주인이 바뀐다. 칭기즈 칸의 몽골족이 세력을 확장해 이곳까지 진출한 뒤 끈질긴 공격 끝에 결국 점령했다. 이 전투에서 황궁이 방화돼 약 한 달 동안 불타기도 했다. 금나라는 멸망했다. 이렇게 잇따라 왕조가 멸망하는데 어찌 슬픔이 없겠는가? 탄식이 없겠는가? 금나라의 대시인 원호문(元好問)은 왕조가 멸망한 뒤의 비참한 모습을 이렇게 노래했다.

길가에는 포승에 묶인 포로들 즐비하고
지나가는 전차는 물 흐르듯 하는구나.
여인네들은 울며 회골 마차를 따르는데
누구 때문에 걸음 뗄 때마다 뒤돌아보는 걸까.

태평한 세월 마을 떠나는 일 없이
초초한 아들딸에
3백 년 넘게 함양되기에 이르렀는데
급기야 사막으로 끌려나와 소처럼 양처럼 팔려가는구나.

그 뒤 몽골이 전 중국을 통일하자 쿠빌라이 칸(원 세조)은 카라코룸에 있는 몽골의 고도 대신 베이징을 새 수도로 삼는다고 공표했다. 베이징은 1272년에 '대도'(大都)라고 명명되고, 역사상 처음으로 통일된 중국의 수도로 군림한다. 성을 과거보다 더 크고 화려하게 증축하고, 대운하와 연결된 운하를 파서 강남의 물자가 직접 황궁 안으로 들어오게 했다.

『동방견문록』으로 유명한 마르코 폴로가 베이징을 방문한 시기도 이때다. 대원 제국의 수도 베이징은 놀라운 역체제도로 유라시아에 걸친 전 제국을 하나의 연결망으로 통치하고 관리하는 데 성공한다. 그러나 그 원나라도 한족이 세운 명나라에 결국 멸망하자, 베이징은 영락제 때 같은 이름으로 다시 수도의 자리에 오른다. 이때 획득한 중국 수도의 지위는 그 뒤 현재까지 이어진다. 명나라가 멸망한 뒤 다시 중국을 지배한 만주족의 청나라 때 성곽 바깥에 많은 궁들이 추가로 조성된다. 그러나 제2차 아편전쟁 때인 1860년에는 영국과 프랑스의 군대가 여름 황궁인 원명원을 약탈하고 방화하는 사태를 겪기도 한다. 제국주의 침략의 직격탄을 맞은 것이다.

베이징은 청조에 이어 중화민국 때 '베이핑'이라는 이름으로 역시 수도의 지위를 유지했으며, 1949년에 중화민국을 대신해 새로이 중국 대륙의 지배권을 장악한 중화인민공화국의 수도로 선포된다. 역사적으로 베이징을 수도로 삼은 왕조나 정부는 모두 8개(연, 요, 금, 원, 명, 청, 중화민국, 중화인민공화국)이며, 이 가운데 6개가 멸망했다. 남은 두 나라 가운데 하나인 중화인민공화국이 현재의 주인이며, 또 다른 정부인 중화민국은 중화인민공화국 쪽과 벌인 전쟁에서 밀려 타이완으로 쫓겨 갔다.

버림받은 점령지에서 제국주의 도시가 된 런던

중국 베이징의 원명원을 파괴한 영국의 수도 런던은 어떤 역사를 가지고 있을까?

런던은 로마군이 없었더라면 역사에 그 이름을 남기지 못했을지도 모른다. 서기 43년에 로마 클라우디우스 황제 때 로마군이 영국 지역인 브리튼 섬의 남동부를 점령한다. 그리고 템스 강을 따라 낮은 구릉 두 개가 있는 지역에 요새를 세우고 '론디니움'(Londinium)이라고 부르기 시작했다. 로마 역사가 타키투스는 론디니움에 대해 '많은 장사꾼들이 몰려드는 한 유명한 지역'이라고 역사서에 기록하기도 했다. 60년에 이케니족의 부디카 여왕이 론디니움을 공격하여 불을 지르고 약탈하는 사건이 일어났다. 여기에 자극받은 로마군은 그 뒤 길이 150미터에 이르는 거대한 바실리카(고대 로마에서 재판정이나 예배 장소로 쓰던 회당)까지 갖춘 도시로 더 크고 화려하게 재건해놓는다. 아울러 이 도시를 방어하기 위해 크리플게이트 요새도 건설한다. 로마가 심혈을 기울여 이룩한 이런 번영은 2세기 중반까지 계속된다.

그러나 지나치게 방어에만 주력한 로마군은 150년에 수공업 공방들과 주거지를 철거했으며, 200년에는 육지 쪽을 향해 방벽까지 세운다. 이렇게 웅크려 들어서야 도시가 더 이상 발전할 수 없지 않은가? 이 시기까지 런던은 로마군을 위한 1제곱마일 크기의 요새라는 운명에 갇혀 있어야 했다.

그 뒤 로마군이 원래 세워놓은 6개의 통문 이외에 더 많은 통문이 생겨난다. 도시에 숨통이 트이기 시작한 것이다. 3세기 내내 템스 강을 따라 목재 방파제가 길게 설치되고 공공건물도 재건된다. 이와 함께 강을 따라 방벽도 세워진다. 그런 우여곡절을 겪던 런던은 마침내 5세기 초에 로마군 군단(로마명은 레지온, 300~700명의 기병을 포함해 3000~6000명의 보병으로 구성됨)들이 철수하면서 새로운 운명을 맞는다.

로마군이 철수한 뒤 런던에 맨 처음 닥친 운명은 버림받음이었다. 그렇게 거의 2세기 동안 버려졌다가 색슨족이 새로운 주인으로 등장한다. 색슨족이 어떻게 이 지역을 장악했는지는 기록이 남아 있지 않다. 로마인이 철수하면서 기록자는 물론 기록 자체가 없어졌기 때문일 것이다. 어쨌든 597년 무렵에 이르러서야 런던은 다시 그 중요성을 인정받는다. 교황 그레고리우스 1세가 아우구스티누스를 로마로부터 잉글랜드로 파견한 것이다. 오늘날까지 전 세계의 관광객을 무수히 끌어 모으는 성 바오로 성당이 처음 세워진 것도 이때다. 종교가 발흥하면서 런던은 교역의 중심지로 자리 잡는다.

런던과 파리를 침략한 로마의 마지막 수도 콘스탄티노플의 모습을 그린 회화. 이 도시 역시 1453년에 터키군의 공격으로 함락됐다.

1066년에 노르만족이 잉글랜드를 침략하자 런던의 운명은 결정적으로 바뀐다. 이로써 런던이 장차 금융, 군사, 정치 중심지로서 자리매김하는 계기를 잡게 되기 때문이다. 정복자 윌리엄 1세는 런던 시민과 이런 협정을 맺는다.

"그대들은 종래 에드워드 국왕 때와 똑같은 법을 적용받을 것이며, 아무도 부당하게 대우받지 않을 것이다."

나아가 노르만 출신 국왕들은 웨스트민스터를 자신들의 거주지이자 통치 장소로 삼았다. 이처럼 정치적으로 안정되고 유연한 통치가 펼쳐진 결과, 런던은 1085년에 이르면 1만~1만5000명의 인구를 자랑하게 된다. 알프스 이북의 유럽 도시 가운데 가장 큰 도시로 성장한 것이다. 이런 상황에서 1087년의 대화재는 런던의 건축양식에 혁명적 변화를 가져오는 계기로 작용한다. 성 바오로 성당을 비롯해 런던의 목재 주택들이 잿더미가 되자 내화성 높은 석재와 타일을 이용한 새 건물들이 등장하기 시작한 것이다. 이때쯤부터 노천방식이지만 하수천도 도입된다. 산업도시로서의 기능도 크게 확충된다. 1300년대까지 템스 강 북안에 방파제가 계속 건설돼 항구시설도 크게 확장된다. 또한 이 시기에 이르러 총 65~100킬로미터에 이르는 수도망이 갖춰져 총 8만 명의 거주민이 수도의 혜택을 받게 된다.

이처럼 역동적이던 런던은 1348년에 페스트가 창궐하여 주민 1만 명이 죽는 사태가 발생하자 크게 위축돼 한때 위기를 맞기도 한다. 그러나 16세기에 들어서면 다시 번영을 누리기 시작하여, 수공업자 길드만 41개에 이르게 된다. 16세기 중반이면 세계 각 지역에 대한 교역 독점권을 누리는 무역회사들이 모스크바 회사, 터키 회사, 동인도 회사, 서인도 회사 등의 이름으로 속속 등장한다. 인구도 폭발적으로 늘어난다. 1550년에 10만 명에 이르더니, 17세기 초에는 22만 명 수준에 이른다. 그야말로 제국주의의 중심 도시로 성장한 것이다.

센 강의 한 섬에서 시작한 파리

영국과 제국주의 세력으로서 치열한 경쟁을 벌인 프랑스의 수도 파리는 런던보다 늦게 성장하기 시작했다. 원래 파리 센 강의 시테 섬에 갈리아족의 한 분파인 '파리시'(Parisii)라는 부족이 살고 있었다고 한다. 이 부족의 이름 파리시에서 도시 이름 '파리'(Paris)가 온 것이다. 처음 이 부족의 존재는 '루테리아'(Luteria)라는 이름으로 기록됐다. 이 이름은 라틴어로 '물 한가운데 사는 사람'이라는 뜻이다. 현재 파리의 시 문장은 배 모양을 닮은 시테 섬의 이미지에 라틴어로 된 이런 격언을 결합시킨 형상이다.

"흔들릴지언정 침몰하지 않는다."

일종의 '프랑스판 불침함모론'이라고나 할까?

로마 초기에 이 지역을 정복한 율리우스 카이사르는 저 유명한 『갈리아 전기』(기원전 52년)에 이렇게 기록하고 있다.

"이들은 우리에게 항복하느니 차라리 거주지를 태워버렸다."

로마군이 쳐들어왔을 때 그들은 잘 조직돼 있었다. 그리고 놀랍게도 그들만의 동전도 사용하고 있었다. 프랑스판 독자문명론이라고 할 수 있다.

로마가 점령한 시기에 파리는 그곳에 살던 부족의 라틴어 이름을 따서 '루테리아'라고 불리며 로마인의 도시로 발전한다. 그 뒤 점차 센 강의 왼쪽 강변을 따라 확대돼갔다. 그 결과 여러 직선 도로를 비롯해 광장, 목욕탕, 원형투기장 등 로마식 공공건물들이 줄지어 건설됐다.

2세기 후반부터 야만족이 로마군을 공격하기 시작했다. 3세기 중반에 이르면 센 강 왼쪽 강변의 도시가 파괴되고 이곳에 거주하던 사람들은 섬으로 피신한다. 이들은 섬을 둘러싸는 두꺼운 석벽을 쌓는다. 4세기 초부터 이 지역이 '파리'라는 이름으로 알려지기 시작한다.

파리의 운명은 5세기 말에 프랑크족의 등장과 함께 바뀐다. 클로비스가 인솔하는 프랑크족이 당시 갈리아족이 점령하고 있던 파리를 빼앗은 것이다. 파리는 584년까지 프랑크 왕국의 수도로 있다가 그 다음 메로빙거 왕조가 수도를 이전함에 따라 그 지위를 잃는다. 그 뒤 987년에 프랑크 공작이던 위그 카페가 왕좌에 오르고, 파리는 다시 수도의 자리를 차지한다. 카페 왕조의 국왕들이 잇따라 칙령을 발표하자 파리도 점차 정치적 안정을 되찾아가고, 인구도 크게 늘어난다. 11세기에 이르면 첫 길드가 생겨난 것을 시작으로 길드도 급속도로 늘어난다.

필리프 2세는 1190년에 1년 동안 십자군 원정을 떠나면서 파리의 통치권을 길드에 파격적으로 위임한다. 1220년에는 국왕 자신이 누리던 엄청난 특권인 수입관세권을 도시민들에게 양도하기도 한다. 이런 중상주의적 정책에 힘입어 상인들은 도량형 관리의 책임을 양도받기에 이른다. 소르본 등 많은 대학도 생겨난다.

파리는 14~15세기에 가장 큰 위기를 경험한다. 맨 먼저 찾아온 재앙은 페스트와 백년전쟁이었다. 거기다가 반란까지 빈번하게 일어난다. 파리는 1415년에 백년전쟁이 재개되면서 영국군과 연합한 부르고뉴군에게 점령되기도 한다. 파리가 이런 고난을 이기고 다시 번영을 누릴 수 있게 된 것은 1444년에 영국과 정전협정을 맺은 뒤부터다.

침략자의 발 아래서 단단해지다

조국의 생존을 위해 희생물이 되기도 했지만
끝내 부활한 모스크바와 워싱턴

로키 산맥의 인디언들은 독특한 늑대 사냥법을 가지고 있었다. 두꺼운 보호대를 댄 왼팔을 늑대에게 물게 하고 오른손에 있는 무기로 늑대를 공격해 죽이는 사냥법이다. 최종 승리를 위해 희생물로 적에게 내어주는 존재인 왼팔……. 역사상 이 왼팔과 가장 닮은 도시가 있다.

크렘린 전경. 모스크바는 외적의 침략을 격퇴하기 위해 희생되는 운명을 여러 번 겪어야 했다.

ⓒ Rex Features

바로 모스크바다. 13세기 몽골족을 시작으로 타타르족, 폴란드군, 프랑스군, 독일군의 침략을 겪은 도시, 이 전쟁들에서 조국과 민족을 위해 내어주는 희생물이 되기도 했지만 끝내 부활한 도시가 이곳이다.

수시로 모스크바를 짓밟은 몽골

모스크바는 1147년이 되어서야 역사서에 기록되기 시작했다. 수즈달 공국의 유리 블라디미로비치 돌고루키가 동맹 세력인 노브고로트 공 세베르스키를 위해 '모스크바'에서 저 유명한 '대만찬'을 연 것이다. 그 뒤 1156년에 돌고루키는 모스크바 강과 그 지류 사이의 삼각형 지역에 토벽과 해자로 방어망을 구축한 요새 크렘린을 세웠다. 크렘린은 러시아어로 '성벽을 갖춘 요새'를 가리킨다. 모스크바는 식생대로는 북부 침엽수림대와 남부 혼합수림대의 경계선에 놓여 있으며, 지리적으로는 유러시아의 중심부에 해당한다. 모스크바는 그 뒤 블라디미르-수즈달 공국의 주요 도시로서 상업 지역이 조성되는 등 발달해나간다.

그러나 곧 세계사를 뒤흔든 무시무시한 몽골군이 밀어닥친다. 1236년에 칭기즈 칸의 손자 바투가 이끄는 몽골군이 러시아를 공격해온 것이다. 이듬해 블라디미르 공국에 속한 모스크바가 포위돼 함락된다. 몽골군은 서쪽으로 계속 진격해 우크라이나와 폴란드, 헝가리까지 공격했다. 유럽의 국가들은 연전연패하며 경악과 공포에 빠져들어 갔다. 그러다가 '기적'이 일어난다. 몽골의 대칸이 본국에서 갑작스럽게 죽은 것이다. 몽골의 유럽 원정군은 후계자를 뽑는 문제 때문에 유럽에 대한 공격을 멈추고 철수한다. 그러나 철수하는 도중에 이미 새로운 칸이 선출된 것을 알게 되자 그대로 볼가 강 하류 지역에 눌러앉아

킵차크 한국을 세운다. 250년에 걸친 몽골의 러시아 지배가 시작된 것이다. 모스크바는 1293년에 몽골군의 두 번째 침략을 받고 또다시 약탈당했다. 그로부터 3년 뒤 러시아인들은 몽골군에 대항하기 위해 모스크바 크렘린 동쪽에 새로운 방벽을 세우고 자작나무 방책도 완성한다. 새로운 방어망을 갖춘 도시로 재탄생한 것이다.

이때부터 모스크바는 점차 그 중요성을 인정받고 상업 및 수공업 중심 도시로 발전하기 시작한다. 특히 오카 강과 볼가 강 사이에 펼쳐진 모스크바 동쪽 지역은 다른 지역에 비해 땅이 매우 비옥했다. 러시아어로 '재와 같은 흙'이라는 의미를 지니는 포드졸 토양에서는 채소와 과일이 대량으로 재배되고, 모스크바 강의 범람원 지역에서는 목축이 번창했다. 모스크바는 이런 물산을 바탕으로 농업 중심 도시로 발달할 수 있었다.

1326년에 러시아정교회가 블라디미르에서 모스크바로 옮겨오는 사건이 일어난다. 이 사건으로 모스크바는 러시아의 정신적 중심지라는 지위를 갖는다.(1453년 동로마 제국의 콘스탄티노플이 오스만 터키군에 함락된 이후로 모스크바는 스스로 '제3의 로마'라고 주장하기 시작한다. 로마가 제1의 로마라면, 동로마 제국의 수도 콘스탄티노플이 제2의 로마, 그 다음 동방교회의 중심지로 부상한 모스크바가 제3의 로마라는 논리다.)

모스크바의 성 바실리 성당. 모스크바는 러시아정교회의 중심지가 되면서 비약적으로 발전할 수 있었다.

© 최성민

모스크바는 몽골군의 침략과

지배에 맞서는 러시아 공국들의 중심지로서 세력을 확장해나갔다. 그 결과 몽골군으로부터 집중적인 공격을 받아 함락되는 등 러시아 민족의 수난사에서 늘 맨 앞머리에 나오는 도시가 된다. 1382년에 몽골군이 침략했을 때에도 도시가 함락됐다. 그러나 1408년에는 예데게이칸의 공격을 격퇴하는 데 성공한다. 모스크바는 이때부터 '몽골을 물리친 도시'로서 전략적 중요성과 지도력을 인정받아 주변 공국들을 흡수 · 합병하는 데 박차를 가한다.

모스크바 대공국은 야로슬라프 공국, 프스코프 공국, 트베르 공국을 합병한 데 이어, 드디어 1478년에 라이벌이던 노브고로트 공국을 합병하는 데 성공한다. 이로써 모스크바는 러시아 민족을 통일한 국가의 수도가 되었다. 통일의 열기 속에서 모스크바는 완전히 새롭게 탈바꿈한다. 이탈리아의 유명 건축가를 초빙해 도시를 개조하는 작업을 벌려 크렘린탑, 크렘린 성벽, 모스크바 요새 등의 건축물이 착착 건립된다. 이때 완성된 성벽은 총길이 2235미터에 탑 형식으로 된, 성문만 20개에 이르는 규모였다. 이 탑 가운데 가장 높은 것이 높이 80미터에 이르는 트로이츠카야탑이다. 이와 함께 모스크바는 새로운 성당과 궁전을 비롯해 상업 지구, 수공업 지구, 거주지 등이 갖춰지는 등 비약적으로 발전한다.

나폴레옹과 히틀러가 지나간 자리

하지만 모스크바는 그 뒤로도 외적의 침입에서 자유롭지 못했다. 1571년에 크림 반도를 근거지로 하는 타타르족이 침입했다. 그 결과 크렘린을 제외한 도시 전 지역이 점령되어 20만 인구 가운데 3만 명만 간신히 살아남았다. 도시는 다시 새로운 성곽을 쌓는 등 방어망을 강화했다. 1584년부터 1592년 사이에는 '벨리 고로드'('하얀 도시'라는 뜻)라는 부도심 지역에 8킬로미터 길이의 돌 성벽을 더 쌓았으며, 도시 외곽에는 추가로 망루 50개를 갖춘 순환형의 대규모 흙벽을 세웠다.

그러나 모스크바는 17세기 초에 드미트리공 가문이 두 차례에 걸쳐 폴란드군을 끌어들이는 바람에 다시 외적의 지배 아래에 놓이기도 했다. 폴란드군을 물리친 뒤 1613년에 로마노프 왕조가 들어섰다. 그러나 도시 빈민들의 생활은 어렵기 짝이 없어 반란이 빈번하게 일어났다. 1648년에 소금세 증액 문제로 반란이 일어났고, 1662년에는 이른바 '구리 반란'이 일어났다. 1667년에 러시아 남부에서 스텐카 라진의 반란이 일어났을 때는 모스크바에서도 여기에 호응하는 움직임이 일어났다. 결국 반란은 진압되고 스텐카 라진은 모스크바에서 처형된다.

1701년에 전제적인 표트르 1세가 핀란드 만에 상트페테르부르크를 건설해 새로운 제국의 수도로 삼았다. 모스크바는 일시적으로 쇠퇴하기도 했으나 곧 산업과 문화의 중심지로서 기능을 되찾는다. 그 결과 18세기 말엽에 이르면 모스크바에서 300개의 공장이 가동하게 된다. 1811년에는 도시 인구가 27만5천여 명에 이른다.

1812년에 나폴레옹의 프랑스군이 러시아를 침략하자 모스크바는 다시 러시아 민족의 '희생양'으로 바쳐진다. 전략적 승리를 위해 전술적으로 적에게 내어주는 운명 속으로 들어간 것이다. 러시아의 초토작전에 따라 러시아군은 모스크바에서 철수하고 시민들도 완전히 소개한다. 그리고 도시에는 화재가 일어나 도시 전체 건물의 3분의 2가 불에 타버린다. 겨울이 되자 프랑스군은 식량과 보급품, 난방이 지원되지 않아 후퇴하기에 이르고 결국 궤멸적 패배를 맞이한다.

1917년에 러시아 볼셰비키 혁명 이후 모스크바는 다시 소련의 수도가 된다. 그 뒤 1941년 제2차 세계대전 당시 모스크바는 다시 한번 적군의 공세 아래에 놓인다. 히틀러의 독일군이 모스크바까지 육박해오자 소련 정부는 공장과 정부기관을 전부 동부 지역으로 소개하고, 모스크바에 계엄령을 선포한 채 항전한다. 제공권을 장악한 독일 공군이 계속 공습을 퍼붓는 가운데 시민들은 도시에 탱크 방어선을 구축하고 결사적으로 도시를 지킨다. 결국 독일군은 점령에 실패하고 퇴각한다.

제2차 세계대전을 승리로 이끈 소련은 모스크바 붉은 광장에서 승전 퍼레이드를 벌였다. 당시 전투에서 노획한 독일군의 갖가지 군기는 땅을 향해 고개를 숙인 채 레닌 묘소 앞을 지나가야 했다.

어수선한 연방의 수도가 된 워싱턴

냉전을 통해 소련을 패퇴시킨 미국의 수도 워싱턴은 모스크바에 비해 역사가 매우 짧다. 짧은 만큼 곡절도 그리 많지 않을 것 같다. 그러나 여기도 만만치 않다. 워싱턴도 초기에 외국군의 공격을 받아 백악관이 불에 타기까지 했다! 이런 사실을 아는 사람은 많지 않겠지만, 엄연한 사실이다.

1776년 7월 4일에 미국은 독립을 선언하면서 식민지 모국인 영국에 대항했다. 독립을 선언할 당시 워싱턴은 아직 미국의 공식 수도가 아니었다. 좀더 정확히 이야기하면 수도조차 마련하지 못한 상태에서 독립전쟁을 시작했다고 할 수 있다. 그러니까 미국은 처음에 '수도조차 없는 국가'로 건국된 것이다.

당시 미국의 독립 선언은 13개주 대표가 필라델피아에 모여 「독립선언서」를 공포하는 형태로 이뤄졌다. 게다가 초기의 국가 형태도 엉성하기 짝이 없었다. 영국의 식민통치에 반대하는 아메리카 대륙 13

개주가 느슨한 형태의 '연방제'(confederation)를 시작하는 식으로 진행된 것이다. 이에 따라 수도의 개념조차 1783년 6월에 필라델피아의 옛 시청에서 열린 대륙회의에 가서야 본격적으로 논의할 수 있었다. 당시 미국의 형편은 말이 아니었다. 지금 세계 최강대국이라는 것을 전혀 상상할 수조차 없을 정도였다. 정부의 재정은 빈약했고, 새 국가는 대외채권을 발행할 여력마저 없었다. 영국과 치른 독립전쟁이 끝난지 얼마 되지 않았기 때문이다. 오히려 새 정부는 독립전쟁에 참전한 군인들에게 엄청난 급여 채무를 지고 있었다. 제때 급여를 줄 수조차 없던 것이다. 이에 따라 1783년 6월 20일에 급여를 받지 못한 군인들 한 무리가 의회에 탄원서를 낸다는 명목으로 필라델피아에 진입한다. 당시 유혈 사태로까지 발전하지는 않았지만, 상당수 의원들이 이 사건을 계기로 연방의 수도에 대해 본격적으로 고민하게 된다.

"새 국가는 이런 식의 위협적 분위기가 없는 상태에서 안정적으로 통치돼야 한다."

그 뒤 6년여 동안 의회는 여러 후보지를 놓고 토론을 거듭했다. 특히 남부 출신 의원들과 북부 출신 의원들로 나뉘어 서로가 번번이 이견을 드러내곤 했다. 이런 이견 속에서 대체적으로 포토맥 강 어름에 수도를 둔다는 정치적인 타협이 이뤄졌다. 결국 정확한 수도의 위치를 결정하는 일은 초대 대통령으로 선출된 조지 워싱턴에게 맡겨졌다. 낙점된 행정구역은 북으로는 조지타운을, 남으로는 알렉산드리아를 면하고 있는 지역이었다.

조지 워싱턴은 당시 새 수도 부지의 상업적 잠재성을 고려했다. 나중에 수도가 될 워싱턴을 끼고 있는 포토맥 강은 조지타운까지 배로 연결될 수 있었다. 당시 조지타운은 큰 담배 시장이 개설돼 있어 매우 중요한 도시였다. 그 조지타운에서 다시 컴벌랜드 협곡을 가로지르는 운하를 건설하면 광대한 '서부 지역'이 워싱턴 지역과 연결될 수 있었다. 그 무렵 이주자들이 속속 서부 지역으로 진출해나가고 있었다. 워싱턴은 최종적으로 수도의 부지를 결정하기 전에 개인적으로 운하를 건설할 회사를 세우기까지 했다. 그러나 곧 자신의 지분을 처분했다. 이권에 손댄다는 잡음을 우려한 것이다.

워싱턴은 그리하여 우수한 기술자인 피에르 샤를 랑팡에게 수도건설 계획을 수립하도록 의뢰했다. 민주당의 이상주의자이기도 한 랑팡

미국 국회의사당. 워싱턴은 초기에 너무 멀고 외진 곳에 있다는 이유로 끊임없이 천도 논쟁에 시달렸다.

은 계획의 중대성을 금세 알아차렸다. 그는 더욱더 거대한 계획으로 키워나갔다.

1793년 9월에 워싱턴에 수도의 표석을 설치하는 것을 시작으로 공사가 본격적으로 진행됐다. 백악관의 설계는 아일랜드 출신인 제임스 호번이 맡았다. 이어 주변에 각종 정부청사도 잇따라 들어서기 시작했다. 1800년 10월에 정부문서보관소를 비롯해 정부기관과 공무원들이 필라델피아에서 워싱턴으로 이주한다. 존 애덤스 대통령도 아직 완공되지 않은 백악관에 서둘러 입주한다. 백악관에 처음으로 입주한 미국 대통령인 애덤스는 부인 애비게일 애덤스에게 이런 편지를 보냈다.

"하느님께 이 백악관과 앞으로 여기 살게 될 모든 사람들에게 최고의 은총을 내려달라고 기도하오. 그리고 오직 가장 성실하고 현명한 사람만이 이 지붕 아래서 합중국을 통치하도록 해달라는 것도."

의회도 새로 완공된 의사당 상원 건물에서 처음으로 회의를 개최한다.

영국군의 공격으로 더욱 단단해지다

그러나 초기에 워싱턴은 기반 시설이 부족하기 짝이 없는데다가 교통 사정도 불편했다. 황무지 안에 인위적으로 도시를 건설했기 때문이다. 여러 의원들과 시민들로부터 비아냥거리는 여론이 끊이지 않았다.

"여보게, 말도 마시게. 하도 멀어서 한번 갈 생각만 해도 신물이 날 판이네."

"그게, 무슨 수도야! 서부의 거대한 중앙 시장이라고나 해야지!"

"수도는 무슨 놈의 수도……. 끔찍한 오두막이나 잔뜩 있지!"

"말하자면 황무지 그 자체지, 뭘."

애덤스 대통령의 절절하고 숭고한 편지를 받고 며칠 뒤 백악관에 들어온 영부인 애비게일 애덤스조차 이렇게 적고 있다.

“단 한 채도 완전히 공사를 마친 곳이 없다. 건물 밖을 봐도 울타리도 정원도 안 돼 있고, 빨랫줄조차 걸 데가 없다. 나는 아직도 완공되지 않은 그 거창한 이스트룸에다 빨래를 널고 말았다…….”

1808년에 토머스 제퍼슨이 대통령 임기를 마칠 무렵까지도 워싱턴의 인구는 5천 명을 넘지 못했다. 이 때문에 의회와 언론에서는 틈만 나면 수도를 옮겨야 한다는 천도론이 들끓었다. 가련한 신세가 돼버린 미국의 이 수도를 구한 것은 정작 영국군이었다. 미국이 독립한 뒤로 나폴레옹 전쟁과 캐나다 문제 등으로 사사건건 충돌해오던 미국과 영국은 1812년에 다시 전쟁 상태에 들어가 있었다. 그러던 중 1814년에 조지 콕번이 이끄는 일단의 영국군이 워싱턴에 진입하는 사태가 벌어진 것이다. 이 소동 속에서 한때 워싱턴이 버려진다. 콕번은 미국의 의회와 백악관 그리고 해군 병기창을 태워버리라고 명령한다. 그러자 이 사건으로 미국인들은 워싱턴이 자기들의 수도라는 사실을 훨씬 강렬하게 자각하게 된다. 그 결과 천도 논의는 모두 사라졌다. 이제 워싱턴은 명실상부한 연방의 수도로 자리 잡았다.

이런 영향으로 남북전쟁이 일어났을 때도 워싱턴은 끝까지 지켜진다. 당시 북부에 속하던 워싱턴은 남부의 버지니아와 강 하나를 사이에 두고 있었다. 남군은 북군의 사기를 꺾어버리기 위해서 여러 방면에서 워싱턴을 공격하곤 했다. 그러나 북군은 그 어떠한 대가를 치르더라도 수도를 사수한다는 결의로 맞서 격렬하게 싸웠다. 남북전쟁 뒤 워싱턴은 합중국의 확고한 수도로서 그 지위를 탄탄하게 구축한다. 워싱턴은 살아남았다. 그리고 승리했다.

화려한 계획도시, 알렉산드리아

이집트의 알렉산드리아는 고대 국가의 대표적인 계획도시다. 기원전 332년에 마케도니아의 알렉산더 대왕이 이집트를 정복하고 건설하기 시작한 이 도시는, 그 뒤 642년에 이슬람 세력에게 함락될 때까지 거의 1천 년 동안 번영을 구가했다.

처음 알렉산더 대왕은 항구의 최적지로 파로스 섬이 있는 나일 강 하구를 주목했다. 이집트를 지중해 쪽으로 개방시키기 위해서다. 그는 파로스 섬을 바라보는 바위 지대에 항구를 건설하라고 명령했다. 이때 아리스토텔레스는 알렉산더에게 파로스 섬에만 도시를 건설하라고 충고한다. 그러나 알렉산더의 야심은 이보다 훨씬 컸다. 그는 동에서 서로 거의 70킬로미터에 이르는 대도시를 세우고, 거기에 제국의 수도를 두려 했다. 이런 의지에 따라 기초 설계까지 자신이 직접 맡았다. 그는 파로스 섬과 이집트 본토를 잇는 거대한 다리를 세우는 것도 구상했다. 이와 함께 그는 항구를 섬과 대륙 양쪽에 모두 두려 했다.

ⓒ 권삼윤

알렉산드리아에 남아 있는 '폼페이우스의 기둥'과 스핑크스.

그러나 알렉산더는 도시를 완성하기 훨씬 전에 동방으로 원정을 떠난다. 알렉산드리아에 대한 그의 의지는 동방원정 당시 여러 점령지에 알렉산드리아라는 이름의 도시를 세운 데서도 읽을 수 있다.

알렉산더가 죽은 뒤 프톨레마이오스가 이집트의 권력을 잡고 알렉산드리아를 수도로 삼는다. 그리고 알렉산더의 계획대로 도시를 본격적으로 건설하기 시작한다. 도서관과 박물관, 체육관이 건설되고, 세계 7대 불가사의로 꼽히는 '파로스의 등대'도 건설된다. 4세기에는 1561개의 목욕탕이 이용되고, 400개에 이르는 극장에서 그리스의 연극이 상연되기에 이른다. 더욱 중요한 것은 이런 기간시설과 학문을 장려하는 왕조의 정책에 따라 고대의 뛰어난 학자들이 대거 알렉산드리아로 몰려들었다는 점이다. 학문과 문명의 꽃이 활짝 핀 것이다. 시와 문학, 연극 등이 발달하고 수학 · 철학 · 지리학 · 의학 등도 발전을 거듭한다.

또한 『기하학 원본』이 완성되고 지구의 원주율을 근사치까지 얻어내는 데 성공한 것도 이곳이다. 기체학과 증기의 제어장치에 대한 연구도 진행됐다.

그 결과 알렉산드리아는 헬레니즘 문화와 이집트 문화를 로마에 전달해주는 가교 역할을 성공적으로 수행한다. 이와 함께 종교상으로도 그리스도교 교리 논쟁의 중심 지역으로서 그 이름을 떨친다.

계획된 천도만이 빛난다

계획 천도의 극과 극을 보여준 장안과 도쿄,
국가의 운명을 가장 극적으로 끌어안은 베를린

서기 190년 1월에 중국 한나라의 마지막 황제 헌제를 옹립해 막강한 권력을 휘두르던 동탁은 반동탁연합군의 공격을 받는다. 원소, 조조 등 전통적인 중원의 사인(士人) 세력이 그의 황제 폐위와 학정에 대해 반대의 기치를 내걸고 수도 뤄양 근교까지 진격해온 것이다. 오늘날의 간쑤 성에 해당하는 농서 출신의 동탁은 이때 자신의 근거지와 훨씬 가까운 장안으로 천도할 것을 결심한다. 당시의 수도 뤄양은 후한 시기의 수도로서 중원 사인 세력의 근거지였다. 이에 반해 서쪽의 장안은 전한 시기의 수도로서 좀더 개방적이고 새외민족(요새 바깥의 민족, 곧 만리장성 바깥의 이민족)의 영향권과도 멀지 않았다. 서량 자사 출신으로 강족 등 이른바 새외민족을 자신의 군단에 대거 흡수해 세력을 키워온 동탁으로서는 여러 면에서 매력적인 도시였다.

동탁, 뤄양을 불태우다

그 해 2월에 전격적으로 천도가 단행됐다. 황제를 겁박해 상국의 지위에 오르는가 하면 '검리상전'(劍履上殿, 신하가 칼을 차고 신을 신은 채 황제의 전상에 오르는 것)의 특권까지 누리던 그는 극악한 방식을 동원했다. 가능한 한 재보는 모조리 확보하고, 옮길 수 없는 궁궐과 민가는 상대편이 이용할 수 없도록 불태워버리는 전술을 쓴 것이다. 다른 한편으로는 사람들이 다시는 뤄양에 미련을 갖지 못하게 하려는 속셈도 작용했다. 먼저 황제를 장안으로 옮겨놓은 뒤 그는 뤄양 일대에 있던 역대 황제의 능묘를 도굴하기 시작했다. 대대적으로 부장품을 약탈

동탁의 준비 없는 장안 천도는 곧바로 실패로 이어졌다. 장안 성의 모습이 남아 있는 시안의 시가지.

한 것이다. 부자들을 죽여 재물을 빼앗는가 하면 죽이지 않은 부자들은 장안으로 강제 이주시켰다. 백성들도 무더기로 끌고 갔다. 이처럼 대대적인 파괴와 방화, 강제 연행과 약탈의 아수라장 속에서 뤄양은 파괴됐다.

『삼국지』 초반부에 묘사된 동탁의 이 장안 천도는 무자비한 독재자에 의한 천도가 얼마나 파괴적이고 끔찍할 수 있는지 보여주는 좋은 사례다. 이 천도는 다음과 같은 몇 가지 특징을 지닌다.

① 경합형 수도 논쟁의 강제적 해결방식

② 기본적으로 권력자의 근거지 지향주의에 따른 천도

③ '준비 안 된 천도' 가운데서도 최악의 케이스

④ 이런 문제점 때문에 결과적으로 곧 실패작이 됨

먼저, 당시 뤄양과 장안은 서로 경합하는 관계였다고 할 수 있다. 뤄양과 장안은 각각 독자적인 문화와 지지 세력을 가지고 있었다. 뤄양은 이렇게 표현됐다. '그다지 눈에 띄지 않는 차분한 도시다. 장안만큼 시끌벅적하지도 않고 꽤나 조용한 편이다.' 장안은 다르다. '얼빠지도록 낙천적이고 화려하고 활기찬 국제도시다. 시내 거리에서는 이국인들이 낙타를 끌며 지나가고, 협객들은 어깨바람을 내며 돌아다녔다. 도박은 장안의 주된 오락거리였다.' 오랑캐적 배경을 가진 동탁이 유교적이고 안정 지향적인 중원의 도시 뤄양을 별로 탐탁지 않게 생각했음은 쉽사리 짐작할 수 있다. 그것이 개인의 독단에 의한 천도로까지 이어진 것이다.

한 나라의 수도라는 지위를 놓고 대표적인 두 도시가 경합하는 양상은 현대에 이르러서도 여러 나라에서 발견할 수 있다. 영국계 도시 토론토와 프랑스계 도시 몬트리올 사이의 경합이 치열하게 벌어진 캐나다를 비롯해 시드니와 멜버른이 각축한 오스트레일리아, 상파울루와 리우데자네이루가 경합한 브라질 등이 그렇다.

둘째, 이 천도가 권력자의 근거지 지향주의에 따라 이뤄졌음을 쉽사리 이해할 수 있다. 동탁은 장안으로 간 뒤 좀더 쉽게 농서 쪽으로부터 새외민족 등 자신의 지원 세력을 끌어올 수 있었다. 이 때문에 군사적 측면에서만 볼 때 동탁을 격퇴하는 것은 대단히 어려운 일이 될 수밖에 없었다. 이런 근거지 지향주의는 그로부터 1200여 년 뒤 중국 명나라 초기에 나중에 영락제가 되는 연왕 주체가 조카 건문제와 싸워 이긴 뒤 건문제의 근거지인 난징 대신 자신의 근거지인 베이징으로 천도한 사례에도 극적으로 반영된다. 연왕과 건문제의 싸움은 사실상 베이징과 난징 두 도시의 대리전이라고 해도 지나치지 않다.

셋째, 동탁이 천도를 결행할 때는 전란 중이었다. 전쟁 때 수많은 백

중국 한나라 마지막 황제 헌제가 장안에서 탈출해 옮겨간 조조의 근거지 쉬창의 현재 모습.

성을 강제로 이주시키는 끔찍한 천도를 한 것이다. 기록에 따르면 반동탁연합군이 공격을 시작한 것이 1월, 이주를 시작한 것이 2월이다. 단 한 달 만에 천도를 계획하고 실천한 것이다. 한마디로 말도 안 되는 천도가 벌어진 셈이다.

넷째, 결국 이런 치명적인 과오와 약점으로 곧바로 천도 자체가 실패하고 만다. 동탁의 사후에 장안은 부하 장군들의 각축장으로 변모한다. 그나마 196년에 헌제가 장안을 탈출해 뤄양을 거쳐 조조의 쉬창으로 들어감으로써 수도의 지위마저 상실한다. 장안으로 천도한 지 6년 만의 일이다.

그 뒤 장안은 뤄양에 패권을 다시 넘겨줬다가 400년쯤 지나서야 수나라와 당나라의 수도로서 부활한다.

미래를 내다본 도쿠가와 이에야스

일본 도쿠가와 이에야스의 도쿄(에도) 천도는 동탁의 장안 천도와 극적으로 대비된다. 치밀한 계산과 준비를 거친데다 기본적으로 미래를 내다보는 프로젝트로서 실행했다고 할 수 있다. 그 결과 장안과 도쿄의 운명은 하늘과 땅 차이만큼이나 달라진다.

새로운 지배자 도요토미 히데요시에게 굴종할 수밖에 없던 도쿠가와 이에야스는 1590년 7월에 처음으로 새로운 영지 에도에 들어간다. 그를 견제하는 히데요시의 영지교대제에 따라 종래의 거점 영지에서 밀려나 동쪽 변방에 있는 간토 평야의 미개척 영지로 강제로 이주해야 했던 것이다. 당시 에도는 보통 사람의 눈에는 황당하기 짝이 없었다.

"톱밥을 이겨 만든 초가지붕에는 농성하던 병사들이 불붙은 화살을 막는답시고 흙을 발라놓았다. 그 바람에 흙이 섞인 빗물이 흘러내려다다미가 썩고, 집이 무너져 갈라진 지붕 사이로 햇빛이 쏟아지고 있었다. 현관 층계는 선창 판자 두 장을 얼기설기 묶어둔 조잡한 것이었다. ……에도는 바다와 강과 연못이 흩어져 있는 물투성이 땅이었다. 개척지였다고는 하지만, 예로부터 갈대와 억새가 우거진 습지와 황량한 들판이 이어진 드넓은 평야였다. 에도 성은 히비야 후비 구릉 지대 끝부분에 있었고, 제방은 바닷물에 씻겨나가 보이지도 않았다."

그로부터 13년이 지난 1603년에 도쿠가와 이에야스는 전 일본의 새로운 패자가 되어 막부통치를 시작한다. 보통 사람들 같으면 이처럼 최고 권력자가 된 뒤 도요토미 히데요시 때문에 억지로 내놓은 옛 영지로 돌아가는 길을 선택할 가능성이 높다.(동탁류의 회귀본능을 보라!) 그러나 도쿠가와는 가문의 백년대계를 위해 새로운 땅 에도 일대를 선택한다. 그 결과 에도는 도쿠가와 막부의 수도를 거쳐 오늘날 일본의 수도로까지 비상하게 된다. 1600년 초 도쿠가와 가문의 백년대계 결단이 21세기의 세계 도시 도쿄를 낳은 것이다.

도쿠가와 가문의 도쿄 천도는 다음과 같은 특징을 지닌다.

① 철저한 계획 아래 도시를 건설함.

② 경제부흥책으로 신도시를 건설하는 정책을 활용함.

③ 다이묘 견제 정책과 도쿄 발전 정책을 교묘히 결합시킴.

④ 낙후된 동일본 지역의 개발을 촉진해 국토의 균형 있는 발전을 이뤄냄.

⑤ 도로망과 해상운송망의 발전으로 내수 기반 갖춤.

첫째, 도쿄는 철저한 조사와 계획을 토대로 점진적으로 건설됐다. 도쿠가와는 에도에 입성하기 전에 이미 이 지역에 대해 철저히 조사했다. 사실상 전국시대 무렵 다이묘들은 하나하나가 전문적인 최고경영자(CEO)가 되지 않으면 안 됐다. 자기와 관련된 정보를 미리 수집하고 대응하는 일은 보통의 다이묘들도 다 해야 하는 일이었다. 스파이나 정보원의 활용은 무시로 벌어지는 기본 작업에 지나지 않았다. 그만큼 전국시대의 경쟁은 치열했다. 도쿠가와는 이주한 뒤에도 탁발승, 행상인, 예능인 들을 동원해 조사를 계속했다. 그리고 이곳에 왕도를 건설해야겠다는 결론을 내린다. 상황에 떠밀려서 도시를 건설한 것이 아니고 다른 사람들보다 훨씬 일찍, 훨씬 멀리 내다보고 주도적으로 결정한 것이다. 이런 조사를 토대로 간척과 매립, 성곽 축조, 거주지 조성, 항만 건설 등이 이뤄졌다.

둘째, 무엇보다 과거의 왕도 대신 새로운 왕도를 건설하기로 마음먹은 데에는 경제적 판단도 크게 작용했다. 도요토미 히데요시가 주도한 조선 침략의 실패와 히데요시 사후에 일본을 휩쓴 내전 등으로 피폐해질 대로 피폐해진 일본 경제를 부흥시키는 데 새 도시 건설이 대단히

도쿠가와의 도쿄 천도는 준비된 천도(계획도시)의 장점을 극적으로 보여준다. 도쿠가와는 탁월한 수도론을 가지고 있었다.

© GAMMA

유용하다고 본 것이다. 무기 대신 새로운 일자리를 찾아야 하는 백성들에게 새 성곽과 궁궐, 도로, 주택의 건설은 새로운 기회였다. 오늘날도 비슷하지만, 건설 경기는 고용을 창출하는 데 절대적으로 필요한 요소가 아닌가? 일본의 우수한 다이묘들은 그 정도 경제감각도 갖춰야 했다.

셋째, 도쿠가와 가문은 다이묘들에게 새 왕도 건설에 물자와 인력을 제공하도록 했다. 그들의 경제력을 축소시키는 부수적인 효과도 노린 것이다. 나아가 다이묘들의 가족에게 의무적으로 에도에 들어와(사실상의 인질로서) 살도록 한다. 또한 참근교대제를 도입해 다이묘들이 1년은 에도에서, 1년은 영지에서 살게 했다. 이 방식은 청나라 때 유력한 황족들을 베이징에 들어와 살게 한 제도와 맥을 같이한다. 이런 제도들로 다이묘들을 효율적으로 통제하는 한편 도쿄의 비약적 발전에도 기여하도록 한 것이다.

넷째, 당시 간토 평야의 에도조차 전란과 다이묘들의 무관심으로 그토록 방치될 정도로 일본은 불균형 발전 상태에 놓여 있었다. 에도의 건설은 이런 불균형 상태를 극적으로 해소하고 일본 전역이 고루 발전하는 자극제가 됐다.

다섯째, 다이묘에 대한 견제책으로 대대적인 영지교대제를 실시하면서 일본의 교통이 비약적으로 발전한다. 영지를 교대하면 영주인 다이묘 가족만 가는 게 아니다. 그의 참모 등 가신과 무사 들이 온 가족을 이끌고 같이 갔다. 직인과 농부 등 하층 계급도 대규모로 이주했다. 엄청난 인구가 인위적으로 대거 이동해야 하는 것이다. 자연히 막부는 이런 대규모 이동을 가능케 하는 조처를 취해야 했다. 막부의 주도 아래 곳곳에 새로운 도로가 열리고 하상교통망이 개설된다. 궁극적으로 이런 기반 시설의 확충이 개국 이전 일본의 내수 산업을 상당한 수준으로 발전시키는 결과로 이어진 것이다.

가장 극적인 과정을 보여준 베를린

서양 국가의 천도에서 가장 극적인 과정을 보여주는 수도 가운데 하나는 독일의 베를린이라고 할 수 있다. 역사적으로 베를린은 이런 식으로 정리된다.

'수도로서 정립→ 도시의 분할→ 수도 지위를 상실→ 도시 통합→ 수도로 복권'

도시의 역사에서 볼 수 있는 특징은 베를린 자체가 도시로서 분할되는 경험을 했다는 것이다. 독일이 분단되는 아픔을 수도인 베를린은 그 무엇보다 가장 직접적이고 비극적으로 끌어안았다. 그뿐만이 아니다. 도시의 탄생 역사부터 슬라브인(러시아인)의 대규모 이동과 지배라는 특이한 역사를 경험했다. 마치 그 800년 뒤에 독일의 동부 지역에 소련군이 진주해 압도적인 영향력을 행사한 운명을 예고하기라도 하는 것처럼…….

처음 베를린이 공식적으로 역사에 이름을 올린 것은 1244년부터다. 자매도시라 할 수 있는 쾰른과 함께 13세기 초에 건설됐다. 기록상으로는 쾰른이 한 7년 정도 빠르다. 두 도시는 슈프레 강을 매개로 동서 유럽 사이의 교역을 주도하는 지리적 이점을 가지고 있었다. 그러나 이 일대에는 그보다 훨씬 전부터 게르만족의 일파가 살고 있었다. 애초에 베를린의 현재 중심 지역인 슈판다우와 쾨페니크 지역에 사람들이 모여 살다가 8세기 무렵 베를린과 쾰른 지역에 요새형 거주지가 들어선 것이다. 나중에 게르만족이 서쪽으로 이동하면서 이 일대는 버려지고 슬라브족이 동쪽으로부터 몰려왔다. 12세기 중반 작센족 출신의 알브레히트 1세가 엘베 강을 건너 동쪽으로 진출해 이곳을 장악하면서 다시 게르만족이 이 일대의 주도권을 장악하게 됐다. 1411년에 베를린-쾰른 지역이 뉘른베르크의 봉건귀족 프리드리히 6세의 지배 아래 들어가면서 비록 공국 수준이기는 하지만 수도로서의 지위를 확보한다. 이 무렵 도시 인구는 1만2000명에 이른다.

1640년에 프리드리히 빌헬름이 권력을 잡은 뒤 스웨덴 침략자를 막기 위해 요새시설을 크게 보강하는 건축 계획을 추진한다. 그는 운하를 건설하는 일에도 박차를 가해 주변 도시와 연결되는 해상교통망을 갖춘다. 1701년에 프리드리히 1세가 현재 러시아령 칼리닌그라드인 쾨니히스베르크에서 프로이센 왕국의 왕으로 등극하면서 베를린은 황궁도시(the Royal Residence City)로 결정된다. 1712년에 베를린-쾰른과 그 주변 도시의 인구는 모두 6만1000명 수준으로 늘어난다. 18세기 내내 베를린은 이처럼 동서남북 모든 방향으로 팽창을 거듭한다.

19세기 초반부터 베를린이 학문과 교육의 중심지로 발전하면서, 훔볼트대학 등 여러 대학들이 본격적으로 건립된다. 그리하여 저 유명한 헤겔, 마르크스 등이 바로 이곳을 무대로 활동한다. 이 무렵이면 도시의 규모도 40만 명 수준을 웃돌게 된다.

한편 산업혁명과 함께 독일의 강대국화도 그 속도가 빨라진다. 그 중심인물이 바로 프로이센 왕국의 총리 오토 폰 비스마르크이다. 그의 주도로 1871년에 드디어 전 독일이 통일된다. 베를린도 독일 제국의 수도로 등극한다. 당시 베를린의 인구는 82만 명 수준에 이르고 있었다. 프로이센이 유럽의 새로운 강대국으로 부상하면서 그 수도인 베를린도 비약적으로 발전한다. 베를린은 단순히 중부 유럽의 중심 도시가 아니라 전 유럽의 중심 도시로 발돋움한다. 그 결과 20세기까지 베를린은 독일인뿐만 아니라 신교도로 종교적 박해를 피해 건너온 위그노파 프랑스인, 동부 유럽의 반유대주의를 피해 흘러 들어온 유대인, 거기에 끊임없이 몰려드는 네덜란드인, 폴란드인, 러시아인, 오스트리아인, 터키인 등으로 민족의 국제전시장이 된다.

베를린의 발전이 순조롭기만 했던 것은 아니다. 나폴레옹 전쟁, 산업혁명, 양차 세계대전을 겪으며 많은 비극적 사건들이 꼬리를 물고 벌어졌다. 먼저 1830년에 베를린의 양복산업에 종사하던 도제 노동자들이 노동 조건의 개선을 내걸고 도시로 몰려나온다. 노동자들의 봉기는 1848년 독일 혁명 시기에 절정에 이르러 군대와 시민 사이의 충돌로 베를린 시가지가 온통 피로 물든다. 20세기 베를린은 비극의 현장 그 자체였다고 해도 지나치지 않다. 결국 제1차 세계대전이 독일의 패배로 끝난 뒤 독일은 천문학적인 인플레이션과 엄청난 실업률로 고통을 받는다.

이런 국가적 혼란 속에서 1933년에 아돌프 히틀러가 총통으로 취임하고 절대권력을 쥔다. 히틀러 세력은 집권하자마자 공산주의자, 사회민주당원, 노동조합 지도자 들을 무더기로 투옥하는 등 탄압 정책을 편다. 유대인에 대한 박해도 자행된다. 맨 먼저 유대인의 공민권을 박탈해버린다. 이런 박해에 따라 베를린의 유대인 인구는 1925년에 17만 명으로 전체의 4.3퍼센트에 이르렀으나, 불과 14년 뒤인 1939년에는 1.8퍼센트 수준으로 격감했다. 곧이어 벌어진 유대인 대학살(홀로코스트)의 결과 1945년에 제2차 세계대전이 끝날 때까지 베를린에서 살아남은 유대인은 5000명에 지나지 않는다.

독일인도 독일인대로 고통을 겪는다. 제2차 세계대전이 막바지에

접어들면서 베를린은 연합군 공군기의 폭격에 시달린다. 연합군의 공중 폭격으로 적어도 시민 5만2000명이 사망한 것으로 추정된다. 이와 별도로 1945년 4월 16일에 단행된 소련군의 베를린 공격으로 10만여 명이 사망한다. 이 공격으로 베를린의 거의 모든 주거지와 공장, 군사시설, 문화시설이 철저하게 파괴돼버린다. 결국 4월 30일에 히틀러는 총통부의 지하 벙커에서 자살하고 전쟁은 끝난다.

독일 10월 9일의 기이한 연쇄 체험

한편 20세기 베를린 역사는 10월 9일과 밀접한 관련을 맺고 있다. 10월 9일의 에피소드는 다음과 같다.

① 첫째 에피소드: 맨 먼저 1918년 10월 9일, 베를린이 독일공화국의 첫 번째 수도로 결정된다.

② 둘째 에피소드: 그 5년 뒤 같은 날, 히틀러가 뮌헨에서 정부를 전

베를린 장벽이 무너지던 날. 베를린은 냉전 시대 이데올로기 전쟁 때문에 도시가 강제로 분할되는 운명까지 겪었다.

© Rex Features

복하고자 시도한다. 정부를 전복하려는 기도는 진압됐지만 독일의 역사에는 이미 어두운 그림자가 드리워지기 시작한다.

③ 셋째 에피소드: 히틀러의 야심은 무엇도 저지할 수 없었다. 1938년 10월 9일, 나치 돌격대가 유대교 회당 및 유대인을 습격한다. 바로 '크리스탈나흐트'(깨진 유리의 밤)라고 부르는 사건이다.

④ 넷째 에피소드: 1989년 10월 9일, 동독이 28년 동안 동베를린과 서베를린으로 분단시켜온 베를린 장벽을 철거한다. 독일 통일의 길이 열린 것이다.

베를린의 기구한 운명은 전쟁 이후에도 계속되었다. 종전과 함께 동서냉전이 시작되고 독일은 분단된다. 베를린 역시 동베를린과 서베를린으로 분단돼버린다. 소련군의 지원을 받는 동독은 동베를린을 수도로 삼은 반면, 연합군의 지원을 받는 서독은 본을 수도로 두어야 했다. 서베를린은 동독 영내에 섬처럼 고립돼버렸다. 특히 1948년에는 서독이 서베를린까지 포함하는 단일 경제권을 추진하는 것에 반발한 소련군이 서베를린을 봉쇄하기도 한다. 좁은 비행기 항로 하나만이 베를린과 서독을 연결하는 상황이 된다. 1958년에 서베를린의 지위를 둘러싼 논쟁으로 다시 베를린 위기가 발생하자, 동독은 1961년에 소련의 전적인 지원 아래 동베를린과 서베를린 사이에 아예 장벽까지 쌓아버린다.

독일의 분단은 한편으로는 이데올로기의 문제이면서, 다른 한편으로는 과거사의 인과응보라는 성격을 띤다고 할 수 있다. 독일은 과거 두 차례나 세계대전을 일으킨 전범국가이다. 또한 유대인 등 소수 민족을 비롯해 나치스에 대한 저항 세력을 엄청나게 학살하고 박해했다. 과거로부터 자유로울 수가 없는 처지다.

이념의 시대가 전면적으로 후퇴한 뒤 독일은 재통일을 이루고 새로운 번영을 향해 나아가고 있다. 베를린 역시 독일이 통일된 뒤 다시 통일 독일의 수도로 부활했다.

과연 베를린의 고난은 끝난 것일까? 아직 알 수 없다. 확인할 수 있는 것은 오로지 하나이다. 이제 베를린의 운명은 더 이상 과거에 의해 지배받지 않을 것이라는 점뿐이다. 미래가 베를린의 운명을, 독일의 운명을 결정할 것이다.

천도, 통합과 분열의 두 얼굴

외세 극복 투쟁의 상징이 된 터키의 앙카라,
통합론자들의 현명함이 깃든 캐나다의 오타와,
통일과 단절의 하모니를 이룬 브라질의 브라질리아

유럽과 아시아를 호령하던 대제국이 이제는 거꾸로 서방 국가들에게 침략당하는 운명으로 전락하고 만다. 오스만 터키, 제1차 세계대전의 패전국이 된 이 제국으로 1919년에 외국군이 진주하기 시작했다. 영국, 프랑스, 미국 등 강대국의 군대가 이스탄불 등 주요 도시와 항구를 점령했다. 오스만 터키의 깃발 아래 복속하고 있던 여러 민족도 광

앙카라의 시가지 모습. 터키의 앙카라는 무너진 오스만 터키를 새로운 공화국으로 재생하는 데 결정적 역할을 했다.

© Rex Features

대한 제국의 곳곳에 깃발을 꽂고 저마다 자기네의 새로운 국가를 세우겠다고 선언한다. 오랫동안 갈등을 빚어온 아르메니아인들은 소아시아 동부의 넓은 지역을 자기네 땅이라고 주장했다. 그동안 오스만 터키에 속해 있던 그리스는 더욱 강력한 보복 정책으로 나왔다. 그리스는 제1차 세계대전 전승국의 지위를 이용해 이번에는 거꾸로 흑해 연안과 소아시아 서부 지역을 그리스에 병합하려 했다. 과거 트로이, 에페소스, 사르디스 등 고대 그리스의 도시국가가 바로 이곳에 있었다는 역사적 연고와 함께, 당시까지도 수백만 명의 그리스계 주민이 살고 있다는 이유를 내세웠다. 나아가 과거에 콘스탄티노플이라 부르던 오스만 터키의 수도 이스탄불도 당연히 같은 맥락에서 그리스의 지배 아래 두어야 한다고 주장했다. 오스만 터키는 갈가리 찢기고 있었다. 곳곳에서 터키인들의 항의 시위가 벌어졌다.

케말 파샤, 터키를 구하다

이 격동의 시대, 무스타파 케말 파샤가 터키를 구하기 위해 나선다. 점령군의 영향 아래 놓인 이스탄불의 술탄 정부와 달리 그는 구국을 위한 새로운 구상을 가지고 있었다. 터키를 제국이 아닌 공화정으로, 다민족국가라는 거대 국가가 아닌 터키인 중심의 단일 민족국가로 재탄생시켜야 한다는 게 그의 생각이었다. 그는 정부가 새로운 의회를 구성하기 위해 실시한 선거에서 당선됐다. 의회 개원식에 참석하려면 이스탄불로 가야 했다. 하지만 케말 파샤는 술탄 정부와 배치되는 국가를 구상하고 그에 따른 활동을 벌였기 때문에 체포될 것이 분명했다. 이 위기의 순간에 그는 이스탄불의 의회에 참석하는 대신 새로 선출된 의원들이 이스탄불로 가기 전에 자신을 만날 수 있도록 터키의 고도이자 내륙 교통의 중심지인 앙고라에 거점을 마련했다. 그러고는 거기서 의원들을 만나 새로운 터키의 미래를 설득하기 시작했다. 앙고라는 이렇게 해서 현대 터키 건국의 아버지 케말 파샤가 위기에 빠진 조국을 구하는 민족주의적 구상의 복음지로 승화한다.

케말 파샤가 터키인의 애국적 투쟁을 성공적으로 지휘한 결과 마침내 터키군은 그리스군을 몰아내는 데 성공한다. 제1차 세계대전 전승국과 벌인 외교적 교섭도 잇따라 결실을 맺는다. 4년 뒤인 1923년에 터키의 대국민회의는 케말 파샤의 요청에 따라 이스탄불 대신 앙고라를 새로운 터키 공화국의 수도로 선언한다. 그 뒤 1930년에 새 수도의 이름은 유럽화된 지명인 앙고라 대신 터키식 지명인 '앙카라'로 바뀐다.

이스탄불에서 앙카라로 천도하는 과정은 다음과 같은 특징을 지닌다.

① 조국해방투쟁의 연장선에서 이뤄졌다: 외세를 극복하는 투쟁에서 자연스럽게 앙카라가 터키 민족주의 운동의 새로운 중심지로 부상한 성격이 강하다. 새로운 공화국 방안이 이스탄불에서 자생적으로 일어나 주도권을 잡았더라면 상황은 크게 변했을 것이다.

② '터키인에 의한 터키화'라는 강력한 민족주의를 반영했다: 이스탄불은 이미 오스만 터키 이전에 비잔틴 제국의 수도로서 1100여 년 동안 이어져오는 등 사실상 그리스 문명을 계승했다는 역사적 의미가 강하다. 그리스가 강력한 연고권을 주장하듯이 국제적 논쟁거리의 여지가 많다. 그곳을 수도로 정하면 국제적인 역사 논쟁에 지속적으로 말려들 수 있었다. 나중에 이 도시 이름을 그리스식인 콘스탄티노플에서 터키식인 이스탄불로 바꾼 것도 터키화의 의지를 보여준다.

③ 터키의 현대화를 지향하는 케말 파샤의 염원이 담겼다: 케말 파샤는 불가리아 소피아 주재 대사관에 근무한 경험을 통해 유럽의 현대

국가와 현대 도시가 갖는 강점을 깊이 인식했다. 케말의 현대화 구상을 구현하기에 이스탄불은 그 오랜 역사와 전통 때문에 결정적 제약이 너무 크고 많았다. 반면에 앙카라는 새로운 현대 도시로 개조하기에 더없이 유리했다.

④ 국토의 균형 있는 발전이라는 예상치 못한 결과도 이뤄냈다: 이스탄불은 유럽 지역까지 펼쳐져 있던 대제국 시절에는 제국의 중심부로서 기능하기에 대단히 효율적이었다. 하지만 소아시아 반도 중심으로 줄어든 현대의 터키라는 강역에서 보면 완전히 서쪽에 치우쳐 있는 형세다. 앙카라는 그와 달리 새 국가에서 적절하게 중앙부의 위치를 차지한다. 결과적으로 앙카라는 터키의 2대 도시로서 새로운 산업 중심지가 되는 등 국토의 균형 있는 발전에 크게 기여한다.

캐나다, 프랑스계와 영국계의 싸움

캐나다의 수도 오타와도 큰 틀에서는 터키의 앙카라와 비슷하다. 이른바 '구국의 결단'에 따라 수도로 정해졌다. 초기 캐나다의 양대 세력인 영국계와 프랑스계가 극심하게 대립하는 상황에서 자칫 국가가 분열될 수도 있는 사태를 피하기 위해 선택한 대안이었다.

캐나다를 먼저 개척한 사람들은 프랑스 사람들이다. 캐나다 지역을 처음부터 '누벨 프랑스'(새로운 프랑스)라는 프랑스식 이름으로 부른 것만 보아도 쉽사리 짐작할 수 있다. 오타와 주변을 흐르는 강 이름도 프랑스식 표현인 가티노(Gatineau)라든가 리도(Rideau)로 돼 있었다. 프랑스와 영국 두 민족은 캐나다가 독립하기 훨씬 전부터 광대한 이 지역에 대한 지배권을 놓고 지속적으로 대립해왔다. 한쪽이 인디언 부족과 연합해 세력을 키우면 반대편도 곧 다른 인디언 부족을 끌어들여

© Rex Features

오타와의 시가지 모습. 프랑스계의 몬트리올과 영국계의 토론토가 치열하게 경합할 때 오타와가 대안으로 제시돼 캐나다의 분열을 막아냈다.

맞섰다. 또한 유럽 대륙을 무대로 본국끼리 전쟁을 벌이면 아메리카 대륙의 두 주민도 교전 상태에 돌입했다. 거꾸로 아메리카 대륙에서 벌어진 충돌이 본국 쪽의 전쟁을 유도하는 사태도 일어났다. 당시는 제국주의의 대표 주자인 두 나라가 전 지구적 차원에서 경합을 벌이던 시기였다. 사실 프랑스의 입장에서 보면 북아메리카에 대한 지배권을 지속적으로 영국에 빼앗긴 것이나 마찬가지였다. 먼저 안방을 차지했다가 굴러온 돌인 영국에 치여서 밀려난 것이다.

역사 지도를 보면, 한눈에 이 모든 것을 알 수 있다. 미국과 캐나다가 독립하기 전인 18세기 중엽까지만 하더라도 프랑스는 미국 동북부에서부터 텍사스 북부까지 지배했다. 오늘날 관점에서 보면 미국의 절반 크기에 해당한다. 프랑스의 세력권은 캐나다 북부와 미국 동남부

해안을 점령하고 있던 영국보다 넓으면 넓었지 좁지 않았다. 그러나 1753년에 북아메리카를 무대로 두 나라가 벌인 마지막 경합 전쟁에서 결국 프랑스가 패하고 만다. 나중에 나폴레옹이 등장하여 프랑스가 유럽의 패권을 놓고 마지막 반격을 가해 일시적으로 성공시키지만, 결국 이 싸움에서도 패배하여 다시는 북아메리카 등에 대한 지배권을 넘보지 못하게 된다. 이제 영국에게 남아 있는 맞수는 오늘날의 멕시코를 거점으로 미국의 중부와 남부에 해당하는 지역까지 지배하는 스페인뿐이었다.

어쨌든 프랑스는 돈을 받고 루이지애나(이 이름도 '루이의 땅', 바꿔 말해 프랑스 루이 16세의 영토라는 의미를 지니고 있음)를 미국에 할양한 것을 비롯해, 전쟁으로 캐나다에서의 지배권을 빼앗기는 등 쓰라린 역사만 갖게 된다. 프랑스계가 많은 캐나다의 퀘벡 주에서 지난 1980년대까지 퀘벡 분리주의자들이 활발하게 움직인 것은 이런 역사를 반영하고 있다.

이처럼 기나긴 갈등의 역사를 안고 프랑스계는 퀘벡 주를 중심으로, 영국계는 그 이웃 온타리오 주를 중심으로 각각 다수 민족을 형성하게 된다. 캐나다 지역이 독립 연방국가로 독립할 것이 확실해지자 곧 양대 주민은 치열하게 대립한다. 퀘벡의 프랑스계 주민들은 당연히 몬트리올이 수도가 돼야 한다고 주장했다. 이에 반해 온타리오의 영국계 주민들은 토론토가 수도가 돼야 한다고 맞받아쳤다. 두 도시 사이에 수도를 유치하려는 경쟁이 치열해지면서 전선은 더욱 확대된다. 두 도시의 대안으로 프랑스계 도시인 퀘벡시티와 영국계 도시인 킹스턴도 각각 수도 유치 논쟁에 뛰어든 것이다. 거기까지라면 그래도 이해할 수 있겠다. 워낙 프랑스와 영국 양대 세력의 대립이 극심했기 때문이다. 그런데 아일랜드 주민들까지 들고 일어났다. 그들은 자신들의 중심 도시인 샬럿타운이 수도가 돼야 한다고 주장했다. 그리고 이런 경고까지 내놓는다.

"만일 우리의 이 주장이 관철되지 않는다면 앞으로 연방에 참여하지 않겠다."

한마디로 수도 문제로 온 나라가 갈가리 찢길 수도 있는 심각한 상황에 빠져든 것이다. 이렇게 국론이 분열되는 상황에서 그나마 다행인 것은 수도를 결정하는 문제를 식민지 모국인 영국의 빅토리아 여왕에게 청원해놓았다는 사실이다. 그리고 새로운 대안 도시로 오타와가 부상한다. 오타와는 국가가 분열될 것을 염려한 본국 영국의 결단에 따라 수도로 결정된다. 나라의 미래를 생각하는 캐나다의 지각 있는 지도층과 영국 본국 지도층의 상식과 비전이 결합한 셈이다.

캐나다 통합론자들은 수도가 결정되자마자 곧바로 의사당 건물을

오스트레일리아의 수도 캔버라. 이곳 역시 시드니와 멜버른의 과열된 경합을 해소하기 위한 대안으로 선택됐다.

© Rex Features

건립하기 시작했다. 만일 시간을 질질 끌다가는 뿌리 깊은 갈등과 대립의 역사가 재현될지도 모른다. 그리고 의사당 건물을 최대한 크고 장엄하게 하는 것으로 밀어붙였다. 나중에라도 괜히 다른 말이 나오거나, 기존 거대 도시들이 수도에 대해 또다시 미련을 갖지 못하게 하기 위해서였다. 그리하여 1860년에 열린 정초식(기초석을 놓는 상징적인 행사)에 영국의 왕세자를 초청하고, 미국의 뉴욕과 펜실베이니아에서 나는 질 좋은 화강암을 철도편으로 실어왔다. 그러나 이런 거창한 계획과 결의 때문에 공사가 계속 늦어졌다. 그 결과 원래 예정한 공사 기간 10년을 넘겨 1867년에 캐나다가 통합 캐나다로 건국될 때까지도 의사당을 완성하지 못했다. 결국 독립한 뒤 12년이 더 지나서야 완공된다. 어쨌든 우여곡절이 있었지만 국가적 통합을 상징하는 의사당의 위용 앞에서 다른 도시를 내세우던 사람들의 목소리는 잦아들었다.

오타와의 특징으로 다음과 같은 점을 들 수 있다.

① 국가를 통합할 수 있는 대안으로 선택됐다.

② 미국과 잠재적으로 대립할 수 있는 가능성을 상정해 방어 목적을 계산했다.(다른 경합 도시들과 달리 오타와는 좀더 내륙 쪽으로 후퇴해 있다.)

③ 철저한 계획도시의 성격을 띤다.

④ 기동성 있는 행정으로 도시 건설을 뒷받침했다.

⑤ 정치 지도자들의 탁견에서 배울 게 많다.

브라질리아, 통일과 단절의 하모니

브라질이 리우데자네이루에서 새로운 계획도시 브라질리아로 천도한 가장 큰 이유는 국가를 통합하고 국토를 균형 있게 발전시키기 위해

서라고 할 수 있다. 브라질리아로의 천도는 사회민주당 후셀리노 쿠비체크 데 올리베이라 대통령이 재임하던 1960년에 이뤄졌다. 무장혁명으로 쿠바에 사회주의 정권이 들어선 지 1년이 지난 시점이었다. 당시 남아메리카의 전통적인 지배 계층인 올리가크들은 남아메리카로 쿠바식의 좌파 무장혁명이 전파되는 것을 막아야 한다는 생각을 가지고 있었다. 미국 역시 이런 무장혁명이 전파되는 것을 막기 위해 이 지역에 강력한 반공정권을 세우려는 노력을 기울이고 있었다. 이런 것들이 복합적으로 브라질리아로 천도하는 데 영향을 미쳤다고 할 수 있다.

전통적으로 브라질은 해안 지역을 중심으로 도시가 발달해 있었다. 브라질리아로 옮기기 전의 수도도 해안에 있는 리우데자네이루였다. 게다가 해안의 주요 도시들은 대부분 남부에 집중돼 있었다. 모든 정치와 경제, 산업과 문화가 도시를 중심으로 발달하는 바람에 도시화의 속도가 다른 나라보다 훨씬 빨랐다. 그 결과 상파울로, 리우데자네이

브라질 국토를 균형 있게 발전시키기 위해 오랜 고민 끝에 계획도시로 건설된 브라질리아. 그러나 경제적 부작용 때문에 크게 흔들렸다.

루, 레시페, 포르투알레그레 등 수백만에서 천만 명을 헤아리는 비정상적인 대도시가 주변 이웃나라에 비해 엄청나게 많았다. 단순한 도시화뿐만 아니라 빈부 격차의 문제도 심각했다. 부자들은 거의 작은 나라 규모의 농지를 독과점하고 있는 반면, 가난한 원주민 농민은 작은 오두막집에서 10여 명이 비참하게 살고 있는 상황이었다. 브라질에서 정치적 불균형과 경제적 불평등은 이미 그 도를 넘는 징후들을 보이고 있었다.

게다가 상파울로와 미나스제레이스 주가 정치적 · 경제적 영향력이 커지면서 원래 연방의 수도인 리우데자네이루와 지속적으로 대립했다. 지방의 정부가 중앙 정부의 말을 듣지 않고 번번이 견제하는 식이었다.

세계에서 다섯째로 큰 영토에 방대한 정글 지역을 가지고 있는 브라질로서는 이런 불균형적이고 비정상적인 상태를 적극적으로 해소해야만 했다. 국가의 영토적 통일과 균형 있는 발전을 이루지 않으면 빈부 격차의 문제는 더욱 심각해질 수밖에 없었다. 정글 지대가 끝없이 펼쳐진 방대한 내륙부는 마냥 방치된 채 무장혁명과 분리주의 경향에 빨려들지도 몰랐다. 나아가 내륙부의 가난한 원주민 농촌 지역은 상황에 따라선 쉽사리 무장혁명 세력의 온상이 될 수도 있었다. 브라질의 올리가크들은 여전히 내키지 않지만, 이제 할 수 없이 수도를 옮기지 않으면 안 된다고 동조하기에 이르렀다.

물론 브라질리아로 천도하는 구상이 갑자기 생겨난 것은 아니다. 나름대로 꽤 오랜 역사를 지니고 있다. 맨 처음 내륙부에 수도를 둔다는 탁월한 구상을 한 사람은 1789년부터 시작된 초기 독립운동의 지도자인 호아킴 호세 다 실바 하비에르다. 이런 구상을 이어받아 1891년에 마련된 헌법도 내륙부에 새 수도를 둔다는 원칙을 천명하기에 이른다. 그러나 남부의 해안 지역을 중심으로 한 기득권 세력의 저항에 막혀 지지부진하다가 1960년대 들어 새로운 정세가 조성된 것이다.

브라질리아를 새로운 수도 후보로 선정하기 전 약 8년 동안 내륙부에 대해 조사와 실험을 실시했다. 그러다가 1960년에 쿠비체크 대통령이 새로운 투자를 활성화하고 국내 시장을 확대 · 통합한다며 본격적으로 천도를 밀어붙인 것이다. 그러나 과다한 투자 때문에 인플레이션이 일어나고 국제통화기금(IMF)으로부터 들어오는 금융이 막힌다. 결국 쿠비체크 대통령의 밀어붙이기식 팽창 정책은 위기를 맞는다. 현실적으로 반드시 필요한 천도였지만, 그 발전 방향과 속도 등에서 문제를 일으켜 사태를 크게 악화시킨 것이다. 브라질은 이 부작용을 치유하기 위해 그 뒤 수십 년 동안 고생한다. 그리고 과연 이 천도가 제대로 된 것인가 하는 논쟁이 지금껏 심심치 않게 제기되곤 한다.

이처럼 수도는 잘못 건드리면 덧날 뿐 아니라 심각한 후유증을 낳기도 한다. 수도는 '고도의 정치적 · 경제적 생명체'인 것이다.

서울-평양 병립, 두 가지 미래

우리 역사에서 천도는 대략 여섯 차례 이뤄졌다. 우선 고구려 때 두 차례, 백제 때 두 차례 경험한다. 고구려는 국내성으로 한 번, 다시 평양으로 한 번 더 천도했다. 두 차례 모두 국가 정책의 방향이 전환한 것과 밀접한 관련이 있다. 국내성으로 천도한 것은 국방 강화와 국력 팽창이 목적인 것으로 추정되고, 평양성으로 천도한 것은 남하 정책을 통해 한반도를 통일하겠다는 의지로 읽힌다. 백제의 천도 역시 고구려와 비슷하다. 하남 위례산성에서 웅진(공주)으로의 천도는 개로왕 등이 고구려와 치른 전쟁에서 패퇴하면서 야기된 국방상의 이유로 추정되고, 다시 부여 사비성으로의 천도는 새로운 국가 발전의 전기를 붙잡기 위한 노력으로 보인다.

이와 달리 고려의 개경(개성)은 '신왕조를 창건하기 위한 천도'라는 특징을 지닌다. 개경은 예성강 하구 벽란도를 중심으로 국제무역을 통해 발달한 도시다. 따라서 개경을 수도로 정한 것은 경제적 요인을 대단히 중요시한 것이라고 할 수 있다. 나아가 개경이 왕조를 창건한 세력인 왕씨의 본거지였다는 점에서 '근거지 이동형'이다. 명나라 초기에 영락제가 전임 황제의 근거지인 난징에서 자신의 근거지인 베이징으로 천도한 것과 같은 맥락이다.

조선시대에 개경에서 한양(서울)으로 천도한 것도 신왕조 창건에 따른 천도라고 볼 수 있다. 기술적으로는 개경의 전진 도시인 벽란도에 토사가 축적되어 하상이 높아져 항구 기능을 상실하면서 단행된 것으로 추정되기도 한다. 다른 한편으로는 고려조의 개방형 교역경제에서 조선조의 현실안주형 농업경제로 후퇴한 것을 반영한다고도 할 수 있다. 고려조는 세계사의 관점에서 볼 때 정화 함대로 상징되는 중국의 해양강국 시대와 맥을 같이하면서 해양 교역에 대단히 적극적이었다. 이와 달리 조선조는 해양과 거리를 두는 쇄국형의 성격이 더 강했다.

한편 남북 분단에 따른 서울–평양 양대 수도의 병립은 역사적으로 두 가지 길의 가능성을 보여준다. 하나는 독일 베를린의 예에서 보듯이 통일 뒤 한 도시(서울)로 강제 합병하는 방식이고, 다른 하나는 병립경합형 도시들처럼 제3의 대안을 모색하는 방식이다. 병립경합형으로 갈 경우 파주시 교하가 유력한 지역이라는 견해도 나와 눈길을 끈다.

이슬람의 영욕

디지털 하이테크형 테러 시대 **한 명의 테러리스트가 수백만을 타격하고 수십억을 떨게 하는 점점 더 무서운 세상으로 들어서다**

"신이시여, 저들을 죽이소서" **종교적 편견 속에 정교 분리 원칙마저 깨버린 미국과의 동맹으로 우리가 얻을 것은 무엇인가**

디지털 하이테크형 테러 시대

한 명의 테러리스트가 수백만을 타격하고 수십억을 떨게 하는 점점 더 무서운 세상으로 들어서다

'마르코 폴로는 1295년에 머나먼 동방여행에서 돌아와 심혈을 기울여 책을 구술해나갔다.

"……페르시아에 거주하는 이 장로의 이름은 알로아딘으로 사람들이 예언가라고 불렀다. 산꼭대기의 성채에 살고 있는 그는 매우 부유해 협곡 전체를 거대한 정원으로 아름답게 꾸며놓았다. 정자나 전각이 즐비하게 늘어서고, 나무에는 온갖 열매가 가지가 휘어지도록 달려 있었다. 시내에는 물뿐만 아니라 포도주와 우유도 흐르고, 정자에는 아름다운 무희들이 살았다. 예언자 마호메트가 약속한 파라다이스 그 자체이다. ……이 산에 사는 장로는 누군가를 제거할 필요를 느끼면 추종자 가운데 한 사람에게 그 일을 실행하도록 명령하고 대가로 파라다이스에서 영원히 살 수 있게 해주었다. 추종자는 목숨을 버리고라도 주저 없이 그 명령을 실행했다. 파라다이스가 어떤 곳인지 그는 이미 잘 알고 있기 때문이었다. ……노인은 우선 암살 예비군을 마약으로 잠재우고 정원으로 데려다 놓는다. 눈을 뜨고 정신을 차리면 아름다운 무희가 그를 둘러싸고, ……음식이나 포도주를 권하며 몸을 맡긴다. ……며칠이 지나면 다시 그 사나이는 마약으로 잠재워져서 성채로 운반된다. 한번 이런 경험을 한 사람은 자기 목숨을 버리는 한이 있어도 다시 그 파라다이스를 제 것으로 만들고 싶어서 애태운다.”

……마르코 폴로는 이 암살 예비군을 ‘아시신’이라고 부르고 있었다고 전한다.’

1천 년 전부터 존재한 암살대

‘1981년 10월 6일에 이집트 카이로에서 제4차 중동전쟁 개전 8주년 기념 군사 퍼레이드가 벌어지고 있을 때였다. 무장 군인들 한 무리가 귀빈석에서 참관하고 있던 안와르 사다트 당시 이집트 대통령을 향해 수류탄을 던지고 자동소총을 난사하기 시작했다. 사다트 대통령은 이 자리에서 암살됐다. 당시 사다트는 이스라엘과 전격적으로 평화협정을 체결하고 이스라엘의 국가를 인정하는 등 현실주의적 정책을 취해

터키인 세 명을 살해하겠다고 위협하는 ‘유일신과 성전’의 무장 세력들. 김선일 씨 등을 납치하고 살해하여 이름을 알린 ‘유일신과 성전’은 현대 미디어 문명을 고도로 활용했다.

이슬람 과격파의 표적이 돼 있었다. ……자신들을 '알 지하드'(성전) 소속이라고 밝힌 군인 등 암살 조직원 24명은 한 달 보름 뒤에 열린 최고군사법원 재판정에 들어서자 일제히 외치기 시작했다. "알라 후 아크바르!"(신은 위대하다!)

주모자 가운데 한 명인 이슬람블리 중위는 붉은 표지의 코란을 흔들며 외쳤다. "우리는 파라오를 죽였다. 우리는 사다트를 죽였다. …… 그를 죽인 게 우리는 자랑스럽다. 그것은 종교적 대의를 위해서다. 이슬람법과 모순되는 이집트법은 지킬 필요가 없다. 따라서 우리에겐 죄가 없다." 암살 관련자 대부분을 총살형 · 교수형 · 종신형으로 처벌했지만, '알 지하드'라는 이름은 이후 중동 역사에 그 실체를 명확하게 기록한다.'

'2002년 9월 11일, 저 유명한 오사마 빈 라덴이 주도한 항공기 이용 동시다발 테러가 미국의 세계무역기구 건물과 국방부 건물을 대상으로 자행되어 전 세계를 뒤흔든다. ……제2차 세계대전 때 일본군의 진주만 공격으로 희생된 사람이 2400명인 데 반해 이 날 하루 테러 공격으로 3700명 이상의 희생자가 발생했다.'

'이라크 전쟁이 3년째를 맞은 2005년 7월 7일, 미국의 동맹국으로 이라크 파병 규모 2위 국가인 영국의 수도 런던에서 지하철과 버스를 겨냥한 동시다발 폭탄테러가 벌어졌다. 이 테러로 시민 56명이 사망하고 700여 명이 부상했다. 그 2주 뒤인 7월 21일, 다시 런던 시내 지하철역 등 네 곳을 겨냥한 동시다발 폭탄테러가 일어나 1명이 부상했다. ……이 테러를 기획했다고 주장하는 과격테러 단체인 알 카에다는 앞으로 이라크에서 철군하지 않으면 영국을 비롯해 미국, 일본, 한국 등 파병국가를 겨냥해 공격을 계속하겠다고 경고하고 나섰다.'

마르코 폴로가 『동방견문록』에서 처음으로 이슬람 암살대의 존재를 전했을 때 유럽인들은 믿지 않았다. 전혀 믿을 수 없는 황당한 이야기라며 오히려 그를 비웃었다. 그러나 지금으로부터 1천 년 전쯤 암살대가 실제로 존재했으며, 모든 것이 진실이었음이 확인됐다. 그 장로의 이름은 '하산 에 사바흐'이며, 이란 엘부르즈 산맥에 '알라무트' 라는 성채를 구축해놓고 있었다. 암살 예비군의 이름 '아사신' 은 이제 암살자를 의미하는 'assassin'으로 웹스터 사전에 이름을 올려놓았다. 나아가 아사신은 대마를 뜻하는 '하시시'가 그 어원으로서, 암살 예비군들이 실제로 하시시를 코로 마시고 감각이 마비된 상태에서 죽이는 것도 죽는 것도 두려워하지 않게 되었음도 확인됐다.

1천 년 역사를 거슬러 올라가는 이슬람 암살대의 존재는 이제 한 나라의 대통령을 암살하는 것은 물론 초강대국의 심장부를 겨냥해 대형 테러를 동시다발적으로, 그것도 지속적으로 벌이는 양상으로까지 발전했다. 나아가 컴퓨터로 운영되는 거대 시스템을 겨냥한 하이테크형 테러로 최대의 효과를 노리거나, 첨단 매스미디어를 통해 전 세계 인류에게 디지털 속도로 그 테러의 목표와 효과를 선전하는 것도 가능한 디지털 하이테크형 테러 시대로 돌입했다.

현재 벌어지고 있는 21세기형 테러의 특징을 다음과 같이 정리할 수 있다.

① 규모와 발상의 세계화

② 기술적 측면에서 디지털 하이테크화

③ 대상의 무차별화

④ 본격적 전쟁 수행 수단으로 변화

⑤ 문명 전쟁 양상에 따라 이슬람 세력의 전면화

⑥ 전통적 테러와 하이테크형 테러를 수시로 바꾸는 탄력적인 활용 양상

⑦ 선전 효과의 극대화에 주력

오사마 빈 라덴과 '듀아'

이런 21세기형 테러의 특징을 모두 관철하고 있는 인물이 다름 아닌 오사마 빈 라덴이다.('오사마'라는 이름은 이슬람교의 창시자 마호메트가 신뢰하던 한 유능한 장군의 이름에서 따온 것이다.) 2002년에 9·11 테러로 그 존재를 세상에 확실하게 알린 오사마 빈 라덴은 현재 이라크 전쟁의 후폭풍으로 벌어진 이라크 반미항전 세력의 테러에 이르기까지 이슬람권에서 벌어지는 테러의 정신적 대부로 군림하고 있다.

테러를 통한 지하드(성전)를 주장하는 오사마 빈 라덴의 전략은 1998년 2월 20일에 발표된 '아잠 기구'의 '듀아'와 그대로 맥을 같이한다.

9·11 테러는 테러리즘의 규모와 성격이 전지구화·하이테크놀로지화·무차별화의 단계로 진입했음을 세상에 선언한 사건이라 할 수 있다.

아잠 기구는 아프가니스탄과 보스니아 지역 이슬람주의 전사들의 모태로서, 서구로 이민한 이슬람교도 공동체 안의 이슬람 테러리스트들에게 지주 같은 역할을 해오고 있다. 듀아는 이슬람의 부름에 신자들이 어떻게 응답해야 하는지 말해주는 기도이자 강론으로서, 전 세계 이슬람교도들이 금요기도회에서 이를 낭독한다. 아잠 기구의 이 듀아는 서구에 대한 총력적인 지하드가 이슬람주의 지도자들로부터 합법성과 권위를 인정받았다고 선언했다.

"오, 알라여! 전 세계에 퍼져 있는 중요하고 전략적이고 막강한 영향력을 갖춘 이슬람교도들에게 영감을 불어넣으시어, 그것이 컴퓨터 지식이든 금융에 관한 능력이든 그들이 갖고 있는 모든 능력을 동원해 전 세계의 적들에게 보복을 가하도록 하소서!"

"오, 알라여! 이 보복을 통해 빈 라덴과 아라비아 만 출신의 용감한 전사들이 페르시아 만 국가에 있는 외국 군대에 타격을 가할 수 있도록 이끄소서!"

"오, 알라여! 침략군이 막대한 피해를 입고 파괴되고 혼란에 빠지게 하시어 그들이 옛 역사에서 교훈을 얻을 수 있도록 하시고, 그들에게 큰 손실을 입혀 걸프전이 무의미함을 느끼도록 하소서!"

테러는 역사적으로 약자가 사용하던 투쟁형태 가운데 하나였다. 현재 중동 지역의 이슬람권에서 특히 테러리즘이 극도로 활성화된 이유 역시 역사적 배경에서 비롯된다. 멀리는 우마이야조와 아바스조의 세속적인 칼리프 권력에 대해 밑에서 일으키는 투쟁이라는 성격에서부터, 가깝게는 걸프 전쟁과 이라크 전쟁의 경험에 이르기까지 거대한 힘에 대해 저항하는 성격을 바탕에 깔고 있는 것이다.

특히 18세기 이후에 서구와의 관계에서 본격적으로 세력 균형의 역전을 경험한 뒤 이슬람권의 이런 절망적 상황은 거의 2세기 넘게 지속되고 있다. 서구와 비교할 때 무장력과 국력의 격차가 시간이 지날수록 더욱 커지는 양상으로 치닫는다. 이와 함께 상대적으로 이슬람권의 민주화와 경제 성장이 진전되지 않아 내부적 모순과 빈부 격차가 심화되면서 잠재적 폭발성이 더욱 높아진 점도 빼놓을 수 없다. 이런 상황에서 이슬람의 성직자와 학자, 지식인 들이 점차 현실을 변혁하는 길로서 이슬람적 가치관을 급진적으로 적용하고 확산하는 투쟁방식에 몰입해온 경향이 강하다.

1979년에 성공한 이란 혁명은 이런 이슬람권에 새로운 희망과 복음을 주었다. 세속주의와 서구화를 모두 거부하고, 현세에서도 '신의 민주주의'를 구현하는 것이 가능하다는 논리로 이어졌기 때문이다. 이집트의 사다트 대통령 암살 사건은 바로 이런 논리의 연장선에서 벌어졌다. 실제로 알 지하드는 사다트 암살과 함께 봉기를 일으켜 이집트에 이란 회교공화국과 같은 이슬람 국가를 건설하려 했다. 이런 논리에 따르면 지상에서 이슬람 대의를 확립하기 위해서라면 어떤 수단도 정당화된다. 테러와 무장 봉기, 식량 폭동, 여객기 납치 등도 모두 지상에서 신의 뜻을 구현하기 위한 방법으로 자리매김하는 것이다.

첨단 기술과 미디어의 효과적 활용

오사마 빈 라덴의 테러는 미국이 이란 혁명이 확산되는 것을 막기 위해 본격적으로 중동 사태에 개입하고, 걸프 전쟁 및 이라크 전쟁을 계기로 이슬람 중심부에 더 깊숙이 파고드는 데 대한 반발이자 대항 전쟁의 성격을 띤다. 실제로 사우디아라비아 정부와 이스라엘의 한 연구소는 '이라크의 외국인 무장 세력'에 대해 연구한 뒤 "이라크 전쟁이 평범한 아랍 젊은이들을 테러리스트로 만들고 있다"는 결론을 내놓았다.

연구는 사우디아라비아 정부가 이라크에 입국하려다 체포된 300여 명과 40여 명의 자살폭탄 공격자들을 대상으로 실시했다. 조사에 참여한 오바이드는 젊은이들이 이슬람주의에 관심이 없었으나 미국이 이라크를 침공한 뒤 '이교도들을 아랍인의 땅에서 몰아내자'는 구호에 호응하는 저항 세력으로 변모했다고 밝혔다. 이스라엘의 헤르줄리야 국제연구센터도 이라크에서 싸운 154명의 외국인 무장 세력을 조사한 결과 대부분이 이라크로 가기 전까지 테러 활동과 아무런 관련이 없었다는 결론을 내렸다. 연구를 맡은 류벤 파즈는 "많은 아랍인들이 이라크 전쟁을 이슬람과 아랍 문화 전체에 대한 공격으로 여기고 있다"고 밝혔다. 미국 등 서방 강대국이 아랍의 평범한 젊은이들을 급진적 테러리즘 속으로 몰아넣고 있다는 분석인 것이다.

© AP연합

오사마 빈 라덴은 이슬람 급진파 테러를 세계화·하이테크화해서 전 세계를 공포로 몰아넣는 데 성공했다.

실제로 영국의 7·7 테러에 가담한 모하마드 시디크 칸은 이라크와 아프가니스탄 침공 등 영국 정부의 잘못된 중동 정책에 대한 보복으로 테러를 저지른다는 내용의 '비디오 유언장'을 남겼다.

이와 함께 현재 진전되고 있는 세계화와 첨단기술, 매스미디어 등 갖가지 요소가 결합해 테러 방식이 갈수록 훨씬 복합적인 양상으로 발전하고 있다. 특히 테러가 전쟁의 한 수단으로 정착하는 흐름과 속도를 보면 대단히 위험하고 폭발적이다. 무엇보다 점점 빨라지는 과학기술의 발달과 맞물려 테러도 점점 더 빠르고 광범하게 전쟁의 수단으로 진화해가고 있다. 과거에 기관총과 수류탄 따위로 무장하던 테러리스트들이 이제 발칸포, 대전차 로켓포, 대전차 미사일, 휴대용 대항 미사일, 박격포, 조립식 플라스틱 폭탄 등으로 무장한다.

현대는 종래와 달리 집단이 아니라 소수, 그것도 개인이 이런 무기류를 동원해 테러에 나서는 것이 가능한 시대로 돌입했다. 무엇보다 이런 첨단 무기류로 무장한 개인 테러리스트들이 필요에 따라 전통적인 목적테러에 나서거나, 현대적 양상이라 할 수 있는 군중 잠입형 돌발테러를 감행하는 다각 · 복합 · 속도테러의 국면으로 변모하고 있다. 나아가 핵무기를 비롯해 화학무기, 세균무기 등 다량살상 무기를 테러 집단이 입수하고 장악하는 것이 어렵지 않은 상황도 주목해야 한다. 총력전의 관점에서 본다면, 단 한 명의 테러리스트가 수십, 수백만 명을 대상으로 '전쟁'을 벌이고 그 소식을 디지털 속도로 수십억 명에게 한꺼번에 전파하는 선전 효과를 거둘 수 있는 시대이다.

이슬람 급진파를 중심으로 확산하고 있는 테러는 미국이 이라크를 침공한 이후 봇물 터지듯 세력을 키워가고 있다. 이 사태는 단순히 누가 현재의 상황에서 승리하느냐의 문제를 넘어섰다. 이슬람권의 투쟁 방향을 극단론으로 밀어버린 것으로 이미 결론나지 않았는가 하는 우려를 지우기 어렵기 때문이다.

급진파의 승리는 중장기적으로 (그들 내부의 논리를 따른다면) 엄혹한 상황을 극복하고 최후의 승리를 이룩한 대지하드로서 자리매김한다. 이 논리가 이슬람권의 미래 지표를 설정하는 데 어떤 영향을 미칠지는 충분히 예상할 수 있다. 단기적으로 급진파들이 승리를 위해 그 어떤 수단도, 대상도 가리지 않는 무차별적 테러를 무제한으로 동원할 가능성을 배제하기 어렵다. 특히 비아랍권과 서구 세력을 지지하는 국가에 대해 세균무기류의 극악한 테러를 자행하는 것도 논리적으로나 정황적으로 가능하다. 아아, 정녕 무서운 시대는 끝내 오고 말 것인가?

마호메트가 본 테러리즘

마호메트는 어느 의미에서 테러리즘의 '피해자'였다고 할 수 있다. 그는 생애 내내 지속적으로 암살 위협에 시달려야 했다. 헤지라 원년인 622년에 비밀리에 메카를 탈출해 메디나로 이주한 것도 메카 세력의 암살 위협 때문이다. 실제로 그는 청부살인자들에게 위협을 받았으며, 최종적으로 부족 전체 회의 차원에서도 암살 명령이 내려져 있었다.

마호메트가 이슬람을 확산시키면서 무력주의를 채택한 것은 잘 알려진 사실이다. 그러나 이때의 무력주의는 전투 또는 전쟁의 개념에 가깝지, '무차별 테러'라든가 '전쟁 수단으로서 테러'라는 관점과는 상당한 거리가 있다. 그는 정식으로 전투를 벌이고 공개적으로 전쟁을 수행했을 뿐, 대항 논리로서 암살 같은 테러 행위에 의존한 적이 없다.

오히려 그는 전쟁에서 이긴 뒤에도 과거의 적에 대해 상당한 관용을 베푼 것으로 알려진다. 그는 메카를 점령한 뒤, 수없이 여러 번 암살자를 고용하고 직접 마호메트 자신을 노린 사프완도 용서했다. 또한 이슬람교도들의 귀나 코, 혀로 목걸이를 만들어 걸고 춤을 추는 등 끔찍한 이슬람교 탄압에 앞장선 힌트라는 여장부도 사면하는 등 숱한 관용을 보여준 것으로 기록돼 있다.

또한 현대 이슬람 급진파들이 극도로 적대시하고 있는 유대교도와 그리스도교도에 대해 마호메트는 생전에 이슬람교로 개종할 것을 강요하지 않았다. 유대교도와 그리스도교도는 우상숭배자와 분명히 구별 지어 대우했다.

'메디나 헌장'에 따르면 유대교도와의 관계에 대해 이렇게 규정하고 있다. "우리와 동맹하는 유대교도는 우리의 원조나 보호에 대해 권리를 가지며, 그들에게 위해를 가해서는 안 되고, 그들에게 칼을 드는 자를 지원해서는 안 된다. 살인은 반좌법(反坐法)에 의해 처벌된다."

마호메트는 적어도 같은 유일신을 신봉하는 유대교도와 그리스도교도를 적대시하지 않았다는 점에서 현대 이슬람 급진파의 시각과 전혀 다르다.

마호메트는 그리스도교 국가인 비잔틴 제국과 전쟁을 벌이곤 했지만, 그리스도교에 대해 대단히 우호적인 정책을 유지했다. 그가 쓴 서한에는 그리스도교도의 권리와 의무를 이렇게 규정하고 있다.

"그들의 손에 있는 모든 것, 곧 교회, 예배당, 수도원은 그들에게 귀속된다. ……그들의 권리, 권한에 어떠한 변경도 가해지지 않는다. 그들이 진지하게 처신하고 그들의 의무에 충실히 행동하는 한, 신과 그 사도의 보호는 보증된다. 그들은 박해에 굴복하지 않으며, 박해하지도 않는다."

심지어 마호메트는 그리스도교 순교 도시인 네주란의 사절단이 메디나에 와서 미사를 올릴 수 있도록 허가해달라고 요청하자, 메디나의 모스크를 빌려주기도 했다. 마호메트가 현대에 다시 와서 이슬람 급진파의 테러를 본다면 대단히 놀랄 것이다.

"신이시여, 저들을 죽이소서"

종교적 편견 속에 정교 분리 원칙마저 깨버린 미국과의 동맹으로 우리가 얻을 것은 무엇인가

아브라함의 아내 사라는 생산치 못하였고 그에게 한 여종이 있으니 애굽(이집트) 사람이요, 이름이 하갈이라. ……아브라함이 하갈과 동침하였더니 하갈이 잉태해, ……사라가 하갈을 학대하였더니 하갈이 도망하였더라. …… 야훼의 사자가 하갈을 만나 가로되 "내가 네 자손으로 크게 번성하여 그 수가

성서 「창세기」에 나오는 아랍인 조상 하갈과 이스마엘의 고난 모습. 유대인의 어머니라 할 수 있는 사라에게 쫓겨난 모자는 하느님의 은총으로 물을 발견해 살아난다.

많아 셀 수 없게 하리라. ……네가 아들을 낳으리니 그 이름을 이스마엘이라 하라. 이는 야훼께서 네 고통을 들으셨음이니라. 그가 사람 중에 들나귀같이 되리니 그 손이 모든 사람을 치겠고 모든 사람의 손이 그를 칠지며 그가 모든 형제의 동방에서 살리라." 하니라. ……하갈이 나서서 브엘세바 들에서 방황하더니 물이 다한지라 모자가 마주앉아 바라보며 방성대곡하니 하느님이 그 아이의 소리를 들으시므로 하느님의 사자가 하늘에서부터 하갈을 불러 가라사대 "하느님이 저기 있는 아이의 소리를 들으셨나니 일어나 아이를 일으켜 네 손으로 붙들라. 그로 큰 민족을 이루게 하리라." 하시니라. 하느님이 하갈의 눈을 밝히시매 하갈이 샘물을 보았더라.

—『구약성서』「창세기」16장, 21장

이슬람 극단주의자들은 미국이 그리스도교 국가이자 뿌리가 유대-그리스도교라는 이유로 증오하고 있다. ……미국은 현재 '사탄과의 전쟁'을 치르고 있다. ……나의 하느님은 그들의 신보다 훨씬 크고 위대하며, ……부시 대통령은 유권자로부터가 아니라 하느님으로부터 대통령직을 임명받았다. 나는 군대의 상관으로부터 명령을 받는 것이 아니라 하느님으로부터 명령을 받는다.

— 윌리엄 보이킨, 미 국방부 정보담당 차관

'하느님'으로부터 갈라진 세 개의 종교

마호메트가 『코란』을 구술할 때 아랍 사람들에게 이처럼 신의 언약을 받은 이스마엘의 후손이라는 인식이 암묵적으로 퍼져 있었다. 마호메트는 이 암묵적 인식을 교리로 발전시켜 '문자'로 표현해낸다. 이슬람의 경전, 『코란』은 그렇게 완성되었다. 유대교의 최고 경전에 '큰 민족의 시조'라고 공식적으로 등재돼 있는 이스마엘은 그 뒤 어떻게 됐을까? 유대인이 기록한 『구약성서』의 「창세기」를 계속해서 따라가 보자.

이스마엘은 자라 광야에서 살며 활 쏘는 자가 된다. 그리고 바란 광야에 살 때에 이집트 땅 여인과 결혼한다. 아브라함이 죽자 이스마엘은 사라에게서 낳은 이복동생 이삭과 함께 아비를 헤브론에 장사지낸다. 나중에 아브라함의 손자 에사오가 역시 아브라함의 손녀이기도 한 이스마엘의 딸과 결혼한다. 이스마엘과 그 후손의 역사적 · 혈통적 실체는 이렇게 유대인의 기록인 『구약성서』에도 확실하게 확립돼 있다.

유대교는 『구약성서』를 근거로 유대인이 아브라함의 정실인 사라의 계보를 따라 독점적인 언약의 민족을 이룬다고 '직렬적 정통성'을 주장한다. 이에 반해 이슬람교는 역시 이 『구약성서』를 바탕으로 '하느님'이라든가 '하느님의 사자'로부터 언약받은 민족으로서 아랍인의 정체성을 제시하는 '병렬적 정통성'을 주장한다. 이와 별도로 유대교

680년에 벌어진 카르발라의 비극. 마호메트의 손자이자 사위인 알 후사인 알리가 이곳에서 피살되면서 이슬람교는 그를 추종하는 시아파와 반대 세력인 수니파로 갈린다.

의 폐쇄적 성격을 깨고 새로운 세계 종교의 지평을 연 그리스도교도 제3의 새로운 주역으로 등장해 중동 지역의 복잡다기한 종교구조를 획정하고 있다. '하나의 하느님'으로부터 '세 개의 종교'가 갈라진 것이다.

역사를 보면 이 갈라진 종교는 다시 여러 요인에 따라 자기 분열을 계속한다. 먼저 그리스도교는 서로마를 중심으로 한 가톨릭과 동로마를 중심으로 한 그리스정교로 갈라진다. 그리고 다시 근세에 이르러 새로이 개신교가 생겨난다. 비록 개신교는 애초에 그 종교가 탄생한 이곳 중동 땅에서 오랫동안 괄목할 만한 세력을 얻을 수 없는 상태였지만, 현재 다시 여러 종파로 갈라진 채 이 지역에 재상륙하고 있다. 일찍이 중동 지역에서 가장 서구화한 레바논에서 그리스도교 세력이 확산되고 있고, 이집트의 토착 그리스도교라 할 수 있는 콥트교도도 제한적이나마 계속 세력을 유지하고 있다. 심지어 현재 전쟁의 불길이 계속되고 있는 이라크에서조차 그리스도교도가 전체 인구의 4~5퍼센트에 이른다. 이와 함께 최근에는 이스라엘 지역을 중심으로 일부 유대인과 아랍인 가운데서도 개신교 신자가 늘어나고 있기도 하다.

한편 유대교에 비해 후발주자인 이슬람교 역시 자기 분열과 분화의 과정을 밟았다. 마호메트가 죽은 뒤 정통 후계자의 자리를 놓고 아랍 쪽의 수니파와 페르시아 쪽의 시아파로 갈라진다. 마호메트의 사위인 알리가 자신이 정통 후계자라고 주장하며 대항하다가 이라크 북부의 카르발라에서 반대파에게 죽임을 당한다. 이 사건 이후 그를 추종하는 시아파와 반대 세력인 수니파로 갈라진 것이다.

유대교는 70년 무렵에 로마에 대한 반란이 실패하자 팔레스타인 지역에서 쫓겨나거나 흩어진 유대인이 1900여 년 뒤에 다시 이 지역으로 무더기로 몰려오면서 새로운 종교 지도의 한 축을 형성한다. 이렇게 복잡다단한 종교의 분열 양상이 오늘날 중동을 전쟁의 불길 속으로 밀어넣는 첫째 요인이라고 할 수 있다.

종교가 단순히 자기 영역만 지키며 수동적으로 존재하는 경우란 좀처럼 없다. 자기 논리(또는 교리)에 따라 외부적으로 다른 종교 집단에 맞서 대립과 갈등을 빚는다. 외형상의 공존은 가능하지만, 영혼의 공존까지는 어렵다. 어쩌면 그게 종교의 숙명일지도 모른다. 절대를 추구한다는 것이 종교의 기본 핵심이기 때문이다. 자신의 절대와 타자의 절대가 서로 충돌할 경우 각 주체가 보일 반응이 어떠할지는 충분히 예상할 수 있다. 이런 점에서 모든 생명체의 불성(佛性)을 인정하는 등 훨씬 상대적인 성격이 강한 불교가 다른 종교에 대해 훨씬 관용적인

1204년에 제4차 십자군은 예루살렘을 해방시키기 위해 출발했지만 아무런 전과가 없자, 엉뚱하게도 동방정교회의 중심지 콘스탄티노플을 공격해 무자비하게 약탈했다.

것은 그럴 만한 배경을 가지고 있는 셈이다.

미국의 정체성은 '유대-그리스도교'일까

다시 종교의 숙명으로 돌아가 보자. 어찌 종교가 외부와의 관계에서만 갈등을 빚었겠는가? 종교는 다시 내부적으로도 자기 분열의 관성을 멈추지 않는다. 절대에 관한 한 외부와 내부는 결국 하나일 수밖에 없다. 내부적으로 누가 정통성을 갖느냐 하는 것은 외부적으로 자기 종교의 순정성을 증명하는 것 못지않게 사활이 걸린 문제다. 그렇기 때문에 다른 어떤 지역보다도 더 첨예하게 중동 지역의 종교 및 종파들이 자기 이외의 다른 모든 종교 및 종파와 대립하는 숙명에 빠진 것이 아닐까?

어쩌면 종교적 대립만 있다면 차라리 행복하다고 할 수도 있다. 종교에 이어 다시 2차적으로 민족적 요인까지 결합하고, 다시 3차적으로 정치이데올로기적인 동인마저 작동한다면……? 상황은 폭발의 임계점을 향해 치달을 것이 틀림없다.

오늘날 거의 날마다 테러가 벌어지고 사람이 죽어나가는 갈등의 최전선 이라크를 예로 들어보자. 우선 이라크는 민족적으로 다수파인 아랍 민족을 비롯해 쿠르드인, 터키계 투르크멘, 이란계 페르시아인 등이 복잡하게 얽혀 있다. 그 위에 다시 정치적으로는 이슬람 급진파로부터 세속주의적 바트주의(이슬람 사회주의) 정치노선, 서구형 민주주의파 등 화합하기 쉽지 않은 경합 세력들이 복잡하게 얽혀 있다. 종교적으로도 형식적으로만 같은 이슬람교인 수니파와 시아파 사이의 경합과 대립 양상은 전혀 다른 나라끼리의 분열상도 저리 가라 할 정도다. 게다가 전체 인구 가운데 55퍼센트가 시아파이고 40퍼센트가 수니파일 정도로 양대 이슬람 세력이 팽팽하게 맞서 있다.

그런 분열을 사담 후세인은 한편으로는 강력한 철권통치와 다른 한편으로는 풍부한 석유자원을 바탕으로 한 광범한 복지 정책으로 억제하는 데 성공해왔다. 비록 한계는 있지만, 그가 민족의 통합, 종교의 관용적 공존을 성공적으로 실행해왔다는 점에서 나름대로 탁월한 통치자였다고 할 수 있다. 그런 이라크에 미군을 비롯한 외국군이 무더기로 침입해 연 3년째 장기 주둔하고 있다. 어떤 의미에선 후세인이 간신히 유지해온 국가적 통합마저 깨버린 위에 외세 지배라는 모순까지 덧씌우고 있다고 하면 지나칠까?

그렇다고 중동의 종교가 늘 서로를 적대시하고 상대를 박멸의 대상으로만 본 것은 아니다. 역사를 보면 서로 공존하고 평화의 가능성을 확인할 수 있는 사례들이 많다.

서기 30년 무렵 그리스도교의 탄생과 70년 로마군에 의한 예루살렘의 멸망은 중동 지역의 종교 지도에 결정적 변화를 가져왔다. 예수 그리스도의 수난과 순교는 한편으로 그리스도교를 중동 및 유럽으로 확산시켰지만, 동시에 다른 한편으로는 초기 그리스도교인들에게 유대인에 대한 적대심을 높이는 계기로 작용했다. 이 '반유대인 감정'에 따라 그 뒤 유대인들은 중동 지역과 유럽에서 숱한 고난을 겪었다. 히틀러가 유대인을 학살하기 훨씬 전부터 유럽의 그리스도교도들은 유대인을 견제하고 탄압하기 일쑤였다. 유대인은 아무리 인구가 늘어도 빈민가와 다름없는 게토 지역을 벗어날 수 없었으며, 교육 및 취업의 기회를 형편없이 제한받아야 했다.

역설적이게도 이 시기에 유대인은 그나마 이슬람 지역에서 상대적으로 좀더 나은 대우를 받을 수 있었다. 유럽보다 이슬람 지역이 더 나

© AFP연합

부시 미국 대통령. 부시는 완고한 근본주의 그리스도교도로서 이슬람에 대한 미국의 공세를 주도하고 있다.

았다는 이야기다. 왜냐하면, 이슬람교 국가가 유대인을 '책을 가진 백성'으로서 관대하게 대해 주었기 때문이다. 이와 함께 초기에 마호메트가 유일신을 같이 섬긴다는 이유로 유대교도와 그리스도교도에게 특혜적 대우를 했다는 것도 잘 알려진 사실이다.

이런 상황에서 윌리엄 보이킨 미국방부 차관의 논리는 현재 미국 지배 세력의 인식과 전략이 이라크의 역사적 진실과 얼마나 동떨어져 있는지 잘 보여준다. 먼저 보이킨은 기술적으로 교묘하게 미국의 정체성을 '유대-그리스도교'로 규정하고 있다.(교묘하게 논리를 비약하고 있다.) 또 이라크의 후세인 체제는 물론 이라크 전체 민중까지도 급진파로 규정해 이라크에 대한 적대적 공격을 합리화시키려 시도한다. 그리고 동시에 정교 분리 원칙마저 거리낌 없이 깨버리고 있다. 미군이 언제 이토록 노골적이고도 공식적으로 하나의 종교만을 위한 전쟁을 아무 거리낌 없이 수행한 적이 있을까 싶을 정도다. 나아가 그는 이슬람교에 대한 기본적인 정보조차 의도적으로 무시하거나 왜곡하고 있다.

종교전쟁 주재하는 신의 진정한 뜻은?

이런 점을 종합할 때 다음과 같은 몇 가지 가설이 가능하게 된다.

① 먼저 이런 발언이 나온 시점이 2003년 10월이라는 점에서 그 의

도가 이라크 전쟁 자체의 승리를 겨냥한 것이 아니라 2004년 대선을 겨냥하는 것임을 알 수 있다. 선거전에서 승리하기 위해 이라크 문제를 적당한 상황마다 끄집어내 효과를 극대화시키고 있는 것이다.

② 좀더 본질적으로 볼 때 이라크 전쟁을 벌인 미국의 목적 자체가 더 근원적인 것으로서, 이라크 나아가 중동 지역의 원유자원에 대한 자국의 지배를 겨냥하고 있다.

한국군의 이라크 파병은 이런 맥락에서 결국 한국이라는 시스템을 중동발 종교전쟁과 중동발 테러리즘의 사정권 안에 직접적으로 밀어 넣는 성격을 띤다. 그런데 세상에 공짜가 있는가? 없다!

앞으로 우리에게 밀어닥칠 대가가 무엇인지 점차 그 실체들이 속속 드러나고 있다. 우리의 선택이 과연 옳은지 그른지 따지는 것은 이미 실효 없는 논쟁이 되었을지도 모른다. 왜냐하면 원래부터 우리의 생존기반인 '에너지 라인'이 앞으로 너무나도 길고 험난한 온갖 곳을 거쳐야 하기 때문이다. 우리는 애써 그것을 잊고 행복한 과거만이 영원히 계속되리라는 근거 없는 낙관론에 빠져 있었다. 이제 낙관론은 종교전쟁이라는 대양에 침몰하기 시작했다.

하나의 선택은 하나의 씨앗처럼 하나의 열매를 맺는다. 우리는 이 진리를 눈감을 수 없다.

모든 자들이 저마다 자신의 신에게 기도를 드리고 총과 무기를 든다. 자신이 죽이려는 자도 자신과 같은 뿌리를 가진 신에게 기도드리는데도 처참한 죽임과 죽음을 향한 행진을 멈추지 않는다. 이 이해하기 어려운 종교전쟁을 주재하시는 신의 진정한 뜻은 과연 어디에 있는 것일까?

성서와 코란은 어떻게 기록됐나

종교와 문자는 서로 떼려야 뗄 수 없는 관계에 있다. 주요 종교는 모두 경전을 바탕으로 하기 때문이다. 어느 의미에선 오직 종교나 문자를 가진 집단만이 역사의 주도권을 갖거나 오래 살아남을 수 있었다는 논지도 설득력을 갖는다. 종교와 문자는 민족의 생존을 위한 '와룡'이나 '봉추'였다.

유대교는 천지를 창조한 조물주인 야훼 하느님이 아브라함을 통해 유대인을 선택했다고 믿는다. 유대교는 모세가 썼다는 모세 5경(『구약성서』 가운데 「창세기」, 「출애굽기」, 「레위기」, 「민수기」, 「신명기」의 다섯 율법서)을 히브리어로 기록해 전해오고 있다. 바로 이 히브리어로 쓴 성서의 존재와 전승이 유대인과 유대교의 생존을 가능케 했다고 할 수 있다. 히브리어로 된 유대인의 성서는 기원전 250년 무렵 알렉산드리아에 살던 유대인에 의해 당시의 국제어이던 그리스어로 번역됐다. 이것을 보통 '70인역'이라고 한다.

9세기의 코란. 컬러 잉크와 금박으로 만들어졌다.

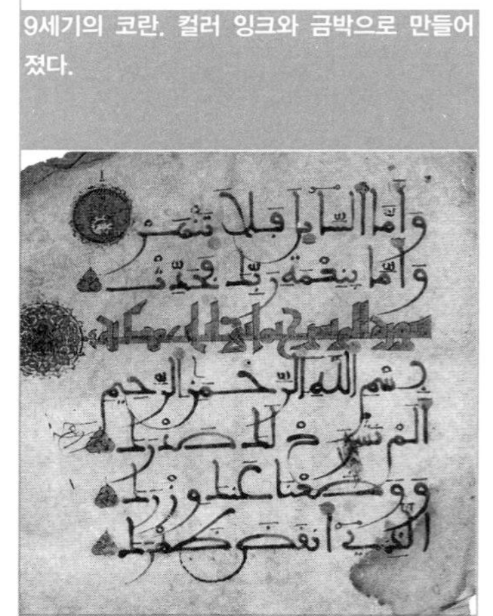

오늘날에도 유대인들은 전 세계에 퍼져 있는 '회당'(synagogue)을 중심으로 히브리어로 된 토라(모세 5경)를 읽고 기도하면서 정체성을 유지해나간다. 민족적으로나 혈통적으로 엄청난 변화를 겪었을 수천 년 세월 동안 그들의 정체성을 하나로 확립해준 것이 바로 이 히브리어로 된 토라인 것이다.

나아가 이슬람교가 확산되던 초기에 중동 지역에 흩어져 살던 유대인들은 『코란』이 시기적으로 자신들의 경전보다 훨씬 늦게 나온데다가, 내용상으로도 자신들의 경전에 상당 부분 의존했다는 점에서 평가절하하는 입장을 취했다. 이런 입장이 두 종교가 화해하는 데 적지 않게 부정적 역할을 했다고 할 수 있다.

그리스도교는 히브리어로 기록된 『구약성서』를 그대로 채용하고, 다시 예수 이후의 『신약성서』를 헬라어라고 부르는 통용 그리스어(Koine Greek)로 기록했다. 이 통용 그리스어는 고전 그리스어가 아니라 당시 일반인들이 상거래 등 일상생활에서 사용하던 언어 문자다. 유대인 출신으로 『신약성서』의 거의 3분의 2에 이르는 절대 분량을 기록한 바울이 유대인의 히브리어가 아닌 당시 세계어인 그리스어를 선택했기 때문에 그리스도교가 세계 종교로 비상할 수 있었다는 측면도 강하다. 만일 이 『신약성서』를 히브리어로 기록했다면 그리스도교의 세계화는 결정적으로 제약받았으리라는 가정도 가능하다. 어느 의미에선 그리스어로 기록했다는 사실 자체가 보편 종교, 세계 종교에 대한 강렬한 의지를 반영한다고 할 수 있다.

이슬람교는 『코란』을 통해 종교적 교리를 확립하면서 동시에 이 문자(언어)를 만들고 쓰는 민족인 아랍인의 정체성도 강화할 수 있었다. 『코란』은 그 원래 뜻인 '읽다', '읊다'에서 알 수 있듯이 가브리엘 천사를 통해 마호메트에게 온 하느님의 계시를 그대로 읽거나 읊은 것이라는 데서 나왔다. 114장 6000절로 『신약성서』의 5분의 4 정도 되는 분량의 내용을, 그것도 매우 시적으로 아름다운 말로 읊은 뒤 마호메트 사후 20년 만에 기록을 완성했다는 것이다. 어쨌든 『코란』은 스스로를 아브라함의 똑같은 자손으로 인식하면서도 유대인과 달리 유일신도, 그 유일신을 담은 자기 말로 된 경전도 갖지 못한 아랍인에게 '기적'으로 받아들여졌다. 나아가 『코란』의 권위는 『코란』 자체를 하느님의 직접적인 계시로 간주한다는 점에서 다른 어떤 종교보다도 신도들에게 더욱 절대적인 권위를 갖는다.

온+오프 항해지도

더 읽을 만한 자료들

두 황제를 이긴 인간 승리

중고생용

『사기열전』, 사마천, 을유문화사, 1999.

『역사의 혼, 사마천』, 천퉁성, 이끌리오, 2002.

http://kr.yahoo.com=검색=사마천

http://www.members.tripod.com/~journeyeast/sima_qian.html

대학생 이상

『사마천과 함께 하는 역사여행』, 다케다 다이준, 하나미디어, 1993.

『위대한 역사가 사마천』, 버튼 워슨, 한길사, 1995.

www.yahoo.com=검색=sima qian

http://www.humanistictexts.org/simaqian.htm

무력으로 신화를 완성하다

중고생용

『링컨』, 안나 스프롤, 교원, 1992.

www.yahoo.com=검색=lincoln

대학생 이상

『노무현이 만난 링컨』, 노무현, 학고재, 2001.

『링컨』, 데이비드 허버트 도널드, 살림, 2003.

『링컨의 일생』, 김동길, 샘터, 1976 · 1998.

『미국흑인사』, 벤자민 콸스, 백산서당, 2002.

『흑인노예와 노예상인』, 장 메이에, 시공사, 1998.

『多民族の國アメリカ』, ナンシー・グリーン, 創元社, 1994.
www.amazon.com=검색=lincoln

볼 수 없는 것들에 대한 사랑

중고생용

『꺼지지 않는 희망 헬렌 켈러』, 김숙희, 지경사, 2005.
『헬렌 켈러』, 고정욱, 사회평론, 2004.
『헬렌 켈러』, 김창환, 중앙출판사, 1999.
영화 〈미라클 워커 : 기적은 사랑과 함께〉, 아서 펜, Playfilm, 1962.

대학생 이상

『사흘만 볼 수 있다면』, 헬렌 켈러, 산해, 2005.
『헬렌 켈러』, 도로시 허먼, 미다스북스, 2001.
『헬렌 켈러—나의 이야기』, 브라이언 J. 스튜어트, 다락원, 2005.
www.afb.org=검색=helen keller
www.helenkeller.org
www.yahoo.com=검색=helen keller

가난한 사람들의 어머니, 사랑을 전염시키다

중고생용

『마더 테레사—그 사랑의 생애와 영혼의 메시지』, 신홍범, 두레, 1997.
www.yahoo.com=검색=motherteresa

대학생 이상

『가난한 마음 마더 테레사』, 나빈 차울라, 생각의나무, 2003.
『아름다운 영혼, 행복한 미소』, 마더 테레사, 오늘의책, 2004.
『즐거운 마음』, 마더 테레사, 오늘의책, 2003.
www.amazon.com=검색=motherteresa
www.ewtn.com/motherteresa
http://www.time.com/time/time100/heroes/profile/teresa01.html

간디는 영국과도 안 바꾼다

중고생용

『간디』, 이화이, 중앙출판사, 1999.
『간디 자서전』, M. K. 간디, 한길사, 2002.
www.yahoo.com=검색=gandhi
영화 〈간디〉, 리차드 아텐보로, Goldcrest Films International, 1982.
대학생 이상
『간디 평전』, 제프리 애쉬, 실천문학사, 2004.
『경영자 간디』, 요르크 치들라우, 21세기북스, 2004.
『인도사』, 정병조, 대한교과서주식회사, 1992 · 2005.
www.yahoo.com=검색=gandhi
http://about.com=검색=gandhi

인간 해방, 노예들의 드라마!

중고생용
『스파르타쿠스』, 하워드 패스트, 동녘, 1982.
영화 〈스파르타쿠스〉, 스탠리 큐브릭, 브라이너 프로덕션, 1960.
http://pages.prodigy.com/kubrick/kubsp.htm
대학생 이상
『로마제국—라이프 인간세계사』, 모지스 해더스, 한국일보타임라이프, 1978.
『Gladiators 100 BC~AD 200』, Stephen Wisdom, Osprey Publishing, 2001.
『Spartacus』, Lewis Grassic Gibbon, Polygon, 1970.
『Spartacus and the Slave Wars』, Brent D. Shaw, BEDFORD, 2001.
『The Gladiator』, Alan Baker, DA CAPO Press, 2002.

"함께 기도하고 함께 밥을 먹자"

중고생용
『사진과 그림으로 보는 케임브리지 중국사』, 패트리샤 버클리 에브리, 시공사, 2001.
『시와 사진으로 보는 중국기행』, 진순신, 예담, 2000.
대학생 이상
『중국의 천년왕국』, 미이시 젠키치, 고려원, 1993.
『The Taiping Heavenly Kingdom』, Thomas Reilly, University of Washington Press, 2004.
『The Taiping Rebellion 1851~66』, Ian Heath, Osprey Military, 1994.

『中國通史』, 戴逸 外 編, 海燕出版社, 2002.
『中國通史』, 馮國超, 光明日報出版社, 2003.
http://www.infoplease.com/ce6/history/A0847654.html

유령은 지금도 세계를 배회한다

중고생용

『30분에 읽는 마르크스』, 질 핸즈, 중앙M&B, 2003.
www.yahoo.com=검색=marx

대학생 이상

『공산당선언』, 마르크스 외, 책세상, 2002.
『마르크스 평전』, 프랜시스 윈, 푸른숲, 2001.
『자본론』, 칼 마르크스, 비봉출판사, 2004.
『칼 마르크스, 그의 생애와 시대』, 이사야 벌린, 미다스북스, 2001.
『The Marx Brothers Encyclopedia』, Glenn Mitchell, Batsford, 2003.
『The Marx-Engels Readers』, Karl Marx, W.W. Norton&Company, 1978.
www.amazon.com=검색=marx

가장 인간적인 혁명가

중고생용

『체 게바라 평전』, 장 코르미에, 실천문학사, 2000.
『체 게바라—20세기 최후의 게릴라』, 장 코르미에, 시공사, 1999.

대학생 이상

『체 게바라 자서전』, 체 게바라, 황매, 2002.
『체의 마지막 일기』, 체 게바라, 지식여행, 2005.
영화 〈모터싸이클 다이어리〉, 월터 살레스, South Fork Pictures, 2004.
『Poemas al Che』, LosLibrosDeLa, Frontera, 1976.
www.yahoo.com=검색=che

예수, 유대교를 넘어 세계 종교로

중고생용

『사람의 아들 예수』, 칼릴 지브란, 기독태인문화사, 1994.

『사진과 그림으로 보는 기독교 역사』, 마이클 콜린스 외, 시공사, 2001.
『성경전서』, 마태 · 마가 · 누가 · 요한복음.
『세계 종교 둘러보기』, 오강남, 현암사, 2003.
www.yahoo.com=검색=jesus
대학생 이상
『세계종교사 입문』, 한국종교문화연구소, 청년사, 2003.
『신의 역사』, 카렌 암스트롱, 동연, 1999.
『예수』, 루카스 그롤렌버그, 한걸음, 2004.
『예수의 생애』, 에르네스뜨 르낭, 훈복문화사, 2003.
『최고경영자 예수』, 로리 베스 존스, 한언, 1999.
『イエスキリスト』, 河谷龍彦, 河出書房新社, 2000.
www.amazon.com=검색=jesus

손자, 21세기 비즈니스맨

중고생용
『만화중국고전—손자병법』, 채지충, 대현출판사, 2001.
『제자백가』, 진순신 외, 솔, 2002.
대학생 이상
『불패전략—최강의 손자』, 모리야 아쓰시, 국일증권경제연구소, 2002.
『사기열전』, 사마천, 을유문화사, 1999.
『자기관리 손자병법』, 후타미 미치오, 인디북, 2002.
『Sun Tzu and the Art of Business』, Mark Mcneilly, Oxford University Press, 2000.
www.amazon.com=검색=sun tzu
www.yahoo.com=검색=sun tzu

제갈량, 동방 최고의 지략가

중고생용
『삼국지』, 박종화, 어문각, 1984.
『소설 제갈공명』, 진순신, 까치, 1991.
www.yahoo.com=검색=chu-ko liang
www.yahoo.com=검색=romance of the three kingdoms
대학생 이상

『난세를 건너는 법』, 제갈량, 문학과지성사, 1998.
『삼국지 100년 전쟁』, 세토 타츠야, 애니북스, 2003.
『성공하는 리더를 위한 삼국지』, 곽우가, 예문, 2001.
『三國志―歷史群像シリズ』17, 學習研究社, 1990.
『三國志新聞』, 日本文藝社, 2003.
『三國志の風景』, 小松健一, 岩波書店, 1995.
『中國歷史紀行』第二卷, 學習研究社, 1999.
『中國通史』, 戴逸 外 編, 海燕出版社, 2002.

빌 게이츠의 기업경영 비밀을 파헤쳐라

중고생용

『미래를 지배한 빌 게이츠』, 김이진, 자음과모음, 2004.
『컴퓨터 황제 빌 게이츠』, 서경석, 사회평론, 2001.
『컴퓨터 황제 소년 빌 게이츠』, 김문기, 유진, 2003.
http://www.microsoft.com/billgates/bio.asp

대학생 이상

『경영적 인간, 경제적 경영』, 김선영, 민중출판사, 1999.
『마이크로소프트 재창조』, 로버트 슬레이터, 조선일보사, 2005.
『빌 게이츠 성공에 감춰진 10가지 비밀』, 데스 디어러브, 영언문화사, 2000.
『빌 게이츠 @ 생각의 속도』, 빌 게이츠, 청림출판, 1999.
『빌 게이츠 & 워렌 버핏 성공을 말하다』, 빌 게이츠 외, 월북, 2004.
『헨리 포드에서 정주영까지』, 문원택 외, 한언, 1998.
http://www.microsoft.com/billgates/default.asp

전쟁과 평화를 오가며 부를 이루다

중고생용

http://heritage.dupont.com

대학생 이상

『DuPont : From the Banks of the Brandywine to Miracles of Science』, Adrian Kianne, The Johns Hopkins University Press, 2002.
『DuPont Dynasty : Behind the Nylon Curtain』, Gerald Colby, L. Stuart, 1984.
『The DuPont Dynasty』, John K. Winkler, Kessinger Publishing, 2005.

http://www1.dupont.com/NASApp/dupontglobal/corp/index.jsp

세계 10대 영향력 있는 재벌, 리자청

중고생용

『상신 리자청』, 홍하상, 중앙M&B, 2004.

대학생 이상

『리자청의 상략 36계』, 마츠, 다락원, 2004.
『리자청—부자가 되는 12가지 상도』, 리윈웨이, 책읽는사람들, 2003.
『중국의 부자들』, 현준, 책이있는마을, 2003.
http://blog.empas.com/promkt/985550

동서양이 평등할 때 꽃핀 길

중고생용

『실크로드—북 오디세이 14』, 조주청 외, 주니어김영사, 2004.
『실크로드—사막을 넘은 모험자들』, 장 피에르 드레주, 시공사, 1995.
영화 〈천지영웅〉, 허핑, 콜럼비아, 2005.

대학생 이상

『대당서역기』, 리차드 번스타인, 꿈꾸는돌, 2003.
『대당서역기』, 현장, 일월서각, 1983.
『박재동의 실크로드 스케치 기행』, 박재동, 한겨레신문사, 2003.
『실크로드 1—서역을 가다』, 삼성당, 1987.
『실크로드의 역사와 문화』, 나가사와 가즈도시, 민족사, 1990.
『씰크로드학』, 정수일, 창작과비평사, 2001.
『중국 의협전』, 진순신, 서울출판미디어, 1996.
『The Silk Road』, 中國地圖出版社, 2002.

현대 유럽을 만든 로드부비

중고생용

『고대 로마를 찾아서』, 클로드 모아티, 시공사, 1996.
『지도로 보는 세계사』, 미야자키 마사카쓰, 이다미디어, 2005.
『청소년을 위한 세계사』, 이강무, 두리미디어, 2002.

대학생 이상
『고대 로마의 일상생활』, 제롬 카르코피노, 우물이있는집, 2003.
『대세계사 1—고대문명의 성쇠』, 이용범 감수, 태극출판사, 1984.
『아틀라스세계사』, 지오프리 파커, 사계절, 2004.
『The Roads of the Romans』, Romolo Augusto Staccioli, Getty Publications, 2003.
『痛快! ローマ學』, 鹽野七生, 集英社, 2002.

동서양의 운명을 바꾼 길

중고생용
『실크로드—사막을 넘은 모험자들』, 장 피에르 드레주, 시공사, 2000.
『칭기즈칸 일족』, 진순신, 한국경제신문사, 1997.
대학생 이상
『대몽골 시간여행』, 배석규, 굿모닝미디어, 2004.
『몽골세계제국』, 스기야마 마사아키, 신서원, 1999.
『몽골의 초원』, 시바 료타로, 고려원, 1993.
『씰크로드학』, 정수일, 창작과비평사, 2001.
『CEO 칭기스칸』, 김종래, 삼성경제연구소, 2002.
『チンギス・カンとモンゴル帝國』, ジヤン　ポール・ルー, 創元社, 2003.

국경 없는 바다의 실크로드

중고생용
『바다의 실크로드』, 양승윤 외, 청아출판사, 2003.
『실크로드—사막을 넘은 모험자들』, 장 피에르 드레주, 시공사, 2000.
대학생 이상
『바다에 새긴 한국사』, 강봉룡, 한얼미디어, 2005.
『서양해운사』, 어니스트 페일, 혜안, 2004.
『씰크로드학』, 정수일, 창작과비평사, 2001.
『제국의 바다, 식민의 바다』, 주강현, 웅진닷컴, 2005.
『Crude Awakenings』, Steve A. Yetiv, Cornell University Press, 2004.
『鄭和下西洋』, 上海社會科學院出版社, 2003.

상처 없는 영광이 어디 있으랴

중고생용

『시와 사진으로 보는 중국기행』, 진순신, 예담, 2000.

대학생 이상

『Placenames of the World』, Adrian Room, MacFarland&Company, 1997.

『Postmetropolis』, Edward Soja, Blackwell Publishing, 2000.

『中國名城』, 劉建軍 外, 百花文藝出版社, 2003.

www.britannica.com=beijing, london/paris

침략자의 발 아래서 단단해지다

중고생용

『미국사 100장면』, 유종선, 가람기획, 1995.

『알렉산드리아』, 알랭 카롱 외, 창해, 2000.

『이야기 미국사』, 청솔역사교육연구회, 청솔, 1995.

대학생 이상

『50 Places of a Lifetime』, 美國國家地理陝西師範大學出版社, 2004.

『古代文明の族―エヅプト』, 日經ナショナルジオグラフイツク社, 2003.

www.britannica.com=moscow/whashington

계획된 천도만이 빛난다

중고생용

『도쿠가와 이에야스의 인간경영』, 도몬 후유지, 작가정신, 2000.

『독일사』, 권형진, 대한교과서주식회사, 2005.

『사건과 에피소드로 보는 도쿠가와 3대』, 오와다 데쓰오, 청어람미디어, 2003.

『삼국지 100년 전쟁』, 세토 타츠야, 애니북스, 2003.

『새로 쓴 독일 역사』, 하겐 슐체, 지와사랑, 2000.

『중국의 역사』, 진순신, 한길사, 1995.

대학생 이상

『분단과 통일의 독일 현대사』, 손선홍, 소나무, 2005.

『사진과 그림으로 보는 케임브리지 독일사』, 마틴 키친, 시공사, 2001.

『ビジュアルワイド 圖說日本史』, 東京書籍, 2002.

『三國志の風景』, 小松健一, 岩波書店, 1995.

www.britannica.com=tokyo/xian/berlin

천도, 통합과 분열의 두 얼굴

중고생용

『인물로 읽는 세계사—케말 파샤』, 프랭크 타차우, 대현출판사, 1993.

『캐나다 역사 100장면』, 최희일, 가람기획, 2001.

대학생 이상

『내일의 나라 브라질』, 이윤희, 범우사, 1996.

『라틴아메리카』, 우덕룡 등, 송산출판사, 2000.

『서울 六百年』, 김영상, 대학당, 1996.

『알고 싶은 나라 캐나다』, 이유진, 숙명여대출판부, 2004.

『터키』, 아른 바이락타로울루, 휘슬러, 2005.

www.britannica.com=ankara/ottawa

디지털 하이테크형 테러 시대

중고생용

『오사마 빈 라덴』, 요제프 보단스키, 명상, 2001.

『중동의 역사』, 버나드 루이스, 까치, 1998.

대학생 이상

『잔혹』, 콜린 윌슨, 하서, 1991 · 1994 · 2003.

『Republic of Fear』, Samir al-Khalil, Pantheon Books, 1991.

『21世紀 世界の民族紛争』, 福岡政行 監修, 主婦と生活社, 2001.

『イスラム急進派』, 岡倉徹志, 岩波文庫, 1990.

『無差別テロの脅威』, 松井茂, 光人社NF文庫, 2001.

"신이시여, 저들을 죽이소서"

중고생용

『구약성서』, 창세기 16장 · 21장.

『사진과 그림으로 보는 기독교 역사』, 마이클 콜린스 외, 시공사, 2001.

『사진과 그림으로 보는 케임브리지 이슬람사』, 프랜시스 로빈슨 외, 시공사, 2002.

『세계 종교 둘러보기』, 오강남, 현암사, 2003.

대학생 이상

『이봐, 내 나라를 돌려줘!』, 마이클 무어, 한겨레신문사, 2004.
『전쟁중독』, 조엘 안드레아스, 창해, 2003.
『民族紛爭の明日を讀む』, 世界情勢硏究會, ベスト新書, 2002.
『世界の宗教ものがたり』, 荒木美智雄, 創元社, 2003.
영화 〈화씨 9/11〉, 마이클 무어, 미라맥스, 2004.

사진 출처

국내

연합통신

『실크로드 8—몽고세계제국』, 삼성당, 1987.

마이클 콜린스 외, 『사진과 그림으로 보는 기독교 역사』, 시공사, 2001,

모지스 해더스, 『로마제국—라이프 인간세계사』, 한국일보타임라이프, 1978.

미셸 카플란, 『비잔틴 제국』, 시공사, 1998.

안나 스프롤, 『링컨』, 교원, 1992.

이용범 감수, 『대세계사 1—고대문명의 성쇠』, 태극출판사, 1984.

장 코르미에, 『체 게바라 평전』, 실천문학사, 2002.

장 피에르 드레주, 『실크로드—사막을 넘은 모험자들』, 시공사, 1995.

프랜시스 로빈슨 외, 『사진과 그림으로 보는 케임브리지 이슬람사』, 시공사, 2002.

한국찬송가공회 편, 『좋은 성경 해설찬송가』, 성서원, 2003.

해외

www.afb.org=검색=helen keller

Ernesto Cardenal, 『Tocar el cielo』, Lóguez Ediciones-Salamanca, 1981.

ジヤン　ポール・ルー, 『チンギス・カンとモンゴル帝國』, 創元社, 2003.

ピエール・ジベール, 『聖書入門』, 創元社, 2000.

『DuPont : From the Banks of the Brandywine to Miracles of Science』, Adrian Kianne, The Johns Hopkins University Press, 2002.

『Gladiators 100 BC~AD 200』, Stephen Wisdom, Osprey Publishing, 2001.

『Spartacus and the Slave Wars』, Brent D. Shaw, BEDFORD, 2001.
『The Roads of the Romans』, Romolo Augusto Staccioli, Getty Publications, 2003.
『The Taiping Rebellion 1851~66』, Ian Heath, Osprey Military, 1994.
『戴敦邦人物畫集』, 天津楊柳青畫社, 2001.
『白話 史記』 第一卷, 第二卷, 第四卷, 光明日報出版社, 2002.
『三國志—歷史群像シリズ』 17, 學習硏究社, 1990.
『世界通史』 第三卷, 光明日報出版社, 2004.
『鄭和下西洋』, 上海社會科學院出版社, 2003.
『中國歷史紀行』 第二卷, 學習硏究社, 1999.
『秦始皇帝—歷史群像シリズ』 44, 學習硏究社, 1995.
戴逸 外 編, 『中國通史』 第二卷, 海燕出版社, 2002.
馮國超, 『中國通史』, 光明日報出版社, 2003.
小松健一, 『三國志の風景』, 岩波書店, 1995.
太平天國故事選, 『弧軍北伐』, 上海 人民美術出版社, 2000.